"이 보석 같은 책을 내가 아는 모든 가정에 전해주고 싶다. 이 책은 의도적이고, 형성적이며, 성경적이고, 영원할 뿐 아니라 심오한 세대적 결과를 낳게 될 책이다. 저자는 이 실천적이면서도 복음으로 충만한 책으로 모든 가정에 변화의 희망을 선물했다."

– 앤 보스캠프, 일곱 살 된 아이의 어머니이자 〈뉴욕 타임스〉가 선정한 베스트셀러 《Our Thousand Gifts》와 《The Broken Way》의 저자

"어떻게 예전이 침대에서 발을 구르거나 한껏 법석을 떨다가 진정하거나 저녁 식사 자리에서 후추를 돌리는 아이들까지 배제하지 않고 포함시킬 수 있는지를 한 번도 생각해 보지 않았다면(나도 그런 적이 한 번도 없다), 이 책이 당신 가정의 습관을 바꾸도록 도와줄 것이다. 이 책은 잔소리나 질책이나 경멸이나 명령을 하지 않는다. 오히려 저자는 우리와 같은 사람들, 곧 설거지할 그릇이 잔뜩 쌓여 있고, 자녀를 축구 연습에 데려가기에 바쁘고, 자신이 무엇을 하고 있는지조차 모르는 사람들이 본향을 향한 일평생의 순례를 잘 감당하도록 도와줄 습관들을 형성하는 방법을 제안한다."

– 러셀 무어, 〈크리스채너티 투데이〉 편집장

"부모라면 누구나 이 책이 필요하다. 우리의 가정에서는 리듬이 가장 중요하다. 저자는 가정에서 그런 리듬을 실천하는 것이 어떻게 말만으로는 할 수 없는 방식으로 자녀들에게 예수님을 보여주는지 알려준다."

– 레베카 라이온스, 베스트셀러 《Rhythms of Renewal》과 《You Are Free》의 저자

"가정은 하나님이 계획하신 가장 중요한 제자 훈련의 터전이다. 우리는 가정 안에서 무엇이 가장 중요하고 무엇이 가장 덜 중요한지 배우며, 이 두렵고 광활한 세상 속에서 어떻게 살아가야 하는지 배우기 시작한다. 저자는 이 책을 통해 가정이 예수 그리스도의 복음 안에 뿌리내리고, 그분의 형상을 더욱 닮아가게 도와줄 습관들을 소개했다. 반복하지 않으면 아무것도 형성되지 않는다. 나는 이 책이 우리 모두의 용기를 북돋우고, 매일 반복되는 이 열 가지 활동에 성령께서 임하실 수 있게 자리를 내어드리기를 갈망하는 마음을 일깨우기를 기도한다."
— 맷 챈들러, "The Village Church" 담임 목사

"현재 부모이거나 곧 부모가 될 사람이거나 부모의 친구이거나 부모의 부모인 사람이라면 이 책은 더없이 귀한 황금과도 같다. 가족을 빚어 나가는 방법을 보여주는 이 책은 참으로 순전하고, 솔직하고, 유용할 뿐 아니라 기발하기까지 하다. 자녀 양육은 인간의 직임 가운데 가장 취약한 직임으로서 이에는 어느 한 가지 쉬운 것이 없다. 이 책이 소개한 습관들도 자녀 양육을 쉽게 만들지 못한다. 그러나 그런 습관들은 그 일을 훨씬 더 잘하도록 도와줄 것이다."
— 앤디 크라우치, 《The Tech—Wise Family》의 저자

"나도 그런 습관들을 나의 자녀들에게 이미 적용하고 있는 터라 이 책의 서론만 읽어도 그 내용을 훤히 짐작할 수 있었다. 사려 깊고,

겸손하고, 실천적이면서 재미있기까지 한 이 책이 일상 속에서 이루어지는 자녀 양육의 혼란스러운 현장으로부터 신성한 것을 끌어내는 것을 보니 참으로 놀랍기 그지없다. 이 책이 소개하는 습관들이 우리의 가정에서 늘 이행되기를 바란다."

– 조수아 스트로브 박사, 《Famous at Home》의 저자

"지난 19년 동안 자녀를 양육해 오면서 자녀 양육에 관한 책들을 두려움과 혐오감이 혼합된 감정으로 바라보았다. 소위 '전문가'라는 사람들이 나의 자녀 양육이 잘못되었다며 너무 섣불리 손쉬운 해결책을 제시하는 듯한 인상을 받았다. 그런 해결책들은 부모인 내가 실제로 겪는 가혹하고, 모순되고, 엉망진창인 경험과는 크게 동떨어진 듯한 느낌이 들었다. 그것이 내가 이 책을 읽고서 새로운 활력과 영감을 얻게 된 이유다. 저자는 자녀 양육이라는 복잡한 세계를 가족을 빚어 나가는 은혜 충만하고, 현실성 있고, 실제적인 습관들로 압축했다. 자신의 일상에 더 많은 의미를 부여하고 싶은 부모라면 꼭 읽어야 할 책이다."

– 니콜 유니스, 리더십 컨설턴트이자 《The Miracle Moment: How Tough Conversations Can Actually Transform Your Most Important Relationships》의 저자

"때맞춰 나온 참으로 유익한 책이 아닐 수 없다. 나의 자녀들을 키울 때 이 책을 읽었더라면 참 좋았을 텐데 아쉽다. 저자는 우리의 평범하고, 정상적인 삶을 돌아보며 간단한 습관들이 얼마나 강력한

형성적인 위력을 발휘할 수 있는지를 생각해 보라고 권유한다. 이것은 방법론을 논한 책이 아니라 가정에서 이루어지는 삶을 은혜 충만한 시각으로 바라봄으로써 습관이 자유로움과 풍성한 결실을 가져다준다는 것을 상기시킨다. 나도 얼른 이 책을 한 상자 사서 부모들에게 나눠주고 싶다."

– 키스 닉스, 버지니아주 리치먼드의 "베리타스 스쿨" 교장이자 기독교 교육 갱신 운동 지도자

"나는 15년 전에 저자를 만났다. 당시에 우리는 대학을 갓 졸업하고 나서 함께 해외에서 선교사로 봉사하고 있었다. 그때도 나는 그가 나이에 비해 지혜가 뛰어나다고 생각했다. 그 후로도 나는 그가 자신의 역량을 꾸준히 발전시켜 그리스도인들을 유익하게 하는 모습을 지켜보았다. 가정의 삶이 혼란스럽다는 것은 누구나 알고 있는 사실이다. 우리 가운데 많은 사람이 단지 오늘 하루만을 어떻게든지 버텨내려고 애쓰는 생존 모드에 익숙해진 채로 극심한 고통을 겪고 있다. 우리는 기독교적 덕성으로 자녀들을 형성하기를 원하지만, 때로는 그런 노력이 헛되다는 느낌을 받을 수 있다. 이 책은 스트레스 속에서 은혜를 발견하고, 엉망진창인 상태에 질서를 가져다줄 리듬을 이용하도록 도와준다."

– 맷 서메서스트, 버지니아주 리치먼드의 "리버시티 침례 교회" 담임 목사, 복음 연합(The Gospel Coalition) 편집자, 《Deacons》와 《Before Your Open Your Bible》의 저자

가정의 습관으로 양육하라

| 가정의 일상 속에 경건한 리듬 세우기 |

가정의 습관으로 양육하라

HABITS
OF THE
HOUSEHOLD

저스틴 휘트멜 이어리 지음

개혁된실천사

목차

서문

현재 순간에 충실하기는 항상 어렵다. 우리의 생각은 언제나 이리저리 흩어지기 쉽다. 우리는 아직 해결하지 못한 일이나 전송되어온 이메일을 생각하거나, 심지어는 우리가 현재 있는 곳이 아닌 다른 곳을 공상한다. 현재에 충실하는 것은 중요하지만 그렇지 못할 때가 많다. 자녀 양육의 경우도 마찬가지다. 우리는 정신이 다른 곳에 가 있는 채로 마치 자동항법 조종장치를 켜놓은 것처럼 가정 생활과 관련된 일들을 처리할 때가 적지 않다.

분주한 하루를 보내고 나서, 불현듯 자신에게 주어진 갖가지 요구에 정신없이 끌려다녔다는 생각이 떠오른 적이 있는가? 하나님의 말씀을 중심으로 가족의 하루를 계획하는 것이나 어린 자녀들과 함께 최신 기술을 탐색하는 것의 버거움은 또 어떤가? 우리가 자라면서 경험했던 전자기기들로 인한 정신적 산만함은 오늘날의 거대한 소셜 미디어로 인한 정신적 산만함에 비하면 그야말로 아무것도 아니다.

주의력 분산이나 정신없이 바쁘게 돌아가는 일상의 속도나 따라잡기 힘든 최신 기술 등, 어떤 이유가 되었든 건강하지 못한 습관이 오래 지속될수록 그것이 더욱 정상인 것처럼 보이기 마련이다. 그러나 어느 순간 문득 제정신을 차려 가만히 생각해 보면, 모종의 변화가 필요하다는 자각이 든다. 문제는 "무엇을, 어떻게 변화시켜야 하느냐?"라는 것이다.

아내 루스와 나는 지난 19년 동안 여섯 아들을 키워오면서 가정생활을 체계화하는 방법에 관해 많은 교훈을 터득했다. 우리는 무엇을 하든 그리스도와 복음에 초점을 맞추려고 노력한다. 우리는 아들들을 제자로 양육하는 일이 하루의 특정한 시간에만 이루어지지 않는다는 사실을 깨달았다. 오히려 그 일은 우리가 온종일 적용하는 체계로 굳어졌다. 제자 양육은 우리가 형성하는 습관과 우리가 유지하는 삶의 리듬 속에서 이루어진다.

모세가 신명기 6장에서 이스라엘 백성에게 명령한 대로, 우리는 온종일 하나님의 말씀에 관해 말하고, 그것을 행하도록 고무하려고 애쓴다. 만일 우리 가정에 와서 식사를 함께할 기회가 있다면, 우리 아들들이 "저희가 하는 말과 행위가 모두 주님을 존귀하게 하고, 영화롭게 하기를 원합니다."라고 기도하는 소리를 듣게 될 것이다. 그들이 그렇게 기도하는 소리를 들을 때는 가슴이 벅차오르지만, 우리는 얼마 지나지 않아 누군가가 인내심을 잃고, 거친 언사를 불쑥 내뱉을지도 모른다는 것을 잘 알고 있다. 그것이 우리 가정에서 일상을 보내는 방식이다.

매일 크고 작은 일을 겪으며 살아가는 우리에게 이 책의 저자가 알려준 지혜는 참으로 고맙기가 한이 없다. 그는 습관과 리듬이 강력한 힘을 지니고 있을 뿐 아니라 계획적인 삶과 자녀 양육과 관련된 문제들을 해결해 나가도록 돕는 역할을 한다는 점을 상기시켜준다. 삶이 정신없이 바쁘게 돌아가고, 가족들의 마음은 둘째치고 우리 자신의 마음마저도 혼란스럽게 만드는 것처럼 느껴진다면, 이 책이 효과적인 처방이 될 것이다. 저자는 솔직하고도 단도직입적인 방식으로 하루의 활동을 세분화해 헛되이 낭비되는 시간을 되찾아 우리의 가정에서 복음의 영향력을 최대화하는 데 사용하는 방법에 관한 지혜로운 지침을 제시한다.

당신이 어떤 상태에서 이 책을 접하게 되었든 상관없이 당장 오늘부터라도 새로운 리듬을 구축하는 것이 얼마든지 가능하다. 그러니 용기를 내주기 바란다.

루스 츄 시몬스와 트로이 시몬스
《Foundations: Twelve Biblical Truths to Shape a Family》를
저술한 베스트셀러 작가

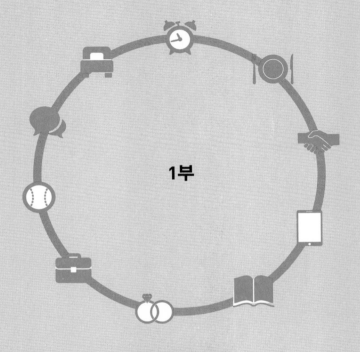

1부

들어가는 말

복음적인 예전으로
가속의 습관을 재구성하기[1]

수요일 저녁 8시였다. 아이들을 재우는 일이 그다지 순조롭지 않았다. 특별히 잘못된 것은 아무것도 없었지만, 그렇다고 해서 특별히 잘된 것도 없기는 마찬가지였다.

그 날은 보통의 저녁과는 달랐다. 두 녀석이 욕실에서 도망쳐 발가벗은 채로 침실 바닥에서 그레코로만형 레슬링을 하기 시작했다. 막내 녀석은 두 형 가운데 하나를 쓰러뜨려 레슬링을 멈추게 하려고 보드책(두꺼운 종이로 이루어진 책―편집주)을 내던지며 소동에 끼어

---

1 편집주―저자는 가족 또는 가정이라는 단어 외에도 가속(household)라는 단어를 제목과 기타 여러 곳에서 사용하고 있다. 저자가 의미하는 가속은 가족보다 좀 더 포괄적인 개념을 가지며 저자는 그에 관해 이 책의 2장에서 밝히고 있다. 본 한국어판에서는 독자의 이해를 위해 제목에서는 '가정의 습관'이라는 어구를 사용하였으나 책 내용 안에는 'household'를 '가속'이라는 단어로 번역하였고 다수 등장하는 'family'라는 단어를 '가족' 또는 '가정'이라는 단어로 번역하였다.

들었다.

당시에 나는 법무법인에서 퇴사하고 개인 법률 사무소를 열었고, 아내 로렌은 우리 집에 그레코로만형 레슬러가 좀 더 필요하기라도 한 듯 넷째 아들을 임신한 상태였다. 지금도 여전하지만, 당시에는 삶이 상당히 바쁘게 흘러갔다.

나는 욕실로 향하면서 한창 투자 라운드를 시행 중인 고객의 일을 처리해야 할지, 아니면 먼저 부엌을 깨끗하게 청소해야 할지를 잠시 고민했을 뿐 아니라 슈퍼맨 형상이 새겨진 칫솔이 누구의 것이고, 티라노사우루스 형상이 새겨진 칫솔이 누구의 것인지를 기억해내려고 안간힘을 써야 했다. 칫솔 구분을 잘못하면 이를 닦기보다는 이를 북북 갈며 투덜대는 상황이 벌어질 것이 뻔했기 때문이다.

그러던 중, 나는 버지니아주 리치먼드에 있는 100년 된 우리 집의 삐걱거리는 마룻바닥 위에 아이들이 흘려놓고 지나간 욕실 물에 미끄러져 넘어질 뻔했다. 그 순간, 나는 모든 생각이 삽시에 중단되었다. 나는 흔들거려 거의 빠질 것 같은 문고리를 황급히 붙잡은 덕분에 가까스로 넘어지지 않았다. 그 순간, 감정이 폭발했다. 나는 인내심이 다한 것이 아니라 아예 더는 인내심을 갖지 않기로 결정했다.

다음 10분은 그야말로 오명으로 얼룩진 시간이었다. 나는 고함을 내지르며 녀석들을 재촉하며 몰아댔다. 그러나 실제로 빨라진 것은 아무것도 없고, 단지 우리 모두를 긴장하게 만들 뿐이었다. 그런 상황에 직면할 때면, 나는 마치 크게 소리쳐 명령하지만 큰 목소리에도 불구하고 이렇다 할 효과를 거두지 못하는 무기력한 장군과 같은 심정을 느끼곤 한다. 나는 고작 "이 칫솔을 사용하든 말든 마음대로 해."라거나 "내가 네 손에서 책을 빼앗은 이유는 내 말에 귀를 기울이지 않았기 때문이다."라거나 "더 이상 물을 마시지 말라. 물은 이제 그만이다."라고 소리칠 뿐이다.

그런 일이 한바탕 지나고 나면 마침내 내가 기다려온 순간이 다가온다. 나는 전등불을 끄고, 방문을 닫는다. 그러나 여전히 욕실 물에 젖은 상태로 2층 복도에 서 있는 나는 평소와는 달리 아이들을 재우는 시간이 다 끝났다는 안도감을 조금도 느끼지 못했다. 단지 당혹감과 갈등이 느껴질 뿐이었다.

'과연 이것이 정상적인 저녁 풍경일까?'라는 생각이 들었다. 내가 평상시에 아이들에게 남기는 마지막 인상은 잠옷을 즉시 입지 않으면 호된 육체적 결과가 뒤따를 것이라고 으름장을 놓는 사나운 감독관과 같은 것이다. 전등불을 끄기 전에 그들을 위해 짧은 취침 기도를 드렸다. 하나님이 그들을 사랑하시고, 나도 그렇다고 말하는 소리를 그들이 듣고서 뭔가 모순된 느낌을 받을 것 같다는 생각을 지우기가 어려웠다. 그들이 과연 사랑을 어떤 의미로 받아들일지 궁금했다.

그 날 밤의 일이 내게 깨우침을 준 이유를 확실히 알기는 어렵다. 왜냐하면, 그 날 저녁이라고 해서 특별히 평소와 다른 것이 아무것도 없었기 때문이다. 사실, 그것은 전형적인 저녁 풍경이었고, 그 사실 자체가 바로 내가 깨달음을 얻게 된 이유였다. 나는 속으로 "이것이 우리의 일상이야."라고 중얼거렸다. 그것은 결코 좋은 일이 아니었다.

정상적인 것의 중요성

어느 가정에서나 가장 중요한 비중을 차지하는 것 가운데 하나는 바로 정상적인 것으로 간주되는 것이다. 그러한 순간들이 한데 모여 추억과 전통이 된다. 우리의 일상이 우리의 실체가 되고, 우리 가족의 역사와 문화가 된다.

내가 그 날 밤에 복도에 서서 실망한 것은 우리의 저녁 풍경이 아닌 나의 일상적인 태도였다. 일상적인 저녁과 일상적인 태도는 서로 별개다.

그로부터 몇 주가 지나서 나는 우리 교회 목사 가운데 하나인 데렉과 우리 집의 혼란스러운 저녁 시간에 관해 대화를 나누었다. 그는 취침 시간의 예전(liturgy)을 시도해 보라고 제안했다. 나는 "그게 뭔데요?"라고 물었다. 그는 자기 아들들과 했던 일을 내게 말해주었다. 나는 흥미가 생겼다.

취침 시간의 예전이라는 말은 처음에는 이상하게 들렸지만, 생각해 볼수록 의미심장했다. 우리는 예배시에 예배하는 대상의 형상을 닮기를 바라는 마음으로 특정한 예배 형식을 반복해서 실행한다. 그러한 형식을 예전이라고 한다. 이것은 내가 전혀 몰랐던 새로운 개념이 아니었다. 사실, 나는 법률 업무 이외의 시간을 이용해 어떻게 근로 습관과 기술이 우리의 인격 형성에 깊은 영향을 미치는 예배의 형식으로 발전할 수 있는지에 관한 책을 저술한 바 있다.[2] 나는 예전(liturgy)처럼 작용하는 일상의 습관이 지니는 영적 의미에 관해 많이 생각해 보았지만, 실제로 그런 통찰력을 자녀 양육에 적용해본 적은 없었다.

그러나 데렉이 취침 시간의 예전을 언급하는 순간, 나의 자녀 양육이 이미 많은 예전으로 구성되어 있다는 생각이 들었다. 단지 그것들이 내가 의도적으로 신중하게 선택한 것이 아니라는 점만 다를 뿐이었다. 내가 아내와 아들들과 함께 공유해온 작은 형식들(기상, 식사 시간, 함께 자동차를 타는 시간, 취침 시간 등)이 정확하게 예전으로 간주될 수 있는 습관들을 따라 이루어진 예배의 순간들이었다. 그렇다면 그것들은 어떤 예전이었을까? 잠시 생각해 보니 효율성, 조급함, 성급함, 절망감의 예전들이었다. 그런 삶의 리듬은 내가 선택하고 싶지 않은 것이었지만, 어쨌든 우리는 그러한 리듬을 지니고 있었고, 그래서 변화가 필요했다.

나는 그렇게 새로운 깨우침과 이전의 삶에 대한 실망감이 혼합된 상태로 취침 시간을 위한 첫 번째 축복의 대화를 작성했다. 나는 그것이 녀석들을 잘 잠들게 하고, 나의 습관적인 조급함의 예전을 개선할 수 있기를 바랐다.

---

2 Justin Whitmel Earley, *The Common Rule: Habits of Purpose for an Age of Distraction* (Downers Grove, IL: InterVarsity, 2019).

취침 시간을 위한 축복의 대화

(자녀들의 얼굴이나 머리에 손을 얹고 대화를 나누어도 좋다)

부모: 내 눈을 보고 있니?

자녀: 네.

부모: 내가 네 눈을 보고 있는 것이 보이니?

자녀: 네.

부모: 내가 너를 사랑하는 것을 아니?

자녀: 네.

부모: 네가 어떤 나쁜 짓을 하든 내가 너를 사랑하는 것을 아니?

자녀: 네.

부모: 네가 어떤 착한 일을 하든 내가 너를 사랑하는 것을 아니?

자녀: 네.

부모: 또 누가 너를 그렇게 사랑하지?

자녀: 하나님이 그러세요.

부모: 그분이 나보다 훨씬 더 그러신다는 것을 아니?

자녀: 네.

부모: 그 사랑 안에서 편히 쉬거라.

처음에 이런 대화가 얼마나 잘 이루어졌을 것 같은가?

잘 안 되었다. 전혀 잘 되지 않았다.

아이들은 혼란스러워했다. 녀석들은 내가 자기들의 눈을 볼 수 있다는 것이 무엇을 의미하는지에 대해 흥미로워했고, 그것을 내 눈을 찔러보라는 의미로 받아들였다. 갑자기 눈을 마주치니 너무나도 웃겼다. 다행히도, 그즈음 나의 자녀 양육의 기술은 어린아이들과 진지한 영적 대화를 시도하는 순간에 약간의 실랑이나 허튼소리나 농담이 벌어지는 것에 익숙해져 있는 상태였다. 따라서 나는 중단하지 않고 계속 밀고 나갔다.

나는 내가 말하려고 생각해둔 것을 잊을 때가 많았다. 때로는 할 말을 메모하기도 했다. 이틀 밤을 시도했는데도 아이들이 여전히 혼란스러워했다. 그러나 나는 습관에 관한 연구 조사와 저술 활동을 통해 새로운 습관을 만들려고 할 때마다 그런 일이 벌어질 수밖에 없다는 것을 잘 알고 있었다. 누구나 아는 뻔한 사실이지만, 가속의 습관을 형성하는 일은 한순간에 되지 않는다. 그것은 단 한 번 시도하고 나서 "모든 것이 순조롭게 잘 진행되었어!"라거나 "너무 어려웠어."라고 말할 수 있는 문제가 아니다. 그것은 의식적으로든 무의식적으로든 우리가 늘 실천해야 하는 규칙이다.

며칠을 시도하다 보니 마침내 놀랄 만한 순간이 찾아왔다. 여느 때와 마찬가지로 엉망인 저녁이었는데 아들 녀석 가운데 하나가 침대에 눕더니 "지금 축복의 대화를 시작할까요?"라고 말했다.

우리가 해온 일이 우리의 습관으로 굳어지는 순간이었다. 가속의 습관 가운데 하나가 새롭게 형성되었다.

그날 밤, 나는 아들들의 눈을 바라보았고, 그들은 나의 눈을 바라보았다. 우리는 우리를 향한 하나님의 놀라운 사랑에 관해 간단한 대화를 주고받았다. 그 사랑은 우리의 자녀 양육 습관이 나쁘든 좋든, 우리의 하루가 최고였든 최하였든, 우리의 가장 교만했던 순간이나 우리의 어두운 비밀에도 불구하고 결코 변하지 않는 사랑이다. 우리는 어린아이의 언어로 잠시 우리를 향한 하나님의 조건 없는 사랑에 관해 대화를 나누었다.

분명히 말하지만, 이 순간만 제외하고 나머지는 여느 때 저녁과 조금도 다르지 않았다. 마룻바닥에는 욕실 물이 흘러 넘쳤고, 소란스럽고 무질서한 것도 여전했지만 뭔가 개선의 징후가 감지되었고, 그것이 모든 차이를 만들어낼 것처럼 보였다.

2년이 지난 지금도 상황은 여전히 똑같다.

지금은 아들이 모두 넷이다. 취침 시간을 위한 축복의 대화는 우리 집에서 저녁마다 일상적으로 이루어지는 핵심적인 습관 가운데 하나다. 보드책은 지금도 무기로 활용되고, 벌거벗은 몸으로 레슬링을 하는 것도 내가 용인할 수 있는 수준을 훨씬 넘어서며, 칫솔도 소유권을 다투어야 할 가장 신성한 물품이고, 나도 여전히 복도에서 나의 인생을 돌아보는 데 상당한 시간을 소비하고 있다. 그러나 달라진 것은 바로 나다. 상황은 대부분 똑같지만, 아이들에 대한 나의 반응이 극적으로 바뀌었다. 그것이 좋은 자녀 양육 습관의 힘이다. 우리는 평범한 상황에 대한 우리의 반사적인 반응 방식을 바꿈으로써 하나님의 은혜가 우리와 자녀들의 마음을 새로운 삶의 형식을 향해 이끌 수 있는 길을 찾을 수 있다.

이것은 처음에는 직관에 어긋나는 것처럼 보일 수 있다. 내게도 그러했다. 습관과 마음은 매우 밀접하게 연관되어 있지만, 우리는 그렇게 생각하지 않을 때가 많다. 당신의 가족의 습관을 잘 관리하는 것은 그들의 마음을 잘 관리하는 것이다.

이것이 바로 이 책의 주제다.

마음은 습관을 따른다

나는 휘트의 지퍼를 채워주며 "오늘 학교에 가면 정말 좋을 거야. 오늘은 체육 시간이 있단다. 실외에서 활동하는 거지."라고 말했다. 나는 계속해서 녀석의 신발 끈을 매어주면서 "복도에서 네 형 애쉬를 보거든 주먹 인사를 나누는 것을 잊지 말아라."라고 당부했고, 자동차 안전띠를 매어주면서는 "형제들은 항상 가깝게 지내야 해. 알았지?"라고 말했다.

이것은 매우 정상적이면서도 놀라운 순간이다. 다른 사람들도 그렇게 할 것이 틀림없다. 우리는 자동항법 조종장치를 켜놓은 것처럼 복잡하고, 어려운 일들을 척척 해낸다. 우리는 배우자와 대화를 나누거나 일과 관련된 문제를 곰곰이 생각하는 것과 같은 훨씬 더 중요한 일을 하면서 팬케이크를 뒤집고, 기저귀를 갈아준다. 우리가 그렇게 할 수 있는 이유는 습관이라는 놀라운 현상 때문이다.

습관은 매혹적인 작은 것들로 이루어져 있다. 그것들은 우리가 무의식 상태나 반의식 상태에서 반복적으로 행하는 것이다. 개개의 습관은 작지만, 그것들이 다 합쳐지면 엄청난 힘을 발휘한다. 습관은 시간의 대부분을 장악하고 있을 뿐 아니라 마음의 대부분을 형성한다. 여기에는 신경학적인 이유가 있다.

현대 신경과학은 습관이 뇌의 가장 깊숙한 부분인 기저핵(basal ganglia)에서 일어난다는 사실을 발견했다. 그곳은 고차원적인 사고가 복잡한 곡예를 펼치듯 전개되는 동안, 마치 자동항법 조종장치를 켜놓기라도 한 것처럼 기계적으로 작동하는 부분이다.

이것이 놀라운 이유는 좀 더 중요한 것들을 생각하는 고차원적인 사고가 자유롭게 이루어질 수 있게끔 해주기 때문이다. 이것이 내가 휘트의 신발 끈과 안전띠를 매주면서 녀석에게 형제는 공공장소에서 돈독한 우애를 보여주어야 한다는 중요한 교훈을 가르칠 수 있었던 이유다.

한편, 막 걷기 시작한 아이가 신발 끈을 혼자서 매려고 애쓸 때에는 그런 마법과도 같은 습관의 힘이 눈에 띄지 않는다. 그 이유는 그것이 아이가 가진 정신적 에너지를 모조리 쏟아부어도 해내기 어려운 일이기 때문이다. 성인의 경우라도 만일 외발자전거를 타는 상황이라면 모든 힘을 쏟아부어도 그 일을 할 수 없을 것이다.

습관적으로 저차원적인 일을 하면서 고차원적인 사고를 중단없이 해낼 수 있는 두뇌의 능력은 하나님이 우리에게 주신 놀라운 신경학적인 선물 가운데 하나다.[3] 제대로만 된다면 저차원적인 사고가 이루어지는 곳에 온갖 종류의 놀라운 처리 과정(자동차로 출퇴근하는 일, 대문을 나서면서 포옹하는 일, 취침 시간에 이루어지는 축복의 대화, 식사 기도, 축구공을 다루는 일, 달걀을 깨뜨리는 일, 배우자의 목을 쓰다듬는 일 따위)을 축적해 완전히 자연스러운 일로 만들 수 있다. 기계적인 일이든 낭만적인 일이든, 습관은 복잡하기 짝이 없는 세상에서 우리 자신을 끊임없이 점검할 필요 없이 잘 살아나갈 수 있도록 도와준다.

그러나 습관의 신경학적인 단점은 그 장점만큼 강력하다. 다시 말해, 좋은 습관은 굳이 생각하지 않아도 저절로 행할 수 있게 해주는 장점이 있는 반면에 나쁜 습관은 심지어 곰곰이 생각하면서도 쉽게 바꾸지 못하는 단점이 있다. 자국 난 자리를 지나가는 수레바퀴를 생각해 보라. 수레바퀴가 자국 난 자리를 지나갈 때는 힘이 전혀 들지 않지만, 그것을 다른 곳으로 끌어내리려면 엄청난 노력이 필요하다.

좋은 바퀴 자국이든 나쁜 바퀴 자국이든, 자국은 자국이다. 우리의 뇌는 자국을 좋아한다.

기저핵은 자국 안에 머무는 데 익숙하기 때문에 단지 말만으로는 그곳에서 빠져나오게 할 수가 없다. 우리의 하위 뇌는 평생토록 고차원적인 사고를 무시한 채로 기능한다. 사실, 그래야만 한다. 우리

---

3 나는 이 책에서 고차원적인 사고와 저차원적인 사고의 차이를 줄곧 거론할 것이고, 이 따금 상위 뇌와 하위 뇌를 언급할 것이다. 뇌의 아랫부분은 투쟁 도피 반응이나 휴식과 소화와 같은 기본적이고, 항시적이며, 생존과 관련된 행위를 담당하는 기능을 수행하고, 뇌의 윗부분은 논리를 사용하고, 새로운 정보를 처리하고, 복잡한 문제들을 해결하는 것과 같은 좀 더 정교한 일을 하도록 돕는 기능을 수행한다. 나는 이 점과 관련해 요점들만 간략하게 다룰 생각이다. 뇌의 이런 부분들이 우리의 삶의 습관에 어떻게 영향을 미치는지를 좀 더 자세하게 알고 싶으면 다음의 자료를 참조하라. Charles Duhigg, *The Power of Habit: Why We Do What We Do in Life and Business* (New York: Random House, 2012).

를 자국 안에 그대로 유지시키는 것, 그것이 곧 하위 뇌의 임무다.

바꾸어 말해, 습관의 틀은 우리가 구축한 것이기 때문에 그곳에서 빠져나오려면 노력이 필요하다. 그것은 연습을 통해 구축되었기 때문에 빠져나오기 위해서도 노력을 기울여 연습해야 한다.

취침 시간에 이루어지는 나의 일상을 잠시 생각해 보자. 나는 상위 뇌의 기능을 통해 아이들에게 소리를 지르며 저녁 시간을 보내는 것이 바람직하지 않다는 것을 잘 알고 있었다. 그러나 복도에서 바닥에 흘린 물 때문에 넘어질 뻔했던 순간에 나의 (투쟁 도피 반응을 담당하는) 기저핵이 발동되자 곧바로 저녁 내내 싸우면서 지내는 습관으로 되돌아가고 말았다. 그 습관은 별다른 노력 없이 저절로 이루어졌을 뿐 아니라 심지어는 나의 생각에도 불구하고 불쑥 튀어나왔다.

이것이 습관이 신경학적으로 형성적인 기능을 발휘하는 이유다. 습관은 바퀴 자국처럼 우리를 어딘가로 데려간다. 그것은 우리의 생각이 거부할 때도 거침없이 목적지를 향해 나아간다.

그러나 습관은 단지 신경학적인 측면에서만 형성적인 기능을 발휘하지 않는다. 그것은 영적인 측면에서도 형성적인 기능을 발휘한다.

머리가 한 방향으로 나아가고 습관이 그 반대 방향으로 나아갈 때, 마음은 어느 쪽을 따를까?

마음은 항상 습관을 따른다.

왜일까? 그 이유는 습관이 일종의 예전이기 때문이다. 습관은 일상적으로 이루어지는 작은 예배다. 그리고 예배는 우리가 사랑하는 것을 변경시킨다. 가속의 습관은 단지 가족들의 일상을 형성하는 행위가 아니라 그들의 마음을 형성하는 예전이다. 이것이 우리가 습관을 주의 깊게 선택해야 하는 이유다.

가족들의 영적 형성과 관련하여, 우리의 가속은 단지 우리가 말하고, 가르치는 것의 산물이 아니다. 그보다는 우리가 행하고, 실천하는 것이 훨씬 더 큰 영향력을 발휘한다. 대개 이 둘 사이에는 상당한 괴리가 존재한다.

마음이 항상 머리를 따른다면, 배우는 것을 실천하려고 특별히 애쓸 필요가 없다. 무엇인가를 배우기만 하면 저절로 실천이 이루어질 것이다. 그러나 사람은 그런 식으로 기능하지 않는다. 성경적인 성화에 관한 이해가 단지 교육과 학습이 아닌 형성과 실천과 밀접하게 관계되는 이유가 바로 여기에 있다.[4] 우리는 옳은 것을 배워야 할 뿐 아니라(이 일은 집중력과 사고를 요구한다),[5] 옳은 일을 실천해야 한다(이 일은 형성의 노력과 반복적인 행위를 요구한다).[6]

---

4 "너희는 내게 배우고 받고 듣고 본 바를 행하라 그리하면 평강의 하나님이 너희와 함께 계시리라"(빌 4:9).

5 잠언 4장 6, 7절을 비롯해 지혜와 총명을 강조하는 골로새서 1장 9, 10절을 참조하라.

6 잠언 22장 6절을 비롯해 선한 일에 열매를 맺는 것을 강조하는 골로새서 1장 9, 10절을

가속의 습관을 교육과 형성을 일치시키려는 노력으로 간주하라. 그것을 머리와 마음을 일치시켜 옳은 일을 알기만 하지 않고 실천하기를 좋아하게 만드는 수단으로 생각하라.

습관의 신경학과 영성은 복잡해 보일 수 있지만, 습관의 영성은 다른 어떤 문제보다 더 실천적인 성격을 띠고 있다.

자녀 양육과 관련된 나의 습관들과 나의 머리와 마음이 상호 작용하는 방식에 관해 내가 관찰한 사실들을 몇 가지 나열하면 다음과 같다.

새로운 습관들이 마음을 이끄는 방식	
나의 머리는 "아이들을 좀 더 인내심 있게 대해주는 사람이 되고 싶다."라고 생각한다.	
나의 옛 습관이 나의 마음을 이끈다: 그러나 나의 기본 습관은 물을 흘릴 때마다 나무라는 것이다. 그것은 인내심을 잃고 그들에게 계속 잔소리를 해대는 행위로 나타난다.	나의 새로운 습관이 나의 마음을 이끈다: (종종 이를 악물고 꾹 참으면서) "괜찮다. 그것을 깨끗하게 치우도록 도와주지 않겠니?"라고 말하는 습관을 배양했다. 그렇게 말하면 질책하는 대신에 함께 청소할 수 있는 여지가 열린다. 인내심 있게 말하기를 실천하면 참을성이 더 많아지는 것을 느낄 수 있다.

참조하라.

나의 머리는 "아이들에게 온전한 관심을 기울이고 싶다."라고 생각한다.	
나의 옛 습관이 나의 마음을 이끈다: 나의 휴대전화에 표시된 아침 뉴스 알림이 나를 초조하고, 걱정스럽게 만든다. 아이들을 문밖으로 데려나가는 동안 다른 것에 정신이 팔려 그들에게 온전한 관심을 기울이지 못한다.	**나의 새로운 습관이 나의 마음을 이끈다:** 모든 알림을 끄고, 아이들을 자동차에서 내려주기 전까지 휴대전화를 사용하지 않는 습관을 배양했다. 우리는 우리가 습관적으로 응시하는 것의 형상을 닮기 마련이다. 마음의 습관은 휴대전화의 습관을 따른다.

나의 머리는 "징계의 순간을 아이들에게 화를 내는 것이 아니라 그들을 가르치는 기회로 활용하고 싶다."라고 생각한다.	
나의 옛 습관이 나의 마음을 이끈다: 그러나 아이들이 똑같은 잘못을 반복하면 화를 내고, 소리를 지르는 방식으로 반응한다.	**나의 새로운 습관이 나의 마음을 이끈다:** 아이를 징계하기 전에 잠시 기도하는 습관을 배양했다. 나는 잠시 생각할 시간이 필요하다는 점을 의식하지 못했었다. 기도하며 잠시 생각하는 시간을 갖게 되면 아이들의 잘못을 바로잡아 줄 수 있을 뿐 아니라 나 자신도 그들과 마찬가지로 한없이 부족하고, 못난 하나님의 자녀라는 사실을 기억할 수 있다. 나의 아이들을 위해 신중하게 습관을 선택하면 그들을 향한 나의 마음이 변화된다.

나의 머리는 "아이들을 위해 기도하고 싶다."라고 생각한다.	
나의 옛 습관이 마음을 이끈다: 그러나 그런 일은 절대로 일어나지 않는다. 아이들을 위해 걱정은 많이 하지만 실제로 기도하지는 않는다.	**나의 새로운 습관이 나의 마음을 이끈다:** 매일 밤 잠자기 전에 아이들의 방문 앞에서 기도하는 습관을 배양했다. 시간은 고작 1분 정도 걸렸지만, 자발적으로 그들을 위해 기도하는 데 능숙하지 못했던 나의 마음이 밤에 그들을 위해 기도하는 일에 매우 능숙해졌다.

앞으로도 이런 사례들을 많이 열거할 생각이다. 나도 그렇지만 대다수의 부모들은 인내심이 강하고, 주의 깊고, 사랑이 많은 부모, 곧 자녀들을 위해 기도하고, 그들을 자상하게 대하는 부모가 되기를 바란다. 그러나 우리의 바람이 머리에서 습관으로 이어지지 않으면 아무런 변화도 일어나지 않는다. 우리가 원하는 부모가 되겠다는 생각이 마음속에만 머물면, 우리 아이들이 그것 때문에 고통받는다.

그러나 그렇게 되지 않을 수 있다. 우리의 마음과 자녀들의 마음을 새로운 방향으로 이끌어줄 가속의 습관을 실천하는 것이 가능하다.

분명하면서도 조심스럽게 말하면, 이 책은 가장 훌륭한 자녀 양육을 한순간에 시작할 수 있게 해줄 손쉬운 삶의 지혜를 주장하지 않는다. 중요한 일 가운데 쉬운 일은 아무것도 없다. 나는 가속의 습관을 재고하는 일이 쉽다고 주장할 생각이 조금도 없다. 내가 주장하고 싶은 것은 그런 습관들이 가족의 영적 형성에 지대한 영향을 미친다는 것과 그것들을 변화시키는 일이 가능하다는 것이다.

어쩌면 그것은 우리가 부모로서 행하는 가장 중요한 일일 수 있다.

'삶의 규칙'으로서의 가속의 습관

공동의 습관에 관심을 기울여야 한다는 것은 새로운 개념이 아니다. 고대의 수도원에서 사용된 용어 가운데 이 개념을 가리키는 용어가 있었다. 그것은 다름 아닌 '삶의 규칙'이다. 삶의 규칙이란 하나님의 사랑 안에서 공동체를 형성할 의도로 모두가 함께 공유하는 습관들을 가리킨다.

삶의 규칙이라는 개념은 부분적으로 다니엘의 이야기에서 기원했다. 다니엘과 그의 친구들은 바벨론의 궁정에서 일했지만, 다른 삶의 유형을 따랐다. 그들은 특정한 식습관과 기도 습관을 준수함으로써 '세상 안에 있지만 세상에 속하지 않는 삶'을 살았다.[7]

사도행전 2장에 묘사된 초대 교회에서도 비슷한 개념이 발견된다. 당시의 신자들은 회심하고 나서 주위 세상과는 근본적으로 다른 습관들을 채택했다.[8] 그들은 독특한 습관을 통해 세상과 구별되었고, 믿음의 헌신을 마다하지 않았으며, 다른 사람들을 많이 인도해 그들 무리에 합류시켰다.

믿음이 공동 습관을 좇도록 이끄는 수단이 되어야 한다는 개념은 아우구스티누스와 베네딕투스와 같은 유명한 교부들의 수도원을 통해 공식화되었다. 그들은 둘 다 자신의 수도원을 위한 삶의 규칙을 제정했다. 그들이 쓴 글을 읽어보면 영감을 불러일으키는 내용도 있고, 기괴한 내용도 있다는 것을 알 수 있다. 즉 그런 습관들 가운데는 (한 명의 수도사에게 포도주를 얼마만큼 할당해야 하는지와 같은) 사소한 규칙도 있었고,[9] ("밖에 나갈 때마다 함께 다니고, 목적지에 도착했을 때는

---

7 이 어구는 종종 요한복음 17장 14-19절을 요약하는 말로 사용된다.

8 행 2:42-47.

9 *Rule of St. Benedict*, chapter 40.

함께 머물라."라는 아우구스티누스의 규칙과 같은) 경이감을 불러일으키는 규칙도 있었다.[10] 그 외의 것들은 흔히 기대하는 대로 기도, 성경 읽기, 공동 식사와 같은 활동에 관한 규칙들이 대부분이었다.

그러나 그런 규칙들을 읽을 때 간과할 수 없는 것이 하나 있는데, 그것은 바로 동기 부여의 요소인 '사랑'이다. 다니엘, 초대 교회, 그리고 앞에서 말한 수도원들은 모두 율법을 요약한 예수님의 가르침을 실천하려고 노력했다. 하나님과 이웃을 사랑하는 것이 곧 기독교적 삶의 핵심이다. 공동의 습관을 선택한 공동체들의 전통을 따라 '사랑의 학교'라는 새로운 문구가 생겨나기 시작했다. 그때부터 모든 종류의 영적 공동체가 이 문구를 사용해 왔다.

가족은 작은 '사랑의 학교'라는 것이 가족에 관한 기독교의 일반적인 견해다. 가정의 소명은 가족들을 모두 하나님과 이웃을 사랑하는 사람으로 만드는 것이다.

이것은 행위에 근거한 율법주의적인 노력이 아니라 은혜에 근거한 아름다운 노력에 해당한다.

과거의 형제자매들은 공동의 습관을 형성하려고 노력할 때 자신들의 능력을 입증하거나 공로를 세우려고 한 것이 아니다. 그들은 하나님과 이웃에 대한 사랑이 자라날 수 있는 토대를 만들려고 한 것이다. '규칙(rule)'이라는 용어의 라틴어 어근은 순종해야 할 법칙을 의미하지 않았다. 그것은 덩굴 식물이 타고 올라가면서 무성하

---

10 *Rule of St. Augustine*, chapter IV, sentence 2.

게 자랄 수 있게 하는 격자 구조물을 함축했다. 규칙은 생명의 번성을 위한 것이다.

공동체들은 습관의 체계를 확립하지 않으면 세상의 체계가 자기들을 규정할 것이라고 생각했다. 그들은 "우리를 형성해줄 철저한 공동 습관이 없으면 세상의 공동 습관에 순응하게 될 것이다."라고 말했다.

그들은 세상이 사람들을 그릇 형성해 전형적인 바벨론인이나 로마인으로 만들고 있는 현실을 분명하게 인식했다. 다시 말해, 그것은 곧 하나님이 어떤 분이신지를 알지 못하고, 자아와 권력과 부와 섹스를 사랑하는 삶을 의미했다. 우리의 관점에서 보면, 그것은 오늘날의 미국인들과 같은 삶이었다.

'삶의 규칙'이라는 문구는 생소할지 몰라도, 그 개념은 그렇지 않다. 우리는 일련의 공동 습관에 기본적으로 맞춰져 있다. 구체적으로 말해, 우리의 가족들은 미국인들의 습관, 곧 미국적인 삶의 규칙에 기본적으로 맞춰져 있는 상태다.

습관을 주의 깊게 선택하지 않으면, 끊임없는 스크린 타임(텔레비전, 컴퓨터, 게임기와 같은 것들에 몰두하는 시간), 중단없는 직업 활동, 지나치게 헤픈 소비주의, 달래기 어려운 외로움, 벗어나기 어려운 중독, 유례없는 산만함이라는 일반적인 삶의 방식을 따르는 리듬에 빠져들 수밖에 없다.

비즈니스 전문가들은 "체계는 원하는 결과를 얻을 수 있도록 완벽하게 설계되어 있다."라고 말한다.[11] 우리가 속한 오늘날의 문화적 습관의 체계도 마찬가지다. 문화의 기본 체계는 원하는 유형의 가정을 양산할 수 있도록 완벽하게 설계되어 있다. 우리는 그런 체계에 익숙하다. 그리스도의 사자로 부르심을 받은 그리스도인들이 이런 미국적 생활의 기본 규칙을 따라야 할 이유가 무엇인가?

가속의 습관을 재고해 보라는 말은 불안에 시달리고, 우울증을 앓기 쉽고, 외롭고, 혼란스럽고, 스크린에 중독된 10대 청소년과는 다른 무엇을 양산할 수 있는 삶의 규칙을 가정 안에 확립하라는 말이다. 그러면 하나님의 사랑 안에서 자녀들을 양육할 수 있고, 의미 있는 관계를 맺도록 훈련할 수 있으며, 예수님의 조건 없는 사랑을 아는 데서 비롯하는 평화를 가르칠 수 있고, 복음 전도의 빛으로 어두운 세상을 밝히는 가정을 만들 수 있다.

하나님이 우리를 사랑하시는 것처럼 세상을 사랑할 수 있는 가정이 되려면 가족들을 위한 삶의 규칙이 필요하다. 이것은 우리 가족들에게 매우 긴급한 문제가 아닐 수 없으며, 이웃 사랑을 위한 긴급한 문제이다. 가속의 습관을 점검하지 않고서는 하나님과 이웃을 사랑하라는 우리의 소명을 이행할 수 없다.

부모가 먼저 하나님의 자녀양육을 받아야 한다

나는 다시 복도에 섰다. 그러나 이번에는 잠자리에 들기 전에 먼

---

11 윌리엄 에드워즈 데밍이 한 말로 종종 간주된다.

저 아이들의 문 앞에서 기도를 드렸다. 이것은 반은 의도적인 생각, 반은 절박함에서 생겨난 또 하나의 작은 습관이었다. 나는 잠자리에 들기 전에 아이들의 문 앞에서 "하나님, 아이들을 양육할 수 있도록 저를 먼저 양육해 주소서."라고 기도했다.

지금은 그로부터 몇 년이 지났다. 가정 안에서의 습관과 형성에 관해 생각하면 할수록 나는 우리가 얼마나 밀접하게 연관되어 있는지 더욱 절실하게 깨닫는다. 나의 습관이 나를 특정한 부모로 형성하고, 나의 자녀 양육이 아이들을 특정한 자녀로 형성한다. 우리는 모두 함께 서로를 특정한 가정으로 형성한다.

가정 안에서의 습관과 형성을 피할 수 없다. 우리는 우리의 습관처럼 변화되고, 우리 자녀는 우리처럼 변화된다. 가정은 좋든 나쁘든 우리를 형성한다.

여기에 많은 것들이 걸려 있다. 만일 우리가 가족으로서 행하고 있는 우리의 행위만을 바라본다면, 이 논의는 감당하기 어려운 무거운 짐이 되고 말 것이다.

그러나 위를 올려다보면 그렇지 않다. 위를 올려다보면 하늘의 아버지, 곧 우리를 양육하시는 거룩한 아버지가 계시다는 것을 알 수 있다. 그분은 우리를 온전히 사랑받는 왕의 자녀로 양육하신다. 자녀 양육과 관련해 우리 스스로 무엇을 고안하거나 이행하거나 짐을 짊어질 필요가 없다. 단지 하나님 아버지를 따르기만 하면 된다.

가속의 습관을 형성하는 기독교적 방식은 가족들을 등에 업고 가파른 인생의 산을 오르는 것과 전혀 무관하다. 그것은 그보다는 훨씬 더 어린아이 같은 방식에 해당한다. 그것은 활짝 내민 성부 하나님의 손을 붙잡고, 어린아이처럼 한 번에 한 걸음씩 그분을 따라가는 것을 의미한다.

아이들의 부모라는 생각을 덜 하고, 하나님의 자녀라는 생각을 많이 할 때 가장 훌륭한 자녀 양육이 이루어질 수 있다.

따라서 걱정하지 않아도 된다. 가속의 습관을 재고하는 일은 무거운 짐이 아니다. 오히려 계속해서 아무것도 하지 않고, 문화의 기본 습관을 따르는 것이 더 번거롭고, 힘이 드는 일이다. 하나님이 인도하실 때마다 기꺼이 그분의 손을 붙잡고, 따라가는 일은 쉽고 가볍다. 그것이 곧 어린아이의 태도다.

우리보다 더 강하고, 우리를 극진히 사랑하시는 분이 모든 것을 관장하신다. 이것은 부모와 자녀 모두에게 참으로 좋은 소식이 아닐 수 없다.

이 책을 읽는 법

내가 가장 바라는 것은 당신이 한적한 장소에 앉아서 홀로 이 책을 읽는 것이 아니다. 좋은 소설은 그렇게 읽을 수 있다. 그러나 이 책은 그와는 사뭇 다르다. 이 책은 읽을거리가 아니라 시도해야 할 거리로 가득 차 있다.

따라서 나는 당신이 어린 자녀가 갑작스레 발작을 일으키거나 아이들을 데리고 축구장에 가는 것과 같은 일들을 처리할 때마다 조금씩 이 책을 읽어주기를 바란다. 지난밤에 밤새 잠들지 않는 어린 자녀를 돌본 까닭에 이 책을 읽는 동안 잠시 깜박 졸 수도 있고, 열두 살 된 자녀가 갑작스레 섹스에 관한 질문을 던지는 바람에 중요한 부분을 읽다가 한눈을 팔 수도 있을 것이다. 그래도 괜찮다. 배우자에게 이 책의 한 페이지를 크게 읽어주고 나서 서로 대화를 나누기도 하고, 책을 읽다가 잠시 멈추고 하나의 습관을 시도해 보기도

하고, 그것이 생각만큼 잘 되지 않을 때는 노트에 기록도 해보길 바란다. 가족들의 식사 시간에 관한 부분에 대해서는 편안하게 느끼지만 징계에 관한 부분에 대해서는 바다 한복판에서 길을 잃은 듯한 느낌을 받는다면, 건너뛰면서 필요한 것만 읽는 것도 좋다. 무엇을 해야 할지 잘 모르겠다고 솔직하게 인정하는 부모들과 함께 그룹을 만들어 서로를 판단하는 일 없이 정직한 대화를 나누기도 했으면 좋겠다. 또한, 책을 읽다가 그 위에 커피나 우유나 차나 음료를 쏟기도 하고, 이런 습관들이 중요한지 아닌지, 또 그 이유가 무엇인지에 대해 배우자와 논쟁을 벌이기도 하고, 부엌 조리대 위에 책갈피 표시를 해둔 채로 놔두거나 기저귀 가방에 책을 집어넣고 다닐 수도 있을 것이다.

그렇게만 해준다면 이 책이 올바른 사람(엉망진창인 가정의 부모나 자녀 양육의 어려움을 감당하고 있는 부모, 곧 나와 같은 부모)의 손에 들어갔다는 증거이기 때문에 참으로 크나큰 영예가 아닐 수 없을 것이다.

내가 이 책을 어려움에 처한 부모들을 위해 저술한 이유는 나 자신이 어려움에 처한 부모이기 때문이다.

나는 엉망진창인 가정에서 이 책을 저술했다

오늘 아침에 잠에서 깨어보니 부엌에는 부스러기가 떨어져 있고, 우유는 한 방울도 남아 있지 않았다. 지난밤에는 아들들 가운데 한 녀석이 가정 경건 시간에 바지를 벗으려고 했다(바지를 거의 다 벗으려는 찰나에 내가 제재했다). 부엌 식탁 위에는 세탁물이 널려 있었고, 마당은 약간의 힘든 작업이 필요한 상태였다. 나는 이 단락의 집필을 마치기 위해 업무 전화를 조금 미뤄두었다. 우리는 눈앞의 상황에 어안이 벙벙했지만, 이것은 결코 드문 일이 아니었다.

아내는 어제 아들들을 키우기가 너무 힘들어서 좀 더 많은 기도가 필요하다는 문자를 내게 보내왔다. 나는 "알겠소. 나도 기도하겠소."라고 답장을 보냈다. 나는 단지 동정심을 표하는 것에 그치지 않고, 상황을 익히 짐작할 수 있었기 때문에 실제로 잠시 일손을 멈추고 기도했다.

자녀 양육은 정말로 힘들다. 엉망진창일 때가 많다. 우리 가운데 그 일을 잘하는 사람은 아무도 없다.

나는 기껏해야 피곤하고, 혼란스럽고, 조급하고, 죄책감에 시달리고, 후회하기 잘하는 아버지에 지나지 않는다. 나의 유일한 소망이라면, 오직 예수님의 삶과 죽음과 부활뿐이다. 은혜란 거룩한 현실이 나의 현실(내가 부모의 직임을 잘 수행하고 있지 못하다는 것)을 뚫고 들어왔다는 것을 의미한다. 오직 이것만이 나의 소망이다.

다행스러운 것은 부모들과 대화를 나눠볼수록 모두의 심정이 다 똑같다는 것을 알게 된다는 것이다. 나는 북경어를 배웠고, 유명한 로스쿨을 우등으로 졸업했으며, 변호사 시험에 합격했고, 국제적인 법률 회사에서 인수합병에 관한 법률을 다루었으며, 그런 법률 회사에서 흔히 겪게 되는 불안감을 극복했을 뿐 아니라 책들을 저술하고 개인 사업을 시작한 이력을 지니고 있는데도 여전히 자녀 양육이 내가 해 본 일 가운데 가장 어려운 일이라고 생각한다.

따라서 나는 다른 부모들과 똑같은 처지에서 조금도 부끄럽게 생각하지 않고 이 글을 쓰고 있다. 이 문제에 대해서는 모두가 솔직하게 사실대로 말하는 것이 좋다. 내가 이 책을 집필하는 동안, 우리 네 아들의 나이는 한 살에서 아홉 살까지 걸쳐 있었다. 그들을 양육하는 것은 결코 쉽지 않은 일이었다.

만일 모든 것을 다 알고 있을 뿐 아니라 올바른 자녀 양육법을 가르칠 수 있는 부모를 찾는다면, 나는 가장 정중한 태도로 나 말고 다른 데서 찾아보라고 말하고 싶다. 나는 그런 부모가 아니다.

사실, 그런 부모는 어디에도 없다.

이것은 우리가 죄책감을 느낄 필요나 판단할 필요가 없다는 뜻이다. 나는 이 책을 통해 이루어지는 우리의 대화가 교회와 같은 곳에서 이루어지는 대화가 되기를 바란다. 그곳은 죄인들을 회복시켜 기뻐하게 하는 곳이다. 우리는 모두 더러운 죄인이지만 하나님은 여전히 우리를 사랑하신다. 따라서 나는 엉망진창인 가정에서 가속의 습관에 관한 책을 저술할 수 있다.

이 책의 내용 가운데는 아이들이 잠에서 깨어나기 전에 아래층에서 쓴 내용도 있고, 식탁을 정리하면서 종이철에 휘갈겨 쓴 내용도 있으며, 사무실에서 두어 명의 고객이 보낸 이메일을 잠시 보류해 놓은 상태로 타이핑한 내용도 있고, 뒷마당에서 불을 지펴놓고서 친구들끼리 자녀 양육에 관해 서로의 고충을 털어놓으면서 휴대전화에 문자로 입력한 내용도 있다. 그러나 그 모든 내용은 복잡한 삶의 현장에서 비롯한 것이다. 그 가운데는 성공으로 광이 나는 것보다는 실패로 인해 흠집이 난 것들이 훨씬 더 많다.

나는 내가 고민하는 문제들을 글로 남기려는 성향이 있다. 이 책도 다르지 않다. 내가 이 글을 쓸 자격이 있는 이유는 그것에 능숙하기 때문이 아니라 나 자신에게 절실히 필요한 것이기 때문이다.

이 책의 구조

이 책의 핵심 주제 가운데 하나는 우리가 우리의 습관처럼 변화되고, 우리 자녀들이 우리처럼 변화된다는 것이다. 이 말은 우리 자녀들이 어떤 사람이 되느냐는 우리가 어떤 사람이 되느냐와 인격적으로나 공동체적으로 밀접하게 연관되어 있다는 뜻이다. 따라서 가정 안에서 이루어지는 기독교적 형성에 관해 생각하려면 최소한 세 가지, 곧 부모 형성, 자녀 형성, 가족 형성을 생각해야 한다. 〈도표 1〉에서 알 수 있는 대로, 이 책은 하루 내내 일어날 수 있는 습관들을 다루게 될 것이다. 습관들은 제각각 부모나 자녀나 가족의 형성에 중점을 둔다.

부모 형성

자녀 양육은 단지 부모가 자녀의 삶 속에서 행하는 일이 아니다. 그것은 무엇보다 하나님이 부모의 삶 속에서 행하시는 일이다. 이

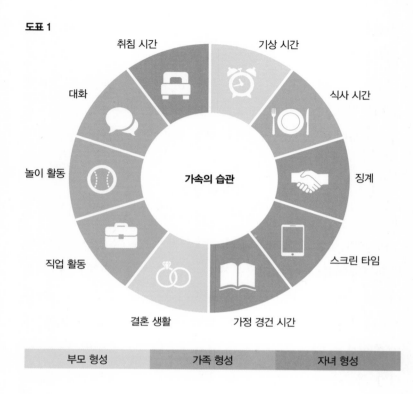

것은 가속의 습관이 부모인 우리를 어떻게 형성하는지를 생각하는 것이 자녀 양육의 습관을 배양하는 출발점이라는 뜻이다. 먼저 제자 훈련을 받지 않으면 제자를 양육할 수 없다. 하나님의 은혜를 경험하지 않으면 그분의 은혜를 가르칠 수 없다.

따라서 이 책에서 기상 시간의 습관이나 결혼 생활의 습관을 다루는 내용은 부모와 직접적으로 관련된다. 이 습관들은 좋은 남편이 되지 못하면 좋은 아버지가 될 수 없다는 점을 상기시켜준다. 내가 먼저 헌신적인 제자가 되지 못하면 헌신적인 아버지가 될 수 없다. 그런 점에서 이런 습관들은 우선권을 지닌다. 내가 이 습관들을 이 책의 첫 부분과 중간 부분에 위치시킨 이유는 전체 내용의 균형을 유지하기 위해서다. 우리는 하나님이 원하시는 부모를 생각하기 전에 먼저 그분이 원하시는 사람이 되게 이끌어줄 영적 리듬이 필요하다.

자녀 형성

아이들에게 둘러싸여 있으면 모종의 경이감이 느껴진다. 뒷마당에서 이웃집 아이들과 어울려 놀거나 우리 아들들과 식탁에 앉아 있을 때면 이따금 부모들이 인간을 형성하는 경이롭고, 두려운 기회를 누리고 있다는 사실이 문득 떠오르곤 한다. 때로 그들을 잘 보호하고 싶은 마음이 간절하지만 그렇게 할 수 없는 무력감이 느껴질 때면 마음이 울적해지기도 하고, 때로 내가 세상에서 가장 중요한 일을 하고 있다는 생각에 자부심이 느껴지기도 한다. 또한, 그 책임이 너무나도 막중해 어디에서부터 시작해야 할지 몰라 몹시 난감할 때도 있다. 이런 반응들이 일어나는 데는 다 그만한 이유가 있다. 자녀 양육은 경이로우면서도 두렵고 감당하기 어려운 일이 아닐 수 없다. 이것이 우리에게 도움이 필요한 이유다.

부모를 형성하는 습관들을 제외한 나머지 습관들 가운데 절반은 자녀를 형성하는 습관들이다. 이 습관들을 다루는 장(章)은 자녀 형성에 영향을 미치는 일상적인 영역들(취침 시간, 징계의 순간, 스크린 타임, 가정 경건 시간)을 다룬다. 이 습관들이 실천적이고 중요한 이유는 하루 일정의 많은 부분이 그것들과 관련이 있기 때문이다. 그런 이유에서 이 습관들을 다루는 장은 깊이도 더 있고 길이도 더 길다.

가족 형성

마지막으로, 부모 형성과 자녀 형성 사이에 가족의 문화(family culture)가 위치한다. 우리가 함께 모이면 독특한 무엇인가가 생겨난다. 다시 말해, 가속(household)이 탄생한다. 이와 관련된 내용은 식사 시간, 대화, 노동과 놀이의 리듬과 같은 공동체 형성에 중점을 둔 습관들을 다룬다.

이런 습관들은 밖을 향하는 성격을 띠고 있다. 이것들은 가족이 세상을 향해 나아가거나 세상을 초대해 안으로 불러들이는 기회를 제공한다. 예를 들어, 가족의 문화에 관해 생각할 수 있는 한 가지 방법은 친구들과 이웃들이 방문했을 때 그들에게 어떤 습관과 규칙을 보여줄 것인가에 관해 생각하는 것이다. 가족의 문화에 관해 생각할 수 있는 또 하나의 방법은 우리가 다른 사람들과 어울리거나 세상에서 우리의 일을 할 때 세상을 향해 무엇을 내보낼 것인지를 생각하는 것이다. 가족을 형성하는 이런 습관들은 가정의 문턱을 넘어 이웃을 사랑하고, 세상의 빛이 되는 길을 모색하는 것을 가리킨다.

집 안에서의 삶의 영성

현실 생활 속에서 하루를 살다 보면 부모 형성, 자녀 형성, 가족 형성의 요소들이 한데 뒤섞여 나타나기 마련이다. 따라서 이 책의 순서는 하루 중에 일어날 수 있는 일들을 따라 전개될 것이다. 다시 말해, 기상 시간에서부터 시작해서 취침 시간으로 마치게 될 것이고, 그 둘 사이에는 일과 놀이와 식사와 징계 등이 위치할 것이다. 개개의 장이 제각각 독립적으로 구성되어 있기 때문에 가장 관심을 끄는 장을 먼저 읽어도 좋다. 순서대로 읽으면, 각 장의 주제가 서로를 기반으로 구축되어 있다는 것을 알게 될 것이다.

나는 평범한 하루의 일상을 따라가면서 이 책의 핵심 주제 가운데 하나(가정생활 속에서 일어나는 평범한 순간들을 통해 가장 큰 영적 사역이 이루어진다는 것)를 거듭 환기시킬 생각이다.

이 점을 기억하고 용기를 냈으면 좋겠다. 생활 속에서 일어나는 평범한 순간들이 가장 큰 영적 순간들이라는 점을 깨달으면, 가사 활동이나 자녀 양육과 관련해 아무 의미 없이 반복적으로 이루어지는 것 같은 일들이 귀중한 의미를 띠게 된다. 부모들은 그런 일들이 정말로 중요한지 의심스러워할 테지만, 나는 그렇다는 확신을 심어주려고 거듭 노력할 생각이다. 그렇다. 가사 활동이나 자녀 양육과 관련해 이루어지는 일들은 엄청나게 중요하다. 그 파급력은 영원까지 미친다.

이것은 자녀 양육이 너무나도 힘든 일인 이유를 상기시켜주기 때문에 큰 도전 의식을 느끼지 않을 수 없다. 자녀 양육은 중단 없이 계속되는 영적 싸움이다. 그것은 하나님이 우리를 연단하는 수단으로 사용하시는 싸움이요, 그분이 우리를 위해 승리로 이끄실 싸움이다. 자녀 양육이 싸움처럼 느껴지는 이유는 그것이 실제로 그렇기 때문이다.

자녀들과 함께 집에 있는 것은 가장 열심 있는 수도사들도 부러워할 수밖에 없는 영적 영역에 있는 것과 같다. 20세기의 유명한 명상 작가 가운데 하나인 카를로 카레토는 수년 동안 사하라 사막에서 홀로 기도하면서 하나님을 구했다. 그는 나중에 30년 동안 자녀들을 양육했던 자기의 어머니가 자기보다 훨씬 더 사색적이고, 훨씬 더 이타적이었다고 인정했다.[1] 나는 그런 말이 전혀 놀랍지 않다. 작가 루스 츄 시몬스가 잘 말한 대로, "모성은 성스럽다." 나는 거기에 "부성도 그렇다."라고 덧붙이고 싶다.

가장 중요한 영적 사역이 이루어지는 곳인 가정을 사랑의 학교로 재형성하는 일은 몹시 어렵지만, 다행히도 큰 위로를 준다. 그 이유는 하나님을 만나고, 그분을 섬기기 위해 산꼭대기나 고독한 곳을 찾아 은둔할 필요가 없기 때문이다. 오히려 우리는 소란스러운 가정의 한복판에서 하나님과 그분의 사역을 발견한다.[2]

---

1 Ronald Rolheiser, *Domestic Monastery* (Brewster, MA: Paraclete Press, 2019)에 인용되어 있음.

2 고독과 은둔 생활을 추구하기보다 가정을 영적 형성의 장소로 받아들이는 것을 주제로 하는 아름답고, 매혹적인 책을 한 권 소개하면 다음과 같다. Ernest Boyer Jr., *Finding God at Home: Family Life as Spiritual Discipline* (San Francisco: Harper and

마지막으로, 영적인 일은 모두 결국에는 실천적인 일이 되기 마련이다. 나는 각 장을 시작할 때는 올바른 신학에 근거해 각 장을 시작하고, 마무리할 때는 올바른 실천을 제시하려고 노력했다. 올바른 신학은 올바른 실천으로 귀결되기 마련이다.

각 장의 말미에는 핵심 습관들을 한데 모아 요약해 놓았다. 이는 그것들을 기억하기 쉽게 하고, 다시 살펴 실천하고자 할 때 쉽게 찾도록 돕기 위해서다.

연령에 맞게 적용하기

나는 내게 주어진 삶의 현장에서 이 책을 썼다. 따라서 여기에서 다룬 주제와 습관들은 모든 연령대의 아이들에게 적용할 수 있지만, 내가 제시한 사례들은 그 가운데서 좀 더 나이가 어린 아이들을 자연스럽게 겨냥하고 있다. 나는 청소년들과 10대들을 상대로 말할 때는 나의 어린 시절과 나이 먹은 경험을 활용하겠지만, 나의 자녀 양육의 경험은 더 어린 시기의 아이들에 대한 것이다. 이 책을 읽어 나가다 보면, 그 점을 알게 될 것이고, 또한 우리 아이들이 나이를 먹어가는 과정과 시간의 흐름을 언급하는 내용도 아울러 발견하게 될 것이다. 그러다가 마침내 끝맺는 글을 읽을 즈음에는 우리 모두 함께 늙어 있는 모습을 상상하게 될 것이다.

Row, 1984).

한 가지 더 말해 두고 싶은 사실은 내가 상당히 전통적인 가정에서 이 책을 썼다는 것이다. 아내와 내가 건전한 결혼 생활을 영위하고 있고, 건강한 아이들을 키우고 있는 것이 너무나도 감사하다. 그러나 나는 나의 친구나 동료나 이웃들 가운데 일부를 보더라도 그렇지 않은 사람들이 의외로 많다는 것을 잘 알고 있다. 나는 동정심과 공감하는 마음으로 그런 사실을 받아들이고 싶다. 그들은 각자가 처한 처지와 가족의 독특한 상황에 따라 적용할 방법을 궁리하면서 이 책의 여러 항목들에 관한 내용을 읽을 수 있다. 내가 직접 해주기보다 스스로 적용법을 찾도록 놔두는 것이 더 현명하다는 생각이 들었다. 결혼 생활을 다룬 내용을 읽을 때는 결혼을 하고 싶다는 간절함이 느껴질 수도 있고, 놀이를 다룬 내용을 읽을 때는 자녀가 즐겁게 뛰놀 수 있을 만큼 건강한 상태였으면 좋겠다는 고통스러운 마음이 느껴질 수도 있을 것이다. 그러나 결혼과 관련된 언약적 사랑이나 놀이와 관련된 건강한 상상력이라는 기독교적 주제들은 설혹 가정의 상황이 온전하지 않고, 우리 자신이 불완전하더라도 모두에게 예외 없이 적용할 수 있다. 그러나 내가 주제넘게 나서서 사람들에게 그것을 적용할 생각은 없고, 각자에게 맡겨두고 싶다. 이런 이유로 나는 각 장의 마지막에는 상황에 맞게 적용하기를 첨부했다.

그러나 자녀들의 나이나 가족의 구조에 상관없이 우리는 모두 한 가지 공통점을 지닌다. 그것은 우리가 불완전한 부모라는 것이다. 우리는 은혜와 사랑을 필요로 한다. 거듭 발견하게 되겠지만, 그것이 곧 이 책의 큰 주제를 형성한다.

사랑이 모든 것의 근간이라는 사실을 잊지 말라

"사랑은 모든 것의 근간이다. 모든 학습, 모든 양육, 모든 관계 안에는 사랑이 있든지 없든지 둘 중 하나다. 아울러, 우리가 스크린에서 듣거나 보는 것이 우리가 어떠한 사람이 되느냐의 일부가 된다."

내가 이 인용문을 좋아하는 이유 가운데 하나는 예기치 않은 사람이 한 말이기 때문이다. 그 사람은 다름 아닌 "내 이웃이 되지 않을래요?"라는 물음으로 더 잘 알려진 TV쇼 진행자 로저스다. 혹시 알고 있는지 모르겠지만, 프레드 로저스는 신학교 교육을 받은 사역자이자 자기를 TV 선교사로 생각했던 그리스도인이었다.[3] 게다가 그는 어린아이를 위한 사역자로 부르심을 받았다고 느끼고, 어린아이들의 삶에서 습관이 차지하는 구원 능력에 철저하게 순응했다(널리 알려진 대로 그가 쇼에 출연할 때마다 겉옷과 신발을 벗는 방식을 회상하면 이런 말이 조금도 놀랍지 않게 느껴질 것이다).

그러나 내가 프레드 로저스가 한 이 말을 좋아하는 가장 큰 이유는 습관과 자녀 양육에 관한 이 모든 논의의 근본적인 동기가 사랑이라는 점을 거듭 상기시켜주기 때문이다.

---

3 Fred Rogers by Morgan Neville, *Won't You Be My Neighbor?* 라는 2018년도 다큐멘터리를 보라.

어쩌면 이 책을 읽는 동안 이따금 "이것은 율법주의적인 발상이 아닐까? 우리를 변화시키는 것은 습관의 힘이 아닌 하나님의 능력이잖아?"라는 의문이 들지도 모른다. 그러나 그렇지 않다. 이 책은 율법주의와는 무관하다. 우리를 변화시키는 것은 하나님의 능력이고, 거기에는 습관도 포함된다.

나는 이 점을 거듭 상기시킬 것이다. 그 이유는 나의 입장을 옹호하기 위해서가 아니라 하나님의 은혜에 관한 메시지를 새롭게 일깨워주기 위해서다.

습관이 어떻게 가족을 형성하는지를 알고자 노력하는 행위는 율법주의가 아니다. 물론, 하나님이 우리의 습관 때문에 우리를 더 사랑하신다고 말하거나 올바른 습관을 선택함으로써 구원을 받을 수 있다고 말한다면, 그것은 율법주의에 해당할 것이다. 습관은 구원을 얻는 공로가 아니다. 감사하게도, 그런 공로는 필요하지 않다.

기독교의 복음은 예수님의 십자가 죽음을 통해 (그릇된 자녀 양육의 습관을 비롯해) 우리의 모든 잘못이 청산되었고, 예수님의 부활을 통해 (새로운 자녀 양육의 습관을 비롯해) 새로운 삶의 약속이 이루어졌다고 선언한다. 우리를 구원하는 것은 하나님의 사역이다. 그분은 우리의 행위나 습관이 아닌 은혜와 믿음을 통해 우리를 구원하신다.[4] 우리가 죄인일 때 하나님이 우리를 위해 죽으심으로 그분의 위대한 사랑이 여실히 드러났다.[5] 그 사랑이 우리가 습관에 관심을 기울이는

---

4 엡 2:8-10.

이유다.

따라서 각 장의 마지막에 우리의 습관이 우리를 향한 하나님의 사랑을 좌우하는 것이 아니라 우리를 향한 그분의 사랑이 우리의 습관을 변화시킬 수 있고, 변화시켜야 한다는 점을 상기시키려고 노력했다.

그러면 이제 하나님의 은혜와 사랑 안에서 우리의 논의를 시작해 보자.

---

5 롬 5:8.

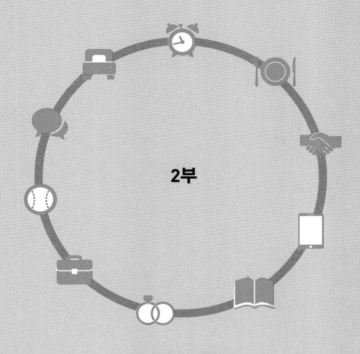

2부

가정의 습관

1
기상 시간

한밤중에 들려온 날카로운 외침에 눈이 번쩍 떠졌다. 나의 뇌가 빠르게 상황을 파악하려고 애쓸 즈음, 나는 침실 문에 반쯤 다가가고 있었다. 그것은 아들들의 방에서 들려온 소리였다. 아마도 쿨터의 방인 듯했다. 참으로 놀랍게도 두뇌가 일하기 시작했다는 사실을 인지하기도 전에 두뇌는 무언가를 하고 있다.

아들이 두 번째 비명을 내지르려고 숨을 들이쉴 즈음, 나는 복도를 반쯤 걸어 내려갔고, 그렇게 아들이 두 번째 비명을 내지르는 순간에 방문을 열었다.

쿨터는 자신의 작은 침대 위에 일어나 앉아 있었다. 녀석은 어느 모로 보아도 자그마한 인간에 지나지 않았다. 녀석의 '빅 보이 침대'는 공원의 벤치보다 약간 컸다. 녀석은 이불을 움켜쥐고 있었고, 머리털은 구겨져 있었다. 스파이더맨 파자마 목깃에 고정된 공갈 젖꼭지가 가슴 아래로 늘어져 있었다.

나는 녀석을 팔로 안아 들었다. 위기에 처한 아이들이 모두 그러는 것처럼, 녀석도 상황을 설명하기 전해 먼저 사랑을 느껴야만 했다. 비명이 삽시간에 멈추었다. 녀석이 진정하자 나는 "쿨터야, 무슨일이니?"라고 물었다. 녀석은 잠시 조용히 나를 쳐다보더니 다시 눈물을 터뜨리면서 "괴물이 나를 잡아먹으려고 해요."라고 울먹였다. 그 뒤에는 모두가 익히 짐작하는 대로, 나는 녀석과 함께 자리에 앉았고, 훌쩍이는 소리는 점차 잦아들었다. 나는 괴물은 없으며, 단지 꿈일 뿐이지만, 그런 것들은 실제인 것 같은 효과를 발휘한다고 말했다. 왜일까? 그 이유는 어린이든 어른이든 우리 인간이 머리와 가슴 사이에 존재하는 그런 간격을 서로 연결지으려고 애쓰기 때문이다.

침대 위에서 머리를 절레절레 흔드는 쿨터의 모습은 인간의 상태를 적나라하게 보여주었다. 합리성만으로는 어린 자녀가 느끼는 두려움을 조금도 달래주지 못한다. 어떤 것이 사실이라는 것을 알면서도 감정은 정반대로 느끼는 일이 얼마든지 가능하다. 아들은 옷장 안에 괴물이 없다는 사실을 '알고 있지만,' 침대 위에서 아니라고 고개를 가로저었다. 우리는 하나님이 우리를 사랑하고, 모든 것이 합력해 우리를 유익하게 하도록 역사하신다는 사실을 알고 있지만, 불안감에 사로잡혀 고개를 가로젓는다. 현실을 온전하게 인식하는 과정에는 지식은 물론, 감정도 포함되기 마련이다.

이것이 이야기들의 역할(현실을 머리에서 가슴으로 옮기는 것)이다. 악

몽 속에서 살지 않으려면, 현실을 일깨우는 이야기를 우리 자신과 자녀들에게 거듭 말해주어야 한다. 따라서 나는 쿨터에게 이야기를 해주었다.

"쿨터야, 만일 괴물이 나와 너를 잡아먹으려고 하면 내가 어떻게 할 것 같니?" 녀석은 불안해하면서도 호기심 어린 표정으로 "어떻게 하다뇨?"라고 말했다. 나는 머리 위로 손을 들어 휘휘 내저으며 "괴물의 꼬리를 잡아 이렇게 빙빙 돌려버릴 거다. 그리고 괴물이 어지러워할 때 손을 놓으면 창문 밖으로 날아가 버릴 거야."라고 말했다. 나는 보이지 않는 괴물을 창문 밖으로 내던지는 시늉을 했다. 쿨터는 그 모습을 상상하면서 낄낄거렸다.

그러고 나서 나는 "내가 항상 여기에 있으면서 너를 보호해 줄까?"라고 물었다. 그것은 우리가 늘 해오던 질문이었기에 쿨터는 대답할 말을 알고 있었다. 녀석은 "네, 그래요."라고 말했다. 나는 다시 잠시 녀석을 안아주었다. 현실에 관한 좀 더 사실적인 이야기가 시작되려고 할 즈음, 녀석은 마침내 다시 잠자리에 누웠다.

우리는 곧 둘 다 침대에 다시 누웠다. 잠들기 전에 '나는 내가 스스로 인정하는 것보다 훨씬 더 많이 쿨터를 닮았어.'라는 생각이 머릿속을 스치고 지나갔다. 그것은 사실이었다. 우리 모두 그렇다.[1]

우리는 부모이기 이전에 자녀다. 가장 중요하게는 하늘에 계시는

---

[1] 이 주제에 관한 추가 설명을 위해서는 Paul David Tripp의 뛰어난 책 *Parenting: Fourteen Gospel Principles That Can Radically Change Your Family* (Wheaton, IL: Crossway, 2016)을 보라.

아버지의 자녀다. 그 아버지께서 우리를 어떻게 양육하시는지를 이해하면, 우리의 자녀 양육 방식이 완전히 달라진다.

쿨터는 가공적인 현실 때문에 잠에서 깼다. 그것은 현실이 아니었지만, 실제적인 두려움을 불러일으켰다. 그에게는 자기를 안아주고, 달래주고, 현실을 일깨우는 참된 이야기를 들려줄 부모가 필요했다.

우리에게도 그와 같은 것이 필요하다. 우리는 대개 우리 자신의 괴물들 때문에 잠에서 깨어난다. 우리에게는 현실에 관한 진리를 상기시켜줄 하늘의 부모가 필요하다. 우리는 선하신 하나님의 사랑을 받고 있다. 그분 때문에 모든 것이 잘 될 것이다.

현실을 향해 깨어나기

삶의 가장 큰 문제 가운데 하나는 우리가 있는 그대로의 참된 현실에 대해 깨어 있느냐, 아니면 거짓으로 둘러싸여 있는 대안 현실 속에서 살고 있느냐 하는 것이다. 하나님의 현실에 관한 진리는 항상 우리를 자유롭게 하지만 거짓은 괴물처럼 항상 우리에게 끊임없이 두려움을 안겨주기 때문에 이 문제는 더할 나위 없이 중요하다.[2]

부모인 우리가 가속의 습관을 점검하려면 먼저 우리 자신의 습관부터 살펴봐야 한다. 그 이유는 우리가 우리의 습관처럼 되고, 자녀

---

2   요 8:32, "진리를 알지니 진리가 너희를 자유롭게 하리라."

들이 우리처럼 되기 때문이다. 점검의 첫 단계는 기상 습관이다.

그렇다고 해서 두 시간 일찍 일어나서 침묵의 묵상을 해야 한다고 말할 생각은 조금도 없으니 지레 겁부터 집어먹을 필요는 조금도 없다. 이번 장의 주제는 '현실을 향해 깨어나기'이다. 당신이 나와 같은 부모라면, 일차적인 현실은 잠을 충분히 자지 못한다는 것이다. 그러니 걱정하지 말라. 나는 잠에서 깨어나는 방식에 훨씬 더 관심이 많다. 이것은 잠에서 깨어나는 시간에 관한 문제가 아니라 근본적으로 영적 차원에 속한 문제다. 우리는 기상의 영성에 관해 잠시 생각해봐야 할 필요가 있다.

기상은 놀라운 현상이다. 우리는 의식을 잃은 채 취약한 상태로 상당한 시간을 보낸다. 그러고 나서 눈이 떠지면 현실에 대한 감각을 되찾으려고 애쓴다. 지금 내가 어디에 있지? 지금 몇 시지? 오늘 해야 할 일이 무엇이지? 오늘 기분이 어떻지? 우리는 어떤 가치가 있지?

잠에서 깨어나는 것을 당연한 일로 생각할지 몰라도 현실을 향해 깨어나는 것은 결코 당연한 일이 아니다. 쿨터의 경우처럼, 우리가 깰 때 듣는 이야기에 따라 많은 것이 달라진다. 쿨터의 괴물들은 걷잡을 수 없이 꿈속으로 밀고 들어오지만, 성인인 우리의 괴물들은 그보다는 훨씬 더 습관적이다. 즉 우리가 믿는 거짓은 대부분 우리가 이행하는 습관의 산물들이다. 현실에 관한 어떤 이야기를 매일 아침 습관적으로 이행하는가? 그것이 우리를 자유롭게 하는가, 아니면 거짓에 예속시키는가?

내가 아침에 가장 먼저 하는 일이 몸을 뒤집어 휴대폰을 집어 들고 업무 이메일을 점검하는 것이라면, 이것은 성취라는 괴물을 맞이하는 기상에 해당한다. 그것의 현실 인식은 내가 오늘 무엇을 이룰 수 있고, 나의 존재를 어떻게 정당화할 수 있는지를 입증해 보이는 것에 초점을 맞춘다. 소셜 미디어를 확인하는 것으로 아침을 시작한다면, 그것은 비교 의식과 시기심이라는 괴물을 맞이하는 기상에 해당한다. 그것의 현실 인식은 다른 사람들의 삶을 살펴보며 내 삶이 거기에 견줄 수 있는지를 가늠해 보는 것에 초점을 맞춘다. 뉴스의 표제들을 살펴보는 것으로 아침을 시작한다면, 화면을 넘나드는 두려움과 분노라는 괴물을 맞이하는 기상에 해당한다. 그것의 현실 인식은 세상이 어떻게 무너져 내리고 있고, 내가 몰상식한 사람들에게 얼마나 큰 분노를 느끼고 있는지를 보여주는 것에 초점을 맞춘다. 또, 침대 위에서 눈을 뜬 채로 그 날 처리해야 할 일들 생각하거나 모두가 제시간에 가야 할 곳에 갈 수 있도록 잠자리에서 벌떡 일어나 황급하게 서두른다면, 분주함이라는 괴물을 맞이하는 기상에 해당한다. 그것의 현실 인식은 항상 해야 할 일은 너무 많고, 시간은 턱없이 부족하다는 느낌에 초점을 맞춘다.

이 모든 거짓 현실은 쿨터의 옷장 안에 있는 괴물과 같다. 머리로는 그것이 세상의 가공적 현실이라는 것을 알지만, 실제로는 참된 현실인 것처럼 보인다. 그 이유는 우리가 매일 아침 그렇게 느끼도록 계속해서 연습하고 있기 때문이다.

기상 습관은 사소하고, 대부분 무의식적으로 이루어지지만, 결코 중립적이지 않다. 그것이 기상 습관이 그토록 강력한 힘을 발휘하는 이유다. 습관의 힘은 영성과 불가시성이 독특하게 혼합되어 있는 상태다. 그것은 눈에 띄지 않는 상태로 우리에게 현실에 관한 이야기를 들려주고, 그것을 숭배하도록 이끈다. 그것이 습관이 그토록 중요한 이유다. 기상 습관은 우리가 예수님의 복음을 실천적으로 믿고 있는지 아닌지를 여실히 보여준다.

최선의 경우를 말하자면 가족이 치르는 아침 의식은 하나님이 우리를 사랑하시고, 그분의 사랑이 온 우주에 명백하게 드러난 결정적인 사실이라는 것을 보여주는 역할을 한다. 이런 점에서 우리의 기상 습관은 우리를 사랑할 뿐 아니라 다른 사람들을 사랑하도록 우리를 세상 속으로 보내시는 아버지의 품 안으로 우리를 인도하는 복음적 예전의 기능을 담당한다. 그러나 기상 습관이 잘못되면, 우주가 우리가 오늘 하는 일에 의존해 있다는 거짓된 현실을 좇도록 유도하는 역할을 한다. 이것은 인간의 복음이다. 인간의 복음에 근거한 의식은 생존을 위해 발버둥 치며, 우리의 가정을 분주함과 두려움과 좌절감의 학교로 변질시키도록 이끈다.

따라서 우리는 어떤 기상 습관을 지녀야 할지를 신중하게 생각해야 한다. 부모의 첫 번째 역할은 가족들을 제시간에 깨우는 것이 아니라 가족들의 기상 습관을 복음의 진리 위에 근거시키는 것이다. 하나님의 이야기 안에서 우리의 소명은 단지 매일 우리의 육체를 일으키는 것으로 그치지 않는다. 그것은 하나님의 사랑으로 우리의 마음을 일깨우는 것이다.

"빛이 있으라."[3]

이것은 성경에서 하나님이 처음 하셨던 유명한 말씀 가운데 하나다. 여기서부터 모든 이야기를 관통하는 빛의 비유가 시작되었다. 창세기에서 하나님이 말씀하시자 빛이 나타났다. 구약성경에 보면, 하나님이 누군가에게 자신을 나타내실 때마다 찬란한 빛이 나타난 것을 알 수 있다. 하나님이 말씀하시자 빛이 시편 저자의 길을 비추었다. 세상의 빛은 예수님의 실체를 나타내는 중요한 비유적 표현이다. 빛은 바울의 눈을 멀게 했고, 그를 다시 보게 해주었다. 바울은 자신의 서신에서 빛에 대해 증언했고, 우리가 별처럼 빛나는 빛의 자녀들이라고 말했다.[4] 성경의 마지막에도 하나님이 온 세상을 비추시는 빛이시라고 언급한다. 새 하늘과 새 땅에서는 하나님의 아들께서 만물을 비추실 것이기에 하늘에 태양이 있을 필요가 없다.

하나님처럼 빛도 결국에는 항상 승리한다. 빛이 있는 곳에 어둠을 있을 수 없다. "그러므로 이르시기를 잠자는 자여 깨어서 죽은 자들 가운데서 일어나라 그리스도께서 너에게 비추이시리라 하셨느니라."[5]

---

3 창 1:3.

4 빌 2:15, 엡 5:8.

5 엡 5:14.

아침의 햇빛이 우리를 깨어 하루를 시작하게 한다면, 그리스도의 빛은 우리에게 현실을 일깨운다. 마음의 커튼을 걷어내는 것은 그리스도의 빛이다.

아침에 내가 가장 좋아하는 순간 가운데 하나는 아내가 아래층으로 내려오는 것이다. 그 이유는 그녀가 하는 첫 번째 일이 커튼을 걷는 것이기 때문이다.

이유는 잘 모르겠지만, 나는 아침의 어둠 속에서 긴 의자에 앉아 커피를 마시며 책을 읽고, 일기를 쓰는 습관이 있다. 나 혼자서 그렇게 할 때도 있고, 일찍 일어난 아들이 곁에 앉아 있을 때도 있다(어떤 때는 일찍 잠이 깬 아들이 내게로 기어 올라와서 내 일기장에 낙서를 하기도 한다). 그러나 대개는 우리 가운데 그 누구도 커튼을 걷어 빛이 들어오게 하는 수고를 감당하려 하지 않는다.

찬바람이 스며드는 벽과 삐걱거리는 마룻바닥은 우리 집처럼 오래된 집의 단점이지만, 약 3미터에 달하는 천장과 높은 창문들은 특별한 선물이 아닐 수 없다. 아내가 내려와서 커튼을 열기 시작하면, 집안의 풍경이 극적으로 바뀐다. 사방으로 나 있는 창문들이 드러나면 갑자기 세상의 모습이 있는 그대로 나타난다. 아침 햇살이 집안으로 가득 밀려 들어올 때도 있고, 해가 아직 뜨지 않은 것을 발견할 때도 있다.

그런 일들은 세상을 있는 그대로 바라보는 능력이 저절로 생겨난 것이 아니라는 점을 내게 일깨워준다. 머리로 아침이라는 것을 아는 것과 카펫에 직사각형 형태로 내리쬐는 빛을 보는 것은 별개의 문제다. 전자에는 머리만 관여하지만, 후자에는 마음과 머리가 함께 관여한다.

집과 관련하여 사실인 것은 영적 삶과 관련해서도 사실이다. 우리는 아침에 우리의 지친 마음의 커튼을 열어 빛이 들어오게 할 방법을 찾아야 한다. 이것이 바로 영적 훈련의 목적이다.

빛이 들어오게 하는 세 가지 습관

가속의 아침 루틴으로서의 영적 훈련이라는 개념을 이해하는 가장 좋은 방법은 그것을 빛을 들어오게 하는 방법으로 상상해 보는 것이다.

흔히 영적 훈련을 가외의 활동으로 생각하기 쉽지만, 나는 그것을 이미 이행하고 있는 일로 생각하라고 권하고 싶다. 당신에게는 지금 이행하고 있는 일상이 있다. 당신이 부엌에 있든 전화를 하든, 이미 아침의 예전을 이행하는 중이다. 그런 활동은 현실을 강화하거나 현실이 아닌 세상의 거짓된 이야기를 강화하는 역할을 한다. 그것은 한 마디로 영적 습관이다. 우리의 일상적인 습관이 모두 영적 습관이다. 그것들은 우리의 마음을 특정한 방향으로 움직이도록 훈련한다.

습관이 이미 우리를 훈련하고 있다는 것을 이해하면, 고전적인 영적 훈련의 의미를 온전하게 이해할 수 있다. 습관은 우리의 마음을 일깨워 하나님의 이야기라는 참된 현실을 보게 할 뿐 아니라 그

룻된 이야기들의 예전 안에서 우리를 다른 곳으로 이끄는 다른 습관들을 대체하는 기능을 한다.

성경 읽기와 기도라는 간단한 영적 훈련이 가족의 마음을 가린 커튼을 걷어내는 짧은 일상으로 자리 잡도록 이끌어줄 세 가지 방법을 소개하면 다음과 같다.

기상 습관 1 : 일어나자마자 침대 옆에서 무릎을 꿇고 짤막한 기도를 드리라

나는 대개 온갖 생각과 물음으로 복잡해진 머리로 잠에서 깨어난다. "저 아이가 오늘은 왜 저렇게 일찍 일어났지?" "그 모임에서 뭐라고 말하지?" "나는 왜 항상 피곤하지?" 모두가 그렇듯, 나도 매일 아침 둘 중 하나를 선택하는 선택에 직면한다. 이 왜곡된 현실을 좀 더 즐길지 아니면 무릎을 꿇고 하나님의 현실을 받아들일지 둘 중에서 선택해야 한다.

나는 일어나자마자 침대 옆에서 무릎을 꿇고 기도하는 습관을 길렀다. 그랬더니 다른 모든 생각을 잠재우고, 아침의 첫 순간을 빛을 구하는 데 할애할 수 있었다. 피곤해도 무릎을 꿇고 기도하자 몸을 다스림으로써 마음도 다스릴 수 있었다. 하루의 일이 걱정되어 불안할 때도 조용히 짧게 기도를 드리면 다른 현실이 펼쳐졌다. 내가 해야 할 일에도 불구하고 하나님의 사랑과 보살핌이 느껴져 마음이 든든했다. 하루의 업무와 관련된 나의 문제 가운데는 타당해 보이는 것이 많다(우리의 괴물들은 항상 진리의 가면을 쓰고 나타난다). 그러나 짧은 기도로 그것들을 언급하면 내가 우려하는 것들을 하나님이 관심 있게 지켜보신다는 것을 깨닫고 안심할 수 있다. 다시 말해, 기도는 나의 문제가 실제로 존재하지만, 그것이 내가 그럴 것이라고 생각하는 것과 다를 수도 있다는 사실을 상기시켜준다. 나의 관심사가 무시되지 않고, 하나님의 사랑이라는 현실을 통해 새롭게 조명된다.

나는 수년 동안 이 습관을 유지해 오면서[6] 한 문장으로 암기된 기도를 종종 반복했다(이번 장의 마지막에 그런 기도 문장을 몇 개 제시했으니 참고하라). 그러나 나는 또 아침에 맨 먼저 떠오른 생각을 기도의 형식을 빌려 말할 때도 많다.

아침에 잠에서 깼는데 기운이 하나도 없을 때는 "주님, 내가 늦게 잠자리에 들었다는 이유로 아이들에게 잔소리를 퍼붓지 않게 하소서."라고 기도한다.

아침에 잠에서 깼는데 온통 일에 대한 생각뿐이라면, "하나님, 오늘 일할 때 제 자신의 이미지에 대해 걱정하지 않고, 주님의 형상을 반영할 수 있게 해주소서."라고 기도한다.

아이들이 귀찮게 느껴질 때는(그럴 때는 아이들을 사랑받아야 할 하나님의 형상을 지닌 인간이 아닌 처리해야 할 문제로 축소하려는 유혹이 항상 존재한다), 녀석들을 다시 인간으로 생각하며 "주님, 주님이 저를 사랑하고, 섬기셨던 것처럼 오늘 아침 제 아이들을 사랑하고, 섬기게 해주

---

6 이 습관이 핵심 습관으로 자리 잡게 된 과정을 알고 싶으면 다음의 책 1장을 참조하라. *The Common Rule: Habits of Purpose for an Age of Distraction.*

소서."라고 기도한다.

나는 자명종을 *끄*자마자 즉시 침대 옆에서 혼자 이 짧은 습관을 이행한다. 토요일에는 아내와 같이하기도 한다. 그럴 때는 시간이 조금 더 걸린다. 아이들이 나를 아침 일찍 깨울 때는 녀석들을 곁에 두고 함께 기도할 때도 있다. 그럴 때면 나는 녀석들의 어깨를 팔로 감싸 안아 의식에 참여하도록 유도하고, 나와 함께 무릎을 꿇게 한다. 아이들도 이따금 기도하기를 원한다. 대개는 내가 자기들에게 해주기를 바라는 내용이다.

그러나 어떤 식으로 전개되든 그 순간은 항상 짧으면서도 의미심장하다.

아르키메데스는 지렛대의 힘에 관해 언급하면서 "내게 설 땅을 달라…그러면 나는 세상을 들어 올리겠다."라고 말했다. 그것은 사실이다. 올바른 위치에만 있으면 작은 것들도 엄청난 결과를 낳는다.

기도도 마찬가지다. 기도의 능력은 길이에 비례하지 않는다. 기도는 우리의 생각과는 다르게 움직인다. 그것은 좋은 일이다. 기도는 아무리 짧아도 가장 무거운 마음도 능히 들어 올릴 수 있는 지렛대와 같다. 기도는 마음을 들어 올려 참된 현실(우리가 왕이신 하나님의 자녀이고, 오늘 그분이 만물을 구속하고 계시며, 우리가 그 영광스러운 현실 속으로 초대되었다는 사실)을 보게 한다.

물론, 이 말은 이것이 삶의 고통을 없애주는 손쉬운 즉효약이라는 의미와는 거리가 멀다. 전혀 그렇지 않다. 영적 훈련 가운데 삶을 단순하게 만들거나 자녀들에 대한 영원한 인내심을 갖게 해주는 훈련은 없다. 그 어떤 영적 훈련도 손짓 한 번으로 우리의 걱정과 피로를 영원히 말끔하게 씻어줄 수는 없다.

그러나 영적 훈련은 우리의 마음을 열어 하나님이 온갖 복잡한 문제와 근심 걱정에 시달리는 우리를 만나기 위해 언제나 인내하며 기다리신다는 사실을 깨닫게 해준다. 우리와 함께하시는 하나님의 임재 안에서, 우리는 우리가 두려워하는 괴물들이 실제로 존재하지 않았다는 사실을 다시 상기할 수 있다.

괴물이 실제로 존재하지 않는다고 말하는 것만으로는 쿨터에게 도움을 줄 수 없었다. 녀석에게 도움을 준 것은 그 아이와 함께 앉아 그를 지지해준 나의 행위였다. 하나님도 매일 아침 우리에게 그렇게 해주신다. 그분은 우리의 침대 곁에 앉아 팔로 우리의 지친 몸을 안아주고, 기도 안에서 자신에게 나오라고 초청하신다.

기상 습관 2 : 스마트폰을 보기 전에 성경을 보는 습관을 기르라

신경학자들은 우리가 우리를 찾고 있는 누군가를 찾으며 태어난다고 말한다.[7] 이 말은 갓 태어난 아이의 눈과 어머니의 눈이 마주

---

7 이 개념을 비롯해 '대인관계 신경생물학'과 관련된 현대적 발견들이 기독교 영성과 어떤 관련을 맺고 있는지에 관한 나의 일반적인 이해는 모두 커트 톰슨의 설명에 근거한다. 이 책을 읽어보면, 뇌 과학과 신경학이 저변에 깔려 있는 것을 쉽게 알 수 있을 것이다. 개개의 문장에 일일이 각주를 달지는 않았지만, 신경학과 아동 발달 단계에 관한 나의 이해는 대부분 대니얼 시걸의 책, *The Whole-Brain Child* 및 그밖의 그의 다른 책들에서 비롯했다. 그의 책들은 엄청나게 유용하지만 인간의 영혼에 관한 커트 톰슨의 기독교적 렌즈를 통해 읽으면 가장 좋다. 그의 다음 책들을 참조하라. *Anatomy of*

칠 때 일어나는 현상을 아름답게 묘사하고 있다. '대인관계 신경생물학(interpersonal neurobiology)'은 그 순간이 우리가 느끼는 그대로 지극히 경이적인 순간이라는 것을 보여준다. 그 순간에 두 개의 뇌가 서로를 변화시킨다. 출산으로 인한 정신적 충격과 상관없이 어머니와 아이 모두 똑같은 심정(여기 내가 그토록 찾아 헤맸던 사람이 있다는 심정)을 느낀다. 서로를 바라보는 그들에게 다른 아무것도 문제되지 않는다. 그것은 우리가 결코 흉내 낼 수 없는 경이로운 순간이 아닐 수 없다.

나는 우리가 삶을 사는 동안 이 순간이 다르게 반복되는 과정을 거친다고 생각한다. 아침 시간은 그런 반복적인 과정의 하나다.

우리는 매일 아침 세상에 새롭게 태어난다. 우리는 아침마다 깨어나서 우리를 찾는 누군가를 찾는다. 우리는 우리를 사랑하는 누군가의 시선을 갈망한다. 우리는 어디에서나 그 시선을 찾으며, 우리의 마음에 나 있는 하나님의 형상을 닮은, 그분만한 크기의 구멍을 메워줄 것을 발견하려고 애쓴다.

우리가 아침에 일어나 가장 먼저 스마트폰 화면에 시선을 돌릴 때도 우리는 그와 똑같은 일을 한다. 타락 후의 인간은 자기 정체성의 혼란을 겪고 있다. 우리는 자신이 누구인지 확신할 수 없기 때문에 이메일이나 소셜 미디어를 훑어볼 때 마음의 공백을 채워줄 것을 찾아 두리번거린다. 이것이 우리가 업무 이메일에 그토록 쉽게 반응해 그것을 통해 우리의 자존감을 확인하려고 하거나 소셜 미디어를 통한 비교 의식의 예전을 이행하는 이유다. 우리는 우리를 찾고 있는 누군가를 찾는다. 문제는 화면에서는 그것을 절대로 찾을 수 없다는 데 있다.

얼굴 인식 소프트웨어는 영적인 사실을 여실히 드러내는 기술이다. 우리가 해야 할 일은 화면을 응시하는 것이 전부다. 그것은 마치 어머니의 얼굴처럼 단지 우리가 관심을 기울이기만 해도 환하게 켜진다. 그러나 이상하고 슬프게도 되돌아오는 시선은 보이지 않는다. 그저 부서져 반사되는 우리의 모습을 비추는 낯선 푸른 빛뿐이다. 이것은 우리를 따라다니며 괴롭히는 괴물이 될 수 있다.

아침 뉴스에서도 우리는 우리의 두려움이 반쯤 반영된 이상한 형상을 보고, 소셜 미디어를 훑어볼 때도 우리가 되기를 바라는 사람의 흐릿한 형상을 본다. 업무 이메일과 업무 목록을 볼 때는 우리의 야망과 걱정거리가 반영된 형상을 본다. 불행한 사실은 우리를 바라봐 줄 누군가를 아무리 찾아도 그런 사람이 없다는 것이다. 우리의 마음에 두려움이 일기 시작하고, 초조함으로 손가락에 경련이 일어나기 시작하는 것은 너무나도 당연한 일이 아닐 수 없다. 좀 더 빠르게 열심히 소셜 미디어를 스크롤해 본다면, 자신에게 무언가 문제가 있다는 내적 감정을 달래줄 것을 찾을 수 있을 것만 같다. 그러나 아무리 스크롤해 보아도 끝도 없다. 한 번만 더 클릭하면 될 것 같은 유혹을 느낀다. 마음은 마지막 골목으로 향하지만, 또 다른 골목이 이어질 뿐이다. 끝이 없다고 생각하니 이상하지 않은가? 그런데 실제로 끝이 없이 계속 이어진다. 우리의 마음이 길을 잃는 것도 당연하다.

물론, 우리에게 필요한 것은 부모다. 즉 우리의 손에서 부드럽게 전화기를 뺏으며 소셜 미디어는 우리의 무한한 욕구를 채워주는 것이 아니라 단지 이익 창출 수단일 뿐이라고 말해줄 누군가가 필요하다. 그것은 거짓말쟁이의 약속이나 가식적인 연인처럼 우리의 마음을 최대한 우려내려고 시도한다. 그것이 우리가 무너져 내릴 수밖에 없고, 결국 무너져 내리는 이유다. 이것은 나쁜 러브스토리다. 우리는 그것에서 빠져나와야 한다.

그렇게 할 수 있는 가장 좋은 방법 가운데 하나는 성경을 통해 하나님의 시선을 발견할 때까지 휴대전화를 무시하는 기상 습관을 기르는 것이다.

스마트폰을 집어 들기 전에 성경부터 펼치는 것은 하나님의 사랑이라는 현실 안에서 아침 시간을 보내는 또 하나의 작은 습관이다. 그러나 스마트폰의 블랙홀과 같은 마력을 고려하면, 이것은 당신이 고수할 수 있는 가장 급진적인(radical) 가속의 습관 가운데 하나일 것이다. 우리의 시선을 성경으로 돌려야만 하나님의 얼굴을 응시할 수 있고, 우리를 바라보시는 그분을 발견할 수 있다.

어린 자녀들이 많은 집의 경우는 이것도 다른 모든 것만큼이나 엉망진창이 될 수 있다. 스마트폰보다 성경을 먼저 읽는 습관을 기르려면, 자녀들이 일어나기 전에 부모가 먼저 일어나서 몇 분 동안 성경을 읽고, 묵상하는 시간을 가지는 것이 바람직하다. 물론, 항상 마음먹은 대로 되는 것은 아니기 때문에 잘 안되더라도 실망할 필요는 조금도 없다. 부모가 그렇게 노력해야 할 이유는 자녀들에게 우리의 습관을 보여주고, 그대로 따라 하도록 이끄는 것이 가속의 습관을 가르치는 방법 가운데 하나이기 때문이다. 어떤 아침에는 빨대 컵을 손에 들고 내 무릎 위에 앉아 있는 어린 자녀를 붙잡고, 스마트폰에서 읽어주는 시편을 들을 때도 있다.[8] 아이도 그런 일상의 습관에 참여하게 해야 한다. 때로는 아이들에게 성경 이야기를 큰 소리로 읽어줄 수도 있고, 녀석들도 아침 식사를 하기 전에 직접 책이나 색칠공부 책을 들고 잠시 조용한 시간을 보낼 수 있다.

이따금 나는 "이것이 정말로 중요할까?"라는 의문을 느낀다. 그런 의문을 느끼는 것은 충분히 이해할 수 있는 일이지만, 그런 의심의 씨앗을 방치하면 가장 강력한 습관의 토대를 깨뜨릴 수 있다. 따라서 이론상으로는 그런 의문을 느껴도 실천적으로는 나는 답을 안다. "그렇다. 항상 가장 작은 습관이 가장 강한 토대를 구축한다."

---

8 휴대전화를 멀리하라면서 휴대전화로 성경을 낭독하는 소리를 듣는다는 것이 좀 아이러니하게 느껴지는가? 언뜻 생각하면 그럴 수 있지만 실제로는 그렇지 않다. 기술을 선용한다는 것은 그것을 아예 제거하는 것이 아니라 그것을 잘 사용하는 습관을 기르는 것을 의미한다.

하나님의 말씀은 사실이고, 그분의 약속은 실제다. 그분의 말씀은 헛되이 되돌아가지 않으며, 우리의 마음을 꿰뚫고, 진리를 깨우쳐준다. 성경을 읽으라는 명령과 초청이 주어진 이유는 말씀이 우리를 변화시키기 때문이다. 습관은 우리를 형성하고, 행동 방식은 습관을 길러주며, 일관된 일상적 행위는 예전(liturgy)의 기능을 발휘한다. 아침에 성경에 관심을 기울이는 습관을 기른다는 것은 전에는 생각하지도 의도하지도 않았던 많은 일이 바뀐다는 것을 의미한다. 예를 들어, 스마트폰이 분출시키는 도파민으로 뇌를 산만하게 만드는 일을 중단하고, 이제는 잠시 멈추어 삶의 속도를 조절하는 것이 새로운 규칙이 된다. 천천히 성경을 읽으면서 그 가르침을 배우는 것이 새롭게 시작되고, 자신이 하겠다고 결심했던 것들을 그대로 이행하는 아침이 하나씩 하나씩 합쳐져 영향력을 발휘하는 것을 본다. 그리고 양심에 따라 행하며 자신이 되어야 할 사람이 되는 데 도움이 되는 습관을 기른다.[9]

이처럼, 작은 것들이 곧 큰 것들이고, 작은 일상이 깊은 영향을 미친다.

그러나 무엇보다도 우리는 우리의 바라봄으로 새로운 것을 열 수

---

9 습관의 심리학을 다룬 유명한 저술가들이 영적 훈련에 관한 기독교의 전통적인 가르침과 정확히 똑같은 주장(우리의 내적인 정체성이 외적인 습관과 밀접하게 관련되어 있다는 것)을 펼치는 것은 매우 흥미롭다. 제임스 클리어는 *Atomic Habits* (New York: Avery, 2018)라는 책에서 작은 것들이 하나로 합쳐져 발휘하는 힘을 강조하면서 습관이 궁극적으로 우리의 인격을 완결짓는다고 주장했다. 그는 "우리가 하는 모든 행위가 우리를 우리가 되고 싶어 하는 사람으로 조금씩 만들어 나간다."라고 말했다.

있다. 즉, 우리의 얼굴을 성경으로 돌리면, 우리를 바라보시는 하나님을 보고, 발견할 수 있다. 바꾸어 말하면, 우리가 닮기를 원하는 부모를 발견할 수 있다. 우리는 하나님을 더 많이 닮고 싶기 때문에 성경으로 시선을 돌린다. 그러면 우리를 닮게 마련인 우리 아이들도 그분을 더 많이 닮게 될 것이다.

기상 습관 3 : 잠시 가족들을 한자리에 불러모았다가 다시 내보내는 습관을 기르라

스케줄들이 우리를 형성한다. 이 점을 이해하려면 스케줄이 아예 없을 때 어떤 일이 벌어지는지를 보면 된다.

2020년에 예기치 않게 코로나 19 팬데믹이 발생해 우리의 일상을 완전히 정지시켰다. 그로 인해 많은 사람의 일상이 완전히 바뀌었다. 처음에는 잠시 자유로운 것처럼 느껴졌다. 갑작스레 특정한 시간에 어딘가에 가 있어야 할 필요가 없어졌다. 그러나 곧바로 다시 현실적인 문제가 대두되었다. 나는 여전히 일해야 했고, 아이들은 여전히 배워야 했지만, 아침 모임도 없어졌고, 학교의 종소리도 울리지 않았다. 우리는 형체 없는 아침을 맞이해야 했다. 나는 언제 아침 식사를 마치고, 일을 시작해야 할지를 정하려고 고민해야 했다. 아이들도 자동차를 타고 학교에 가는 일이 없어지자 자유 시간과 공부 시간을 구분하기 어려워했다.

아내와 나는 단지 아침 시간에 일정한 형태를 부여하기 위해서만이 아니라 의미를 부여하기 위해서라도 새로운 일과를 정하는 것이 필요하다는 것을 깨달았다. 거의 우연히 시작된 한 가지 일과는 아침에 간단히 함께 모여 기도하는 것이었다.

집에서 학교 수업의 시작을 알리는 방법으로 아이들을 식탁에 불러모아 놓고 기도를 했다. 그것이 아이들의 학교 수업의 시작을 알리는 일상적 행위로 정착하자 어느 날 아침 아내는 내게도 같이하지 않겠느냐고 물었다. 잠시 생각해 보니 일을 시작하기 전까지 약 2분 정도가 남아 있었기 때문에 거절할 이유가 없었다.

우리는 부엌이나 현관문 옆에서 모이기 시작했고, 아내가 짧은 기도로 우리를 이끌었다. 익히 짐작하는 대로, 이 일도 어려움이 없지 않았다. 원을 그린 채로 손을 맞잡고 서 있자니 어린 아들들은 자기들이 형들을 끌어 잡아당길 힘이 있는지를 시험해보고픈 유혹을 느꼈다. 그러자 나이든 아들들도 동생들에게 그 놀이를 함께 할 수 있다는 것을 보여주려고 시도했다. 어린 아들들 한둘은 원을 그리고 서 있을 때면 종종 '자리 차지하기 놀이(ring-around-the-rosy)'를 준비하고 있는 것처럼 생각했다(그것이 기도하기 위한 것이라는 사실을 알았을 때 녀석들이 느꼈을 실망감은 익히 짐작하고도 남을 것이다).

물론, "우리가 이것을 꼭 해야 하나요?"라는 의문이 제기될 때도 많았다. 그러나 새로운 규칙을 세울 때마다 그런 일은 흔하게 일어난다. 모든 가족이 채소를 먹는 일이든 자동차 안전띠를 착용하는 일이든, 중요한 습관은 항상 의심과 불평의 원인이 된다. 그러나 부모는 인내해야 한다. 그것이 부모가 존재하는 이유다.

아침 기도가 습관으로 자리를 잡아가자 상황은 좀 더 정상적으로 바뀌었다. 우리가 모두 손을 잡고 있을 때 분위기가 비교적 조용해지면 아내는 "성부와 성자와 성령이시여, 오늘 하루를 허락해 주셔서 감사합니다."라고 기도했다. 그러면 우리도 모두 그대로 따라 했다. 그러고 나면 그녀는 "일할 때, 공부할 때, 놀 때 저희를 축복해 주소서."라고 기도했고, 우리는 그대로 반복했다. 그녀는 계속해서 "저희와 함께하시고, 저희가 하는 모든 일을 통해 존귀와 영광을 받으소서."라고 기도했고, 우리는 똑같이 기도했다.

아들들은 아내의 기도를 열정적으로 따라 하는 때도 있었고, 형장에 가는 죄수처럼 발을 질질 끌 때도 있었다. 그러나 항상 가족이 함께 모여 기도하는 짧은 시간이 존재했다.

이 새로운 행동 방식이 정착하기 시작하자 즉시 무엇인가 변화가 일어나는 것이 감지되었다. 함께 모이는 기도 시간이 아침 식사와 옷 입는 시간과 준비하는 시간이 끝나고, 일과 학습과 섬김의 시간이 시작한다는 것을 알리는 기능을 했다. 전에도 그런 구분은 존재했지만, 그때는 모두를 향해 "빨리 차에 타거라."라거나 "버스에 타거라."라고 황급히 외치는 소리가 그 기능을 했었다. 이제는 기도가 우리를 변화시키고 있었다. 아내와 나는 이 새로운 일과가 우리를 새롭게 형성하고 있는 것을 느꼈다.

나는 이전에는 '시간에 맞춰야 한다'는 괴물이 우리를 괴롭혔고, 우리의 아침 일상을 구성하는 많은 요소를 결정했다는 사실을 깨달았다. 휘트가 유치원에 다니면서 처음 몇 달 동안 매일 아침 자동차 안에서 "늦지 않을까요?"라고 묻곤 했던 기억이 난다. 녀석은 정말로 늦을까 봐 걱정하는 것처럼 보였다. 사실, 녀석은 어린아이들이 하는 일(즉 부모의 두려움을 자신의 것으로 내면화시키는 일)을 하고 있었던 셈이다. 녀석은 가족들의 서두르는 행위를 보고 아침이 부지런히 서둘러야 하는 시간인 줄 알았고, 가족 중 한 사람이 나머지 사람들을 늦게 만들까 봐 걱정했다.

지금도 여전히 해야 할 일도 많고, 가야 할 곳도 많다. 이 사실은 지금까지 변하지 않았고, 앞으로도 그럴 것이다. 그러나 아침 기도는 우리가 그런 일을 경험하는 방식을 바꾸어놓았다. 그것은 우리가 행동 방식을 달리해 하루의 일을 처리하도록 도와주었다. 우리는 황급하게 서두르는 것을 방지하고, 기도의 순간으로 대체했다. 덕분에 우리는 목적의식을 가지고 하루를 시작하게 되었다. 이제 우리는 단지 하루의 일을 처리해야 한다는 생각만으로 일과를 시작하지 않는다.

아침 기도든 다른 무엇이든, 가족이 함께 모였다가 흩어지는 순간은 단지 우리가 하나님의 사랑 안에서 하루를 시작하는 것에 그치지 않고, 사랑을 베풀도록 보내심을 받았다는 사실을 부모와 자녀들에게 강력하게 상기시키는 기능을 한다. 이것은 교회의 움직임을 그대로 반영한다. 우리는 보내심을 받기 위해 함께 모인다. 이것은 그리스도의 몸이 행하는 선교 방식을 모방하는 것이다. 주님이 우리를 가까이 이끄는 이유는 우리를 멀리 내보내시기 위해서다.

우리는 이런 식의 움직임을 다양한 방식으로 모방하고, 변경시킬 수 있다. 나의 어린 시절을 돌이켜보면 가족의 아침 식사와 가정 경건 시간이 그런 기능을 할 수 있다. 매일 아침 자동차를 타고 가는 동안 기도를 드리는 것도 또 하나의 방법이 될 수 있다. 방법은 다양하지만, 모였다가 흩어지는 것에 관심을 기울이는 것이 중요하다. 그렇지 않으면 사랑으로 모였다가 흩어지기보다는 분주함에 시달리다가 흩어지기 쉽다.

은혜의 그루브로서의 습관

현실을 있는 그대로 볼 수 있는 능력은 매우 중요한 능력이다. 그것은 그냥 주어지지 않는다. 인생의 가장 어려운 일 가운데 하나인 자녀 양육과 관련해서도 그러하다. 부모의 피곤함보다 더 큰 피곤함은 없다. 부모는 자녀 양육 가운데 물리적인 현실뿐 아니라 영적 현실을 제대로 파악해야 한다. 따라서 부모들은 커튼을 열어 우리의 잠든 마음을 깨워 예수님의 빛을 보게 해줄 습관이 필요하다.

자녀 양육은 볼 수 있는 능력을 요구한다. 우리 앞을 스쳐 지나가는 순간들의 중요성을 볼 수 있고, 그런 순간들을 잘 관리해 가족들을 청지기처럼 돌볼 수 있는 능력이 필요하다. 현실을 있는 그대로 볼 수 있을 만큼 명료한 시야나 기민한 정신을 연일 계속해서 유지할 수 있는 사람은 없다. 이것이 우리에게 그런 시야를 얻기 위한 습관이 필요한 이유다. 우리가 습관에 매달리는 이유는 우리가 자녀 양육으로 일컬어지는 일에 얼마나 능숙한지 보여주기 위해서가 아니다. 우리가 습관에 매달리는 이유는 그렇게 하지 않으면 자녀 양육을 올바로 이행할 수 없기 때문이다.

영적 훈련으로 불리는 은혜의 그루브가 습관으로 자리를 잡으면, 피로에 지친 실패자가 될 수밖에 없는 순간들이 하나님의 능력과 사랑을 향해 나아가는 순간들로 바뀐다. 하나님의 은혜는 우리가 연약할 때 주어지고, 우리를 우리 자신으로부터 보호하는 특성을 띤다. 이것이 정확히 부모가 아침마다 필요로 하는 것이다.

기상 시간의 습관
부모 형성

핵심 개념

기상은 물리적인 현실이자 영적 현실이다. 우리가 먼저 하나님의 자녀가 되지 않으면 좋은 부모가 될 수 없다. 영적 훈련은 커튼을 열어 현실을 있는 그대로 보게 해준다. 기상의 목표는 잠에서 깨어나 우리를 향한 하나님의 사랑이라는 현실을 보고, 그 현실 안에서 자녀 양육의 의무를 이행하는 것이다.

> **기억할 점** 누구나 이미 아침을 시작하는 모종의 영적 훈련을 이행하고 있다. 그런 습관을 잘 생각해 보고, 그것이 사랑으로 행하는 습관을 길러주는지, 아니면 서두르는 습관을 부추기는지 살펴보라.

휴대전화보다 성경을 먼저 집어 드는 습관

아침에 휴대전화보다 성경을 먼저 집어 드는 습관을 기르기 위한 일련의 연습 과정을 배우자와 함께 계획하라.

도움이 될 만한 제안

- 잠에서 깨어났을 때 알림 표시를 보지 않기 위해 휴대전화의 '방해 금지' 기능을 설정하라. 이 설정을 잊지 않기 위해 휴대전화의 바탕화면을 변경하거나 알람을 맞춰놓아도 좋다.
- 매일 아침 성경과 일기장을 들고 항상 똑같은 의자나 소파에 앉는다.
- 성경 읽기나 경건의 시간을 계획대로 이행한다. 배우자나 다른 사람들과 함께하는 것이 이상적이다.
- 편안한 마음으로 간단하게 읽고, 기도하는 것을 원칙으로 삼고, 주말이나 한가한 날에는 형편이 되는 대로 그 시간을 좀 더 길게 갖는 습관을 기르라.
- 책자로 된 성경을 읽는 것을 고려하되 휴대전화의 성경 애플리케이션을 사용하는 경우에는 그것을 열 때 휴대전화에 표시된 다른 것들에 정신이 팔리지 않도록 '음성 구동 기능'을 이용하라.
- 처음 시작할 때는 배우자나 친구에게 이 습관을 기르려고 하니 책임 있게 이행해나갈 수 있도록 도와달라고 요청하라. 한 달 정도 함께하는 것이 이상적이다.

- '렉티오 디비나(*Lectio Divina*)'처럼 시간이 부족할 때 의미 있는 기도나 묵상을 할 수 있게끔 도와줄 프로그램을 찾아보라.
- 계획대로 잘되지 않는다고 해서 좌절하지 말라. 습관은 기준이지 규칙이 아니다. 은혜는 현실이지 이론이 아니다.

> "잠에서 깨어나는 것은 당연한 현상으로 간주될 수 있을지 몰라도 현실을 향해 깨어나는 것은 전혀 그렇지가 않다."

무릎을 꿇고 하는 아침 기도를 위한 아이디어

침대 옆에서 간단하게

- 주님, 또 하루를 허락해 주셔서 감사합니다. 주님이 오늘 제게 어떤 일을 명령하시든지 주님의 사랑으로 행하게 도와주소서. 아멘.
- 주님, 주님이 사랑하라고 제게 주신 이들과 함께 또 하루를 살아갈 수 있게 해주셔서 감사합니다. 저희가 놀면서 일하고, 사랑하며 일할 때 저희와 함께하소서. 아멘.
- 주님, 도와주소서. 심신이 몹시 지친 상태에서 다른 사람들을 사랑하려고 노력할 때 저의 연약함 가운데서 주님의 능력을 기억하게 하소서. 아멘.

기억할 점 한 번에 모든 것을 다하려고 애쓸 필요는 없다. 하나의 작은 변화가 커다란 영적 힘을 발휘할 수 있다. 한 가지부터 시작하라.

추가적인 참고 자료

The Common Rule: Habits of Purpose for an Age of Distraction,
    Justin Whitmel Earley
The Book of Common Prayer
Revised Common Lectionary
Every Moment Holy, Douglas Kaine McKelvey
팀 켈러, 오늘을 사는 잠언 : 하나님의 지혜로 인생을 항해하다. 팀 켈러
    지음.

모였다가 흩어지는 기도

가족들이 집을 나서기 전에 함께 모여 손을 맞잡고 간단히 기도를 드려라. 부모가 기도를 한 구절씩 먼저 하고, 자녀들이 따라서 할 수도 있다. 간단한 용어로 짧게 기도하라.

• 성부와 성자와 성령이시여, 오늘 하루를 허락해 주셔서 감사합니다.
• 저희가 일하고, 공부하고, 놀 때 축복해주소서.
• 범사에 저희와 함께하소서.
• 주님께 영광과 존귀를 돌리게 해주소서. 아멘.

각자의 직업이나 인생의 단계에 따라 아침 시간이 매우 다를 수 있지만, 화상 기기와 서두름을 피하고, 간단한 영적 훈련을 시도하는 것을 목표로 삼아야 한다.

우리는 항상 은혜를 상기시켜줄 것을 필요로 한다 : 하나님의 사랑은 우리의 행위를 고무하지만, 우리의 행위가 하나님의 사랑을 만들어내는 것은 아니다. 우리의 가정 습관은 우리를 향한 하나님의 사랑을 변화시키지 않지만, 우리를 향한 하나님의 사랑은 우리의 가정 습관을 변화시켜야 한다.

2
식사 시간

　넷째 아들이 태어난 직후의 어느 가을날에 아내와 나는 버지니
아의 산지에서 짧은 휴가를 보내기로 결정했다. 친구가 애팔래치
아 산기슭에 있는 오두막집을 거저 사용하도록 배려했다. 값싼 주
말 휴가를 보낼 수 있다는 생각에 들뜬 우리는 갓 태어난 아이와의
'휴가보내기'라는 현실 따위는 별로 개의치 않았다. 어린 자녀들과
의 휴가는 사실상 경치 좋은 곳에 가서 자녀 양육에 관한 초과 근무
를 하는 것과 조금도 다를 것이 없다. 어린 자녀들에게는 멋진 추억
일 테지만, 부모에게는 중노동이 아닐 수 없다. 우리의 경우도 영락
없이 그러했다.

　그 날 토요일 아침, 커다란 창문들이 있는 산기슭의 한 식당에서
부터 일이 꼬이기 시작했다. 어린 자녀를 데리고 식당에 가는 것은
항상 우연한 '치킨 게임'을 하는 것과 같다. 우리는 넷이나 데려갔

고, 그 가운데 하나는 갓난아이였다. 승률은 우리에게 유리하지 않았다. 그런 사실은 특히 식당 여종업원의 얼굴에 역력하게 드러나 있었다. 그녀의 꼭 오므린 입을 통해 그녀가 우리만큼 우리 아이들을 귀엽게 생각하지 않거나 감히 그런 엄청난 일을 시도하고 있는 우리를 조금도 인상적이게 여기지 않는 듯한 분위기를 확연하게 느낄 수 있었다. 솔직히 말해, 그녀는 마치 그 특별한 토요일 아침에 우리 모두를 상대하고 싶지 않은 듯한 눈치였다. 그 점은 나도 마찬가지였다. 그러나 우리는 그곳에 있었고, 따라서 어떻게든 버텨야 했다.

그녀는 심지어 메뉴판도 가져다주지 않았고, 한 아들은 이미 식탁 주위를 돌며 다른 아들을 뒤쫓고 있었으며, 콘크리트 바닥과 커다란 나무 서까래로 이루어진 세련된 현대식 식당 건물이 어린아이들의 소음을 확대해 메아리쳐 울리게 할 목적으로 설계된 것처럼 보였고, 이미 바닥에는 여러 개의 은제 식기가 나뒹굴고 있었다. 그런 혼란이 벌어지고 있는 상황에서 식탁 한쪽 끝에 앉아서 갓 태어난 아들 셰프를 돌보고 있던 아내는 내게 미소를 지으며 명랑한 목소리로 "내게 무엇을 기대해요? 나는 바빠요."라고 말했다. 따라서 나는 행동에 돌입했다.

패배를 인정하고, 주유소에 가서 건강에 좋지 않은 도넛 몇 개를 사 들고 체면을 유지했다는 생각으로 오두막집으로 되돌아가기에는 도무지 자존심이 허락지 않았기 때문에 여느 때처럼 크고 낮은 목소리로 "얘들아. 얌전히 있거라."라고 말했다. 그런 나의 명령은 잠시 효과를 발휘했다. 그러나 이 식당은 소리가 울리는 특성이 있었다. 당황한 나는 전략을 바꾸었다.

나는 "새로운 놀이를 하자."라고 말했다. 아이들은 한목소리로 "놀이요?"라고 말했다. 일단 아이들의 주의를 끌기는 했지만 아직은 아무 생각이 떠오르지 않았다. 나는 식탁을 훑어보면서 "그래, 놀이다. 이런 놀이…"라고 운을 떼고 나서 가장 가까운 곳에 후추가 있는 것이 눈에 띄자 "후추 놀이다."라고 말했다.

아이들은 "후추 놀이!"라고 외쳤다. 그 소리가 메아리에 실려 몇 차례 되풀이되었다.

"후추 놀이를 하는 방식은 이렇다. 오직 한 사람만 후추를 들고 있을 수 있다. 그리고 후추를 들고 있지 않으면 말을 해서는 안 된다." 녀석들의 얼굴에 알겠다는 기색이 스쳐 지나갔다. 녀석들은 '말하지 않는 놀이'가 별로 즐겁게 느껴지지 않는 듯했다. 나는 즉시 "후추를 들고 있으면 말을 해야 한다. 질문에 대답해야 한다. 첫 번째 질문은 좋아하는 디저트다." 나는 녀석들이 이의를 제기하기 전에 얼른 후추를 애쉬 앞에 가져다 놓았다. "애쉬야, 너부터 시작해라."

모두가 차례대로 자기가 좋아하는 디저트를 말했다. 이번에는 휘트가 시작했다. 그는 좋아하는 영화를 제안했다. 우리는 팬케이크가 나오기 전까지 동물들, 사촌들, 시리얼, 닌자 거북이들을 말했고, 아침 식사를 가까스로 잘 끝마쳤다.

시럽을 엎지르고, 소시지를 바닥에 떨어뜨리는 등, 갖가지 밉살스러운 행동도 있었고, 미안함을 표시하기 위해 의무감에서 팁을 내놓기도 했지만, 거기에는 후추를 건네주면서 질문에 대답하는 리듬이 있었다.

나는 그 후로 그 날 아침을 몇 번이나 곰곰이 생각해 보았다. 대화를 닮은 행위가 완전한 혼란 속으로 빠져들지 않게 도와주는 가드레일과 같은 역할을 했다. 그것은 작은 대화의 방식이었고, 어린 아이에게 어울리는 놀이를 통해 연습되고, 학습되어야 하는 것이었지만 상황을 변화시키는 결과를 낳았다. 나는 한 차원 더 깊이 나아가서 나의 대가족이 함께 식탁에 둘러앉아 왁자지껄하게 떠들며 삶을 풍요롭게 만들 미래에 관해 생각해 보았다. 우연히 함께 모여 살게 된 사람들과 서로 친구가 되어주는 가족들의 차이는 식사 시간의 대화라는 리듬에 있다는 생각이 불현듯 떠올랐다.

하나님의 이야기 속에서 음식과 대화가 차지하는 역할

하나님의 이야기 속에서 먹는 것은 단지 생존을 위해 음식을 보충하는 일상적인 행위가 아니라 서로를 융성하게 해주는 의사소통의 의식이다.

성경을 살펴보면, 음식을 영적인 문제로 간주하는 경우가 얼마나 많은지를 알 수 있다. 성경에서 음식은 하나님이 충실한 공급자이시라는 사실을 보여주는 증표다.[1] 음식은 때로 하나님이 관대한 주인이시라는 사실을 보여주기도 하고,[2] 어떤 것을 더 많이 갈망해야 하는지 일깨우는 수단이 되기도 하며,[3] 하나님과 교통하는 것도 그와 같다는 가르침을 제공하기도 한다.[4] 음식은 단지 물리적인 양분을 제공하는 데 그치지 않고, 항상 하나님이나 다른 사람들과 관계를 맺도록 이끈다.

가족들 사이에서 음식이 하나님의 이야기 속에서 차지하는 역할을 생각한다는 것은 곧 그 최종 목표인 관계의 관점에서 그것을 생각한다는 것을 의미한다. 서로 친구가 되고 싶어 하는 가족은 음식과 대화의 리듬을 진지하게 받아들여야 할 필요가 있다.

그러나 식사 시간의 대화가 핵심적인 가속의 습관이라는 개념은 그보다 훨씬 더 근본적인 것(먼저 함께 음식을 먹어야 한다는 것)을 전제로 한다.

식탁에 함께 모이는 것이 가족의 핵심적인 영적 습관이다

가족이 함께 식사하는 것은 그냥 당연히 주어진 것이 결코 아니다. 우리가 가족을 위해 할 수 있는 가장 사랑스러운 행동 가운데 하나는 같은 시간에, 같은 장소에서 함께 둘러앉아 음식을 먹는 것

---

1 창 1:29-31 및 9:1-5.

2 시 23:5, "주께서 내게…상을 차려 주시고."

3 마 4:4, "사람이 떡으로만 살 것이 아니요 하나님의 입으로부터 나오는 모든 말씀으로 살 것이라."

4 요 6:35, "나는 생명의 떡이니 내게 오는 자는 결코 주리지 아니할 터이요 나를 믿는 자는 영원히 목마르지 아니하리라."

이다.

　이것은 많은 연구를 통해 입증된 지혜다. 가족 식사가 성적 향상, 품행 개선, 마약이나 알코올 남용 방지와 같은 다양한 종류의 긍정적인 결과를 가져온다는 점을 보여주는 연구 조사가 많다.[5] '로즈 장학생' 출신의 학자들의 공통점 가운데 하나가 가족들이 함께 모여 식사를 하는 것이라는 말을 들은 적이 있다. 그러나 이것은 이력서나 학력에 관한 문제에 국한되지 않는다. 정기적인 가족 식사의 효과는 깊은 영적 성격을 띠고 있다. 돈 에버츠와 바나 연구소는 기독교 가정에 관한 연구를 통해 '영적 활력이 넘치는' 가족들이 놀랍게도 한 가지 공통점(왁자지껄한 식사 시간)을 가지고 있다는 사실을 발견했다.[6]

　식탁에 함께 모이는 것과 같은 단순한 행동이 많은 분야와 관련해 그토록 중요한 기능을 발휘하는 이유를 이해하려면, 핵심 습관이라는 개념을 먼저 이해해야 한다.

---

5 예를 들면, 다음과 같은 자료들을 보라. Marla E. Eisenberg et al., "Correlations between Family Meals and Psychosocial Well-Being among Adolescents," *Archives of Pediatrics and Adolescent Medicine* 158, no. 8 (August 2004): 792–96; Marla E. Eisenberg et al., "Family Meals and Substance Use: Is There a Long-Term Protective Association?" *Journal of Adolescent Health* 43, no. 2 (August 2008): 151–56; Bisakha Sen, "The Relationship between Frequency of Family Dinner and Adolescent Problem Behaviors after Adjusting for Other Family Characteristics," *Journal of Adolescence* 33, no. 1 (February 2010): 187–96.

6 Don Everts, *The Spiritually Vibrant Home: The Power of Messy Prayers, Loud Tables, and Open Doors* (Downers Grove, IL: InterVarsity Press, 2020). 그들은 또한 그런 가족들이 손 대접을 잘하고, 기도를 잘하는 습관을 지니고 있다는 사실을 발견했다. 이 주제에 대해서는 뒤에서 좀 더 자세히 살펴볼 생각이다.

핵심 습관이란 다른 많은 좋은 습관을 뒷받침하는 습관을 가리킨다. 운동이 대표적인 사례다. 일주일에 최소한 한 번이라도 운동을 행한 조사 대상자들은 아무런 격려가 없어도 스스로 더 잘 먹고, 더 잘 자고, 담배를 피우지 않는 등의 행위를 하기 시작했다는 것이 연구 조사의 일관된 결론이다.[7] 한 가지 작은 삶의 리듬을 따르면 다른 많은 리듬이 생겨나기 시작한다. 이것은 인간에게서 흔히 발견되는 현상이다.

이런 사실은 부모들에게 매우 중요한 지혜를 제공한다. 복음적인 틀로 가족들을 형성해 나가기를 원하는 부모들은 자녀들이 기억해 주기를 바라는 마음으로 단 한 차례로 끝나는 영적 대화를 나누려고 하기보다는, 그들을 예수님의 제자로 만드는 핵심적인 가족의 리듬을 통해 가정을 이끌어야 한다.

식탁에 함께 모여 대화를 나누는 것은 그런 핵심 습관 가운데 하나다.

이 습관의 의미를 마음속에 그려보기 위해, 예전적 렌즈를 통해 그리고 실천적 렌즈를 통해 가족 식사 시간을 들여다보자.

---

7 Charles Duhigg, *The Power of Habit: Why We Do What We Do in Life and Business* (New York: Random House, 2012), 108 – 9.

자녀들과 함께 앉아서 대화를 나누는 것이 쉽고, 유쾌한 일이라는 개념을 지나치게 낭만적으로 생각하고픈 생각은 조금도 없다. 사실, 그것은 매우 어렵고, 엉망진창일 때가 많다. 솔직히 말해, 그것은 많은 노력이 요구되는 일이다. 그러나 아침의 일상적 행위가 커튼을 열어 현실을 있는 그대로 보는 데 도움을 주는 것처럼, 가족의 다른 습관들도 가장 평범한 습관 가운데서 일어나는 영적 예배의 본질을 잘 드러낸다.

나는 이를 '예전적 렌즈'로 일컫고 싶다. 간단히 말해, 예전적 렌즈란 우리가 전혀 영적으로 생각하지 않는 습관 속에 간직되어 있는 영적 예배를 보는 눈을 가리킨다.[8]

실천적 렌즈를 통해서 본 가족 식사

가족 식사는 함께 식탁에 앉는 것에서부터 시작한다고 생각할 사람이 많을 것이다. 그러나 전혀 그렇지 않다. 많은 지류가 흘러 하나의 강물이 되는 것처럼, 가족 식사가 이루어지려면 그 전에 여러 가

---

8 예전적 렌즈를 통해 본다는 개념을 좀 더 자세하게 알고 싶으면 제임스 스미스가 저술한 다음 세 권의 책을 참조하라. *Desiring the Kingdom: Worship, Worldview, and Cultural Formation* (Grand Rapids, MI: Baker Academic, 2009), *Imagining the Kingdom: How Worship Works* (Grand Rapids, MI: Baker Academic, 2013), and *Awaiting the King: Reforming Public Theology* (Grand Rapids, MI: Baker Academic, 2017). 그의 책은 내가 습관이 지닌 예전적 특성을 이해하는 데 많은 도움을 주었다.

지 노력이 필요하다. 구체적으로 말해, 아내는 식료품 재료를 구매하고, 식사 계획을 세우는 등, 많은 육체적, 정신적 노력을 기울여야 하고, 나는 일을 마무리할 즈음에 내가 보내야 할 이메일이 네 통이나 되는데도 불구하고 일터에서 서둘러 집에 돌아와야 한다(그런 경우, 그 일은 아이들이 잠자리에 들고 난 후에 처리해야 한다).

집에 오면 아이들이 내게 달라붙어 주먹으로 치면서 그들만의 환영 인사를 건넨다. 그즈음이면 아내는 식사 시간 이전에 간식을 또 달라고 애걸하는 한 떼거리의 게걸스러운 아이들을 향해 '안돼!'라는 말을 수도 없이 외친다. 그런데 막상 그 떼거리를 식탁으로 몰고 가기 시작하면 넷 중 셋이 하고 싶은 다른 일이 갑자기 생각났다는 듯 뿔뿔이 흩어진다. 우리는 다시 식사 시간을 외치며 소파 뒤에서 한 녀석을 끌어내고, 녀석들의 손에서 장난감을 빼앗고, 계단에서 소리쳐 으름장을 놓는다.

마침내 모두가 자리에 앉으면, 나는 즉시 양초에 불을 붙이기 위해 성냥을 꺼낸다. 그것은 저녁 식사의 시작을 알리는 우리만의 작은 의식이다. 서로 불을 붙이겠다고 한 차례 다툼이 벌어진다. 내가 나 혼자서 불을 붙이겠다고 선언하면, 사방에서 불평이 터져 나온다. 내가 양초에 불을 붙이면 모두가 "그리스도께서는 빛이시다."라고 외친다. 이번에는 성냥에 붙은 불을 서로 끄겠다면 또 한 차례 다툼이 벌어진다. 나는 막내 셰프에게 그 일을 맡긴다. 다시금 불평이 터져 나온다.

내가 "모두 기도하자."라고 말하면, 우리는 손을 맞잡고, "예수님

감사합니다."라고 말한다.

쿨터가 "애쉬, 그만해!"라고 소리친다. 애쉬는 당혹스러운 표정을 짓는다. 쿨터는 "애쉬가 내 손을 잘못 잡고 있어요."라고 말하면 울음을 터뜨린다.

나는 꾹 참으며 "좋아, 다시 잘 해보자."라고 말한다.

모두가 "아멘"이라고 말하자마자 불안감이 엄습한다. 나를 포함해 모든 남자(즉 아내를 제외하고 식탁에 앉아 있는 모든 사람)가 음식이 모자랄까 봐 걱정하며 서둘러 음식을 가져오기 시작한다. 음식을 먹을 때 쿨터가 고구마가 싫다고 말한다. 식탁에서 좋아하지 않는 음식에 대해서는 아무 말도 하지 않고, 오직 좋아하는 음식에 대해서만 말해야 한다는 것이 우리 가족의 식사 규칙이다.

아내는 휘트에게 그 날의 '장미와 가시(하루 중 좋았던 일과 나빴던 일을 묘사하는 우리만의 표현 방식)'에 관해 묻는다. 휘트는 대답하기 시작하지만, 애쉬는 물을 엎지른다.

아내와 나는 피곤해 지친 어조로 함께 "괜찮다. 닦으면 된다."라고 말한다.

애쉬가 수건으로 엎지른 물을 어설프게 닦을 때 휘트는 자기가 만든 레고 작품에 관해 말하고, 쿨터는 대화에 끼어들어 자신의 장미(좋았던 일)에 관해 긴 독백을 늘어놓는다(녀석의 장미는 사촌과 싸웠던 일이었다. 녀석은 그 일을 즐겁게 생각하는 것이 틀림없었다).

나는 아내에게 "당신의 장미는 무엇이었소?"라고 묻지만, 셰프가 음식을 다 먹었다는 표시로 자기 그릇을 식탁에 탕하고 내려놓는 바람에 대화는 더 이어지지 않는다. 녀석이 앉아 있는 식탁 구석에 음식물 조각이 여기저기 흩어진다. 녀석은 꾸중을 듣지만, 곧 "가서 놀아라."라는 소리를 듣고는 자리를 뜬다. 애쉬도 따라가기를 원하지만 우리는 녀석에게 아직 그 날의 일을 말하지 않았다는 점을 상기시켜준다.

셰프가 방 저편에서 놀고 있는 동안, 우리는 마침내 몇 마디 말을 나눈다. 아내는 자신의 컨설팅 프로젝트와 관련해 수신한 이메일에 관해 말한다. 우리는 2, 3분 동안 제법 대화다운 대화를 나눈다. 그러고서는 끝이다. 식사 자리를 치워야 할 시간이 되었기 때문이다. 애쉬는 "또 치워야 해요?"라고 볼멘소리를 한다.

아내는 작은 녀석 둘을 욕실로 데려가고, 나는 큰 녀석 둘에게 할 일을 준다. 녀석들은 그 일을 수행한다.

그렇게 약 45분이 지나면 우리는 반쯤 녹초가 된 상태로 녀석들의 '청소한' 결과들을 깨끗하게 마무리한다. 내일이 되면 이 과정이 똑같이 되풀이된다. 혹자는 왜 당신들은 밤마다 그런 힘든 경험을 반복하느냐며 궁금해할 수도 있다.

그러나 그런 평범한 일들이 일어날 때 다른 일도 함께 일어난다. 비유적인 커튼을 열어젖히고, 그것을 예전적 렌즈로 바라보는 것은 가치 있는 일이다.

예전적 렌즈를 통해서 본 가족 식사

첫째, 가족 식사는 어떤 의미로 보더라도 전혀 효율적이지 않다.

각자 자신의 일정에 맞춰 간편하게 식사를 하는 것이 훨씬 더 효율적이다. 그러나 지류들이 강물을 이루듯 여러 가지 계획이 하나가 되어 이루어지는 가족 식사는 매우 중요한 무엇인가의 전조가 된다. 다시 말해, 그것은 가족의 무게 중심이 소비가 아닌 소통에 있다는 것을 보여준다. 따라서 우리는 상황이 녹록하지 않을 때도 일정을 조율해야 한다. 과외 활동, 스포츠 활동, 즐거운 시간, 밤늦은 모임은 항상 서로 경쟁하지만, 그 가운데 우리의 무게 중심에 해당하는 것은 아무것도 없다. 가족은 그런 것들을 중심으로 돌아가서는 안 된다. 오히려 그런 것들이 가족을 중심으로 돌아가야 한다.

촛불을 켤 때면 물리적인 집중이 이루어지면서 곧바로 정신적인 집중이 이어진다. 모두가 성냥에 붙은 작은 불꽃을 바라보고, 그 연기 냄새를 맡고, 그것이 타는 것을 지켜본다. 잘 알려진 대로, 어린아이들은 불을 좋아한다. 불은 무엇인가가 일어나고 있음을 알리는 신호다. 사실이다. 그것은 가장 평범하면서도 신성한 전통이 전개되고 있다는 것(즉 가족 식사가 시작되고 있다는 것)을 알린다.

우리는 식탁 중앙에 있는 양초에 불을 붙이면서 "그리스도께서는 빛이시다."라고 외친다. 물론, 이 말의 심오한 의미는 혼란함 속으로 빨려들어 대부분 사라지지만, 하나의 순간으로 끝나지 않는다. 모든 순간이 합쳐져 새로운 일상으로 굳어진다. 지금 나는 불붙은 양초를 볼 때마다 머릿속에서 "그리스도께서는 빛이시다."라고 외치는 아이들의 소리가 메아리치는 것을 느낀다. 그것은 마치 호주머니에 넣고 다니다가 쉬는 시간에 꺼내 손바닥 위에서 뒤집어보는 작은 돌처럼 수시로 신학적 진리를 상기시켜주는 역할을 한다.

손을 맞잡는 행위는 인간적인 접촉의 중요성을 상기시켜준다. 육체는 세심한 주의를 필요로 한다. 이는 마음도 마찬가지다. 우리는 서로를 존중하고, 일체성을 상징하는 의미로 서로에게 손을 내민다.

그러고 나서는 기도한다. 이것은 가족이 하루를 보내면서 함께 기도하는 여러 시간 가운데 하나다. 우리는 기도를 통해 감사가 우리의 공동생활의 핵심이라는 사실을 상기한다. 굶주리는 사람이 너무나도 많은데 왜 우리는 음식을 먹을 수 있는가? 왜 식탁에는 우리가 살기 위해 죽여 음식으로 만든 것들이 가득할까? 그리스도께서는 왜 우리를 살게 하려고 죽으셨는가? 이런 성례전적인 신비가 화요일 저녁마다 우리의 주위를 맴돈다.

또한, 우리는 그릇을 전달하는 행위를 통해서는 욕구 충족을 미루는 연습을 하고, 음식을 칭찬하는 말을 통해서는 격려하는 말의 힘을 연습하며, 비판을 자제하는 행위를 통해서는 침묵의 미덕을 연습하고(이것은 우리가 생각하는 것들 가운데 말할 가치가 없는 것이 많다는 점을 상기시킨다), 장미와 가시, 질문, 후추 놀이 등을 통해서는 이야기를 말하고, 지난 추억을 떠올리고, 서로를 동정하고 축하하는 연습을 한다.[9] 누군가가 무엇인가를 엎질렀을 때는 용서를 연습하고, 식탁

---

9 어린 자녀들과 '장미와 가시,' '좋았던 일과 나빴던 일'을 공유하는 것은 '성찰 (examen)'이라는 고전적인 영적 훈련과 일맥상통한다. 이것은 하루를 돌아보며 주님이 어디에 임하셨고, 또 언제 그분의 부재를 의식했는지를 살펴보는 습관을 가리킨다. 언뜻 무의미해 보이는 습관들이 사실은 우리 자녀들의 마음속에 있는 중요한 토양을 경작하는 역할을 한다. '성찰'에 관해 좀 더 자세히 알고 싶으면 다음의 자료를 참조하라.

을 떠나도 좋다는 말을 들을 때까지 기다리는 행위를 통해서는 우리가 원하지 않을 때도 함께 모여 있는 연습을 한다(이것을 통해 충성심이 배양된다).

마지막으로, 우리는 다음날을 위해 부엌을 청소하고, 정리하는 일을 돕는 행위를 통해 공동생활은 협동의 윤리를 요구한다는 진리를 배우고, 그로써 우리가 절실히 원하는 관계를 맺는 데 필요한 노동의 리듬에 익숙해진다.

보라! 소란스러운 저녁 식사 자리에 복음이 울려 퍼진다. 어둠에서 빛이 나오고, 갓난아이의 입에서 기도가 나온다. 용서와 감사와 화해와 훈련이 이루어진다. 그러나 그 가운데 신성해 보이는 것은 아무것도 없다. 모든 것이 실제적인 예전이다.

예전적 렌즈를 통해 가정을 바라보는 것이 그토록 중요한 이유

이 책은 어떤 가정이든 평범한 것이 가장 중요한 것이라는 주장으로 시작했다. 그것이 왜 그렇게 중요할까? 그 이유는 우리의 생각과는 정반대로 평범한 것이 우리의 형성에 가장 큰 영향을 미치기 때문이다. 평범한 것의 특별할 것 없는 특징이 그런 놀라운 힘을 발휘한다. 겉으로 드러나지 않는 가치를 지니는 것은 모두 평범한 것

Adele Calhoun's *Spiritual Disciplines Handbook: Practices That Transform Us* (Downers Grove, IL: InterVarsity Press, 2015).

이라는 보이지 않는 망토 아래 감추어져 있다. 매일의 일상을 중립적이라고 생각하는 이유는 너무 자주 보기 때문이다.

그러나 예전적 렌즈를 통해 그 망토 아래를 볼 수 있다. 즉, 우리가 아무 일도 일어나지 않고 있다고 생각할 때 무엇인가가 일어나고 있는 것을 볼 수 있다. 예전적 렌즈는 우리의 평범한 순간들의 진정한 실체를 볼 수 있도록 도와준다. 즉 그것들은 누군가나 무엇인가를 예배하는 순간들이다. 이 점을 생각하면 "우리가 아무것도 예배하고 있지 않다고 생각할 때 실제로 무엇을 예배하고 있는가?"라는 의문이 자연스레 제기된다.

가족의 습관이 가족의 예전이라는 점을 이해하면, 예배의 행위와 영적 형성이 실제로 어디에서 일어나고 있는지를 분명하게 알 수 있다. 그것은 바로 평범한 일들을 통해 일어난다. 그런 행위는 대부분 우리가 '영적인' 것으로 따로 분리해 놓는 순간들 속에서 일어나지 않고, 오히려 엉망진창인 하루의 일상 속에서 일어난다. 그것을 통해 진정한 영적 형성의 행위가 이루어진다.

이런 사실은 내게 큰 자유로움을 준다. 나는 과거에는 일상적인 일을 다 마치고 나서 비로소 자녀 양육이라는 참된 영적 행위(예를 들면, 마법과도 같은 일이 일어날 수 있는 특별한 대화)를 할 수 있다고 생각했다. 그러나 지금은 하나님의 은혜가 내가 가장 그것을 필요로 하는 장소, 곧 평범한 일상 속에서 마법처럼 풍성하게 일어난다는 것을 알게 되었다.

그러나 이것이 그렇게 쉽지 않은 이유는 영적 형성에 진지하게

임하려면 엉망진창인 상황을 편안하게 느껴야 하기 때문이다. 가족들 사이에서 이루어지는 혼란스러운 기도에 대해 거부감을 느낀다면, 그것은 곧 기도 자체에 대해 거부감을 느끼는 것과 같다. 그릇을 쏟는 것을 용납하지 못한다면 자녀들과 함께 음식을 먹는 일을 피해야 한다. 관계를 통해 일어나는 갈등을 좋아하지 않는다면 관계 자체를 좋아하지 않게 될 것이고, 엉망진창인 부엌을 정리하기를 싫어한다면 다른 사람들을 대접할 수 없을 것이며, 곤란한 순간들을 잘 참아내지 못한다면 위대한 순간으로 이어질 대화를 좋아할 수 없을 것이고, 다툼을 귀찮고 번거롭게 생각한다면 용서를 베푸는 일을 잘 할 수 없을 것이다.

예전적 렌즈를 통해 가정을 바라보면 시야가 넓어져 영적으로 중요한 행위가 엉망진창인 상황에도 불구하고 일어나는 것이 아니라 바로 그런 상황 때문에 일어난다는 것을 알 수 있다. 또한 가족의 행위가 가족 이상의 것과 관련이 있다는 것을 알 수 있다. 가정은 부모의 사명이 처음 시작되는 곳일 수는 있지만, 그 마지막은 아니다. 궁극적인 목적(손 대접)을 언급하지 않고 가속 식사의 가치를 논의한다는 것은 불가능하다. 그러나 이 주제를 살펴보기 전에 먼저 '가속(household)'이라는 단어에 대해 잠시 생각해 보기로 하자.

손 대접에 관하여 : 가속은 핵가족 이상의 의미를 지닌다

여러분들은 내가 가속(household)이라는 단어를 선호하는 것에 대해 어느 정도 눈치챘을 것이다. 가속에 대한 성경적 개념은 핵가족이라는 서구적 개념을 훨씬 뛰어넘는다. 예전적 렌즈를 통해 시야가 넓어지면 하나님이 어디에서 역사하시는지를 알 수 있는 것처럼, 단순한 가족(family) 단위가 아닌 가속(household)이라는 관점에서 생각하면 하나님이 우리 가족들을 통해 어떻게 역사하시는지를 좀 더 큰 관점에서 바라볼 수 있다.

성경이 가르치는 가속의 개념은 가족의 차원과 방향을 확대한다. 성경이 가르치는 가속의 개념은 차원의 관점에서 더 크다. 거기에는 가족과 경제적으로 연관된 사람들(같은 곳에 사는 근로자들이나 이웃들)은 물론이고, 대가족까지 포함된다.[10] 그러나 성경이 가르치는 가속의 개념은 방향의 관점에서 보면 '가족 우선주의'라는 개념을 거부한다.[11] 우리가 가족을 돌보는 이유는 다른 사람은 모두 배제하고 오직 혈연관계에 있는 사람들만을 책임져야 하기 때문이 아니다. 그것은 위장된 형태의 종족주의에 지나지 않는다. 우리가 가족을 돌보는 이유는 우리에게 주어진 하나님의 축복이 다른 사람들에게까지 확대되는 것은 가속을 통해서이기 때문이다.

성경이 가르치는 축복의 방향은 항상 안쪽이 아닌 바깥쪽을 향한

---

10 Everts, *The Spiritually Vibrant Home*, 43 – 56.

11 See the excellent chapter "Family Is Not First," chapter 4 in Russell Moore, *The Storm- Tossed Family: How the Cross Reshapes the Home* (Nashville: Broadman and Holman, 2018).

다. 우리가 축복을 받는 이유는 다른 사람들을 축복하기 위해서다.[12] 이 윤리적 원칙이 이 책에서 논의되는 가속의 모든 습관을 관통한다. 이를 처음 실천하기 위한 장소로는 식탁만큼 좋은 곳이 없다. 식탁은 낯선 사람들을 친구로 만드는 장소다.

앞에서 바나 연구소의 연구결과에 관한 돈 에버츠의 글을 통해 엉망진창인 식탁이 영적으로 활력이 넘치는 가족을 만드는 진원지라는 점을 살펴본 바 있다. 그 점은 열린 대문, 구체적으로 말해, 낯선 사람을 초대하는 실천 행위도 마찬가지다.

평범한 손 대접이 곧 비상한 손 대접이다

몇 년 전, 우리의 좋은 친구 드류가 우리 가족과 좀 더 깊이 사귈 수 있는 방법이 있겠느냐고 물었다. 드류는 30대의 독신남이었고, 마을에 가족이라곤 아무도 없었다. 나는 그가 그렇게 물어주어서 고마웠지만, 어린 자녀들을 데리고 남을 손 대접한다는 것이 그렇게 쉬운 일이 아니라서 선뜻 아무런 대답도 할 수가 없었다.

그 후 몇 달이 지나서 드류는 포기하지 않고 다시 그 이야기를 꺼냈다.

나는 "형제를 저녁 식사에 초대하고 싶지만, 형제가 좋아할지 잘

---

12 창 12:2, "내가 너로 큰 민족을 이루고 네게 복을 주어 네 이름을 창대하게 하리니 너는 복이 될지라."

모르겠네요. 짐작하는 대로, 우리 가족의 식사 시간은 정신을 쏙 빼놓을 만큼 혼란스럽답니다."라고 말했다.

그러자 그는 "손 대접은 융숭한 접대가 아닙니다. 저는 단지 일상적인 가족의 리듬에 동참하고 싶을 뿐이에요."라는 말로 나를 일깨워주었다.

나는 한편으로는 그가 자기가 앞으로 목격하게 될 상황을 모르고 있을까 봐 걱정스러웠지만, 다른 한편으로는 그의 말이 매우 설득력 있게 들렸다. 내가 우리 가족의 리듬에 동참하겠다는 그의 생각을 선뜻 받아들이지 않았던 이유는 누군가를 초대하려면 그 전에 집안을 깨끗하게 정리하는 것이 필요하다고 느꼈기 때문이다. 나는 그나 다른 사람들이 우리 집을 방문하는 것은 좋았지만, 특히 저녁마다 지나칠 정도로 집안이 소란스럽고, 엉망진창인 것처럼 보이는 것이 우려되었다.

그러나 드류의 말은 내가 융숭한 접대와 손 대접을 혼동하고 있다는 사실을 깨닫도록 도와주었다. 융숭한 접대는 집안을 말끔하게 청소해 놓고, 좋은 음식과 음료를 내놓고, 아이들을 돌봐줄 사람을 따로 확보하는 것을 의미한다. 다시 말해, 융숭한 접대는 잘되면 위안과 아름다움의 경험을 제공함으로써 손님들을 영예롭게 할 수 있지만, 잘못되면 우리의 부와 역량을 과시함으로써 우리 자신을 영예롭게 하는 결과를 초래한다.

그러나 손 대접은 다르다. 손 대접은 대문을 열어주는 것을 의미한다. 손 대접은 누군가를 꾸미지 않은 혼란함 속으로 맞아들이는 것을 가리킨다. 누군가를 혼란함 속으로 초청하는 이유는 그 안에서 가족의 참된 일상이 이루어지기 때문이다. 드류를 손 대접하기보다 그를 극진히 대접하려는 나의 바람은 아이러니하게도 오히려 그를 우리 가족으로부터 멀어지게 만드는 결과를 낳았다. 어떤 것이 완벽하기를 바라면 아무 일도 일어나지 않을 때가 많다.

그로부터 몇 년이 지난 지금, 매주 목요일 저녁은 드류와 함께 식사하는 시간이다. 그 시간은 우리가 사전에 확인할 필요가 없는 계획을 통해 진행된다. 여느 때처럼 일터에서 돌아오면 아내는 가스레인지에 올려놓은 음식에 전념하고 있고, 드류는 짜증을 부리는 아이를 달래고 있거나 아니면 그 반대로 드류가 가스레인지에서 무엇인가 요리를 하고 있고, 아내는 아들 한 녀석을 쫓아 뛰어다니는 모습을 발견하곤 한다. 집안은 여느 때와 다름없고, 모든 것이 엉망진창이다. 한 가지 다른 점이 있다면, 드류 삼촌이 있다는 것이다. 아이들은 지금 그를 그렇게 부른다. 만일 목요일 저녁에 어린이 야구 경기가 있고, 함께 저녁 식사를 하지 않으면 드류 삼촌은 그곳에 와서 3루 라인에서 경기를 지켜본다.

어수선한 조리대, 엎지른 것들을 반쯤 닦아낸 마룻바닥, 갓난아이용 의자 위에 놓인 말라붙은 음식 따위는 드류에게는 지극히 정상적으로 여겨지는 것들이 분명하다. 나는 그것이 그가 생각하는 우리 집의 모습이라고 생각한다. 그의 생각은 옳다. 그것이 바로 우리 집이다. 지금 내가 생각하는 드류의 이미지는 대부분 뒷마당의 덱 위에서 바라본 그의 모습(예를 들면, 그가 우리 아이들과 트램펄린에서 뛰는 모습, 셰프와 거실 카펫 위에서 즐겁게 뛰노는 모습, 애쉬와 커피 테이블에서 서양 장기를 두는 모습 등)에서 비롯했다. 다시 말해, 드류는 우리 가속의 일부가 되었다. 나의 아들들도 그가 있는 덕분에 한결 더 나아졌다.[13]

이 경험을 통해 내가 깨달은 사실은 친구나 이웃이나 과부나 위탁 아동이나 다른 누구든 단지 우리가 원한다고 해서 우리 가족의 일부가 되는 것은 아니라는 것이다. 그들이 우리 가족의 일부가 되는 것은 그들을 그렇게 만드는 삶의 리듬이나 방식이 존재하기 때문이다.

우리 집에서 두 블록 떨어진 곳에 사는 데렉과 수는 그런 일을 매우 잘한다. 그들도 우리처럼 리치먼드에 다른 가족이 없기 때문에 화요일 저녁마다 스파게티 저녁 식사를 주관한다. 그런 모임은 단순하면서도 오래 유지될 수 있다. 같은 블록 안에 사는 사람들은 물론, 그 외의 사람들까지 초청된다. 드류와 함께 저녁 식사를 하는 우리의 경우처럼, 그런 삶의 리듬이 외부인들을 안으로 끌어들인다.

이처럼 가족의 저녁 식사는 한 집에 사는 우리 가족의 영적 형성에만 영향을 미치는 데 그치지 않고, 우리 가족과 연관된 모든 사람을 올바른 방향으로 인도하고, 세상을 안으로 불러들이는 역할

---

13 에버츠(Everts)의 책, *The Spiritually Vibrant Home*과 그 배후에 있는 바나 그룹의 리서치에서 발견되는 놀라운 통찰력 가운데 하나는 믿음의 가정에서 어린 자녀들을 양육할 때 친족이 아니더라도 예수님을 따르는 성인과 의미 있는 관계를 맺게 하는 것이 매우 중요한 역할을 한다는 것이다.

을 한다.

또 한 번의 후추 놀이

거의 모든 것이 뒤죽박죽이었던 그해의 가을 휴가가 끝나고 몇 달이 지난 뒤, 우리는 친구 바렛과 리자를 저녁 식사에 초대했다. 음식을 먹으려고 막 자리에 앉았는데 휘트가 벌떡 일어서서 부엌 조리대로 달려갔다. 내가 아무 말도 없이 식탁을 떠난 행위를 막 꾸짖으려고 하는 찰나에 녀석이 후추 가는 기구를 가져와서 손님들에게 건네주었다. 녀석은 "이제부터 우리가 하려는 놀이는 이거예요."라고 설명하기 시작했다. 갑자기 나의 여섯 살 된 아들이 대화의 기술을 동원해 저녁 식사를 주관하기 시작했다. 나는 마음이 더없이 뿌듯했다.

가족의 습관이 대부분 그렇듯이 내가 가족 식사를 중시하는 이유는 그것이 저녁마다 하기가 쉬워서도 아니고, 가정을 잘 돌아가도록 만들기 때문도 아니다. 그것은 내가 말만으로는 가르칠 수 없는 것을 가르치는 핵심 습관이기 때문이다.

나는 내 아들들이 단지 식탁이 관계의 무게 중심이라는 것을 머리로만 알지 않고, 오랫동안 그 리듬 안에 거하며 살아온 까닭에 마음으로 그것을 깊이 느끼게 되기를 기도한다. 나는 지금부터 수십 년에 지난 뒤에도 여전히 모든 가족이 함께 음식을 먹고, 우리보다 더 많은 사람, 곧 가족과 친구들이 함께 식탁에 둘러앉을 수 있기를 기도한다.

식사 시간의 습관
가족 형성

식탁에 함께 앉는 것은 관계를 형성하는 핵심 습관이다. 함께하는 식탁을 중심으로 가정 생활이 돌아가게 할 때, 그것은 집안에 질서를 부여하는 데 도움이 될 뿐 아니라 다른 사람들을 초청하고, 낯선 이들을 친구로 만드는 데 도움이 된다.

촛불 켜기

촛불은 특히 어린 자녀들에게 때를 알려주는 역할을 한다. 의식을 거행하는 데 사용할 특별한 양초와 성냥을 식탁에 준비해 두라. 설혹 엉망진창이 되더라도 어린 자녀들이 참여할 수 있도록 이끌라. 불을 붙이자마자 모든 가족이 일제히 "그리스도는 빛이시다."라고 말하라.

식탁에서의 대화 습관

어린 자녀들도 우리처럼 자기들이 지키는 습관들을 통해 듣고, 말하는 법을 배운다. 아래에 대화의 습관을 길러줄 방법을 몇 가지 제시했으니 시도해 보라.

- 식사할 때는 휴대전화나 전자 기기는 허용되지 않는다. 식탁에 올려놓아서도 안 되고, 심지어는 주머니에 넣어두어서도 안 된다. 소리를 완전히 꺼놓거나 다른 장소에 두라.

- 후추나 다른 물건을 돌려가며 모두가 같은 질문에 대답하게 하라. 한 차례 다 돌고 난 뒤에는 다음 사람이 새로운 질문을 던지게 하라.

- 나이가 든 자녀를 둔 가정, 곧 규모가 좀 더 큰 가정의 경우에는 '한 가지 대화'라는 규칙을 시도해 보라. 어떤 주제를 말해도 좋지만, 중구난방식 대화가 아닌 모두가 같은 주제를 말해야 한다.

- 모든 사람이 같은 질문에 대답하는 방식으로 대화하라. 예를 들면, 좋았던 일과 나빴던 일을 말할 수 있다. 화기애애한 분위기를 조성하기 위해 재미있는 이야기를 하나 보태도 좋다. 아침 식사의 경우에는 각자가 그 날에 가장 기대하고 있는 한 가지 일을 나누게 하는 것이 좋다.

- 부모는 그 날에 있었던 일들과 관련해 간단한 이야기를 들려주려고 시도한다. 자녀들이 식탁에서 배울 수 있는 것 가운데 하나는 생활 속에서 일어난 일을 이야기로 바꾸어 말하는 기술이다.

- "오늘 학교에서 어땠니?"와 같이 한 마디로 대답할 수 있는 일반적인 질문보다는 "오늘 누구랑 놀았니?"나 "네가 오늘

잘했던 일 한 가지가 있다면 무엇이니?"나 "너를 오늘 화나
게 만든 일이 있다면 무엇이니?"와 같은 구체적인 질문을 던
지라.

> "가족이 어쩌다 함께 모여 살게 된 사람들이 될지,
> 아니면 서로 친구가 될지는 식사 시간의 대화라는
> 삶의 리듬에 달려 있다."

손 대접과 식탁 공개

가족은 사람들을 식탁에 초대하는 것을 통해 확장된다.

다음의 방법들을 시도해 보라.

• 가능하면 가족의 숫자보다 많은 의자를 놓을 수 있는 큰 식탁
을 마련하라.

• 이따금 한 번씩 누군가를 초대하는 것보다 (화요일마다 손님이 방
문하는 것처럼) 일관성 있게 유지되는 초청이 손 대접을 실천하
는 데 훨씬 더 큰 도움을 준다.

• 손님들이 제각기 무엇인가를 가져오거나 자발적으로 집안 정
리를 도와주는 것이 이상적이다. 사람들을 엉망진창인 상황과
준비 과정에 참여시키는 것은 단지 그들을 즐겁게 해주는 데
그치지 않고, 가족 안으로 불러들이는 것을 의미한다.

• 마을에 다른 일가친척이 있는 경우에는 일주일에 한 번이나

한 달에 한 번씩 가족 식사를 계획해서 실천하고, 그렇지 않은 경우는 가까운 친구들을 불러서 함께 음식을 먹는 습관을 기르라.
- 음식은 간단하게 준비하라. 목표는 좋은 인상을 심어주는 것이 아니라 서로 친구가 되는 것이다.

기억할 점 모든 것을 한 번에 다 할 필요는 없다. 한 가지 작은 변화가 큰 영적 영향력을 발휘할 수 있다. 한 가지를 선택해 시작해 보라.

추가적인 참고 자료

The Spiritually Vibrant Home: The Power of Messy Prayers, Loud Tables, and Open Doors, Don Everts
복음과 집 열쇠 : 탈 기독교 세상에서 급진적으로 일상적인 손 대접 실천하기, 로자리아 버터필드 지음.

상황에 맞게 적용하기

꼭 저녁 식사가 아니어도 괜찮고, 매일 하지 않아도 좋다. 그러나 아예 하지 않는 것보다 조금씩이라도 계속해서 하다 보면 점차 일상적인 일처럼 느껴질 것이다.

우리는 항상 은혜를 상기시켜줄 것을 필요로 한다 : 하나님의 사랑은 우리의 행위를 고무하지만, 우리의 행위가 하나님의 사랑을 만들어내는 것은 아니다. 우리의 가정 습관은 우리를 향한 하나님의 사랑을 변화시키지 않지만, 우리를 향한 하나님의 사랑은 우리의 가정 습관을 변화시켜야 한다.

3
징계

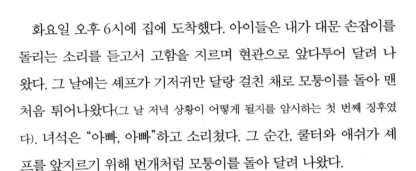

　화요일 오후 6시에 집에 도착했다. 아이들은 내가 대문 손잡이를 돌리는 소리를 듣고서 고함을 지르며 현관으로 앞다투어 달려 나왔다. 그 날에는 셰프가 기저귀만 달랑 걸친 채로 모퉁이를 돌아 맨 처음 튀어나왔다(그 날 저녁 상황이 어떻게 될지를 암시하는 첫 번째 징후였다). 녀석은 "아빠, 아빠"하고 소리쳤다. 그 순간, 쿨터와 애쉬가 셰프를 앞지르기 위해 번개처럼 모퉁이를 돌아 달려 나왔다.

　하루 중 내가 가장 좋아하는 순간 가운데 하나였다. 사람은 누구나 다른 사람들이 자기를 반갑게 맞아주기를 원한다. 나도 예외가 아니다. 물론, 그 점은 나의 아들들도 마찬가지다. 우리의 재회 순간이 이내 싸움터로 변하기 시작했다. 셰프는 제일 먼저 내게 오지 못해서 은근히 심통이 났다. 녀석이 내게 안기려고 밀고 들어오려고 애쓰는 사이, 나는 내게 보여주려고 책을 휘두르며 달려오는 쿨터와 자전거 타는 일과 관련해 무엇인가 고함을 치며 계단을 뛰어 내려오는 휘트에게 정신을 빼앗겼다. 나는 그렇게 요란한 소음이 일어나는 와중에서 셰프에게 관심을 집중하고 있다는 것을 보여주기 위해 녀석을 덥석 붙잡아 들어 올리면서 미소를 지어 보였다.

그 순간, 녀석은 팔을 번쩍 들어 올려 내 얼굴을 때렸다.

나를 맞이하려고 막 나타난 아내는 그 모습을 보고 발길을 멈추더니 터져 나오는 웃음을 숨기려고 손으로 입을 가렸다.

사실, 나는 그렇게 물렁한 사람이 아니다. 구원받지 못한 자연 상태의 나는 호통을 치며 명령하고, 작은 실수에도 사람들을 방에서 쫓아 내보낼 뿐 아니라 셋을 세는 경고도 주지 않은 채 징벌을 가하는 성향이 있다. 그러나 셰프는 그 특별한 주먹을 날리던 날에 고작 18개월밖에 되지 않은 어린아이였다. 나는 속으로 절대 고의는 아닐 것이라고 생각했다. 녀석은 단지 흥분한 것일 테고, 그것은 그저 순간의 실수였을 것이 분명했다.

따라서 나는 손가락으로 쿨터와 애쉬를 가리키며 기다리라고 신호했고, 다시 셰프를 바라보며 엄한 목소리로 "셰퍼드! 때리지 마."라고 말했다(나는 이제 녀석의 이름을 그런 식으로 부른다).

녀석을 바라보는 순간, 내 눈앞에 인간성의 실체가 적나라하게 드러난다. 나는 흥분감과 당혹감, 머릿속이 마구 휘저어지는 듯한 느낌, 인간의 본성 안에 있는 천사와 악마, 전쟁과 평화, 사랑과 분노는 물론, 나 자신과 우리 모두의 실체, 곧 인간성의 실체를 본다.

내가 보지 못했던 것은 녀석의 왼손이었다. 녀석은 손을 들어 나를 다시 때렸다. 이번에는 강도가 더 셌다.

하지말라고 말한 것을 녀석은 그대로 했다. "어떻게 해야 할까?"라는 물음이 떠올랐다.

나는 그런 순간에 내가 무엇을 원하는지를 정확하게 알고 있다. 예를 들어, 나는 휘트에게 동생의 안전띠를 채워달라고 말할 때 녀석이 짜증을 부리는 상황이나 쿨터에게 브로콜리를 한 입이라도 먹어야 할 필요가 있다고 말할 때 녀석이 "싫어요!"라고 반응하는 상황이 발생하면 본능적으로 "이 상황을 통제할 방법을 찾고 싶어."라는 생각이 떠오른다.

사실, 나는 '진정한 자녀 양육'을 원하지 않는 셈이다. 나는 일단 마음을 가라앉히고, 내 아들의 인간성의 실체를 이해하는 마음으로 나이에 적합한 방식의 말과 행동을 통해 녀석의 마음과 정신을 일깨우는 한편, 엄격한 권위와 자애로움이 균형 있게 혼합된 마음을 유지한 채 녀석을 사랑과 화해로 이끄는 훈육을 시도해야 하는데도 그렇게 하기를 싫어한다.

나는 그런 행동을 내게 편리한 방식으로 처리하기를 원한다. 나는 분노, 물리적인 힘, 사탕 뇌물, 큰 소리, 셋까지 세겠다는 거짓 위협, 의도적인 거부와 같이 상당히 빠른 효과를 내는 방법을 많이 알고 있다. 그러나 그런 것들은 대부분 상황에 대한 순간적인 통제력을 되찾기 위해 고안된 것들이다.

징계의 순간이 그토록 어려운 이유는 내가 원하는 것과 아이들이 필요로 하는 것이 서로 큰 차이가 있기 때문이다.

내가 원하는 것은 통제이고, 아이들이 필요로 하는 것은 관심과 애정이 담긴 훈육이다. 징계는 행동을 통제하는 수단이 아니라 아이의 마음을 올바른 사랑으로 이끄는 훈육의 과정이다.

그것은 화요일 오후 6시 2분, 곧 내 얼굴이 아직 얼얼한 상황에서는 결코 쉽게 달성하기 어려운 목표였다. 그러나 바로 그것, 곧 일상적인 징계의 순간을 이용해 아이들에게 제자도를 가르치는 것이 부모의 기본 임무다.

징계: 하나님의 이야기 안의 제자도

하나님과 그분의 백성에 관한 이야기는 요란하고도 무질서한 비행의 오랜 역사로 점철되어 있다.

가족들 사이에서 일어난 문제들로 인해 당황스러웠던 적이 있다면 성경을 읽어보라고 말하고 싶다. 또, 좀 더 많은 정보가 필요하다면 교회사를 대충 훑어보아도 좋다. 우리는 구약성경의 이야기가 텔레비전에 방송되기 어려울 만큼 폭력성과 섹스의 정도가 매우 심하고, 바울의 서신들이 추잡한 행위들을 많이 다루고 있으며, 교회의 역사가 선한 행위만큼이나 수많은 도덕적 실패로 얼룩져 있다는 사실을 쉽게 망각하는 경향이 있다. "하나님이 세상을 이처럼 사랑하사"[1]라고 말할 때 우리는 우리와 우리의 자녀들과 같이 못된 짓을

---

1 요 3:16.

일삼는 사람들이 거하는 진짜 세상에 대해 말하고 있다는 것을 기억하는 것이 도움이 된다.

그러나 우리는 성경의 이야기의 가장 중요한 주제가 우리의 비행이 아닌 우리의 비행에도 불구하고 주어지는 하나님의 사랑이라는 것을 알고 있다. 그렇다, 우리는 타락하고, 부패한 본성을 지녔지만, 그것은 전체 줄거리를 구성하는 한 가지 요소에 지나지 않는다. 그보다 훨씬 더 중요한 요소는 하나님이 타락하고, 부패한 인간을 사랑하신다는 것이다. 하나님은 우리를 산산이 깨어진 상태에서 온전한 상태로 만들기 위해 모든 것을 희생할 만큼 우리를 사랑하셨다. "하나님이 (이 타락한) 세상을 이처럼 사랑하사 독생자를 주셨으니."

우리의 비행에 대한 하나님의 반응은 어떤 대가를 치르든 상관없이 우리를 사랑해 다시 하나님과의 관계 속으로 불러들이는 것이었다. 성경적인 징계는 사랑으로 시작해서(창조) 인간의 비행을 거쳐(타락) 하나님의 희생으로 이어졌고(구속), 다시 우리를 회복시켜 사랑과 화해로 끝나는 과정을 거친다(완성).

하나님의 이야기를 구성하는 줄거리는 전적으로 그분의 징계를 통해 형성된다. 이것이 다행스러운 일인 이유는 그것이 온전히 그분의 사랑으로 이루어지기 때문이다. 히브리서는 이를 "주께서 그 사랑하시는 자를 징계하시고"라는 말씀으로 완벽하게 요약했다.[2]

하늘에 계신 아버지께서 행하시는 이 사랑의 징계는 그분이 우리

---

2 히 12:6.

를 사랑하신 것처럼 다른 사람들을 사랑할 수 있는 제자들을 양성한다.[3] 언어학 학위가 없어도 징계(discipline)와 제자도(discipleship)라는 용어가 어원적으로 밀접하게 연관되어 있다는 것쯤은 쉽게 알 수 있다. 하나님의 징계는 그분의 제자들(disciples)을 양육하는 과정이다.[4]

이것은 부모의 임무와 깊이 연관되어 있다. 가족들의 이야기가 계속해서 징계의 순간들로 형성된다는 것에 놀라서는 안 된다. 만일 우리가 자녀들을 사랑한다면 징계를 통해 자녀들을 훈육하는 일을 거듭 되풀이할 수밖에 없다. 징계는 우리의 편의를 위해 자녀들의 행동을 통제하는 수단이 아니라 신실한 청지기로서 그들의 마음을 잘 보살펴 하나님을 사랑하게 만드는 수단이다. 이것이 징계가 부모인 우리가 감당해야 할 가장 어려운 일이자 가장 고귀한 소명인 이유다.

본능적인 대응의 문제들

징계가 쉽다면 우리를 인도해줄 습관을 연습하는 일에 관해 굳이 이러쿵저러쿵 말할 필요가 없을 것이다. 징계가 쉽다면, 우리는 자연스럽게 올바른 반응으로 대응할 것이다. 예를 들어, 어린아이가

---

3 요 13:34.

4 이 용어들은 어원학적으로 매우 밀접하게 연관되어 있기 때문에 때로는 문장 안에서 그것들을 구별하기가 어려울 수 있다.

차도로 뛰어나가려고 하면, 우리는 본능적으로 항상 똑같이 반응한
다. 아이를 붙잡는 그 반응은 항상 옳다. 그러나 징계는 그와는 전혀
다르다.

징계를 제자도의 도구로 사용하려면 이를 도와줄 습관들이 필요
하다. 그 이유는 솔직히 말해 우리 모두 그릇된 본능을 지니고 있기
때문이다. 징계는 절대로 편안한 순간에 일어나지 않는다. 우리는
항상 너무 피곤하거나 늦거나 다른 지침 같은 것들에 이끌린다. 그
보다 더 나쁜 것은 우리가 자라난 성장 배경이나 징계를 가장하여
우리에게 가해진 피해 때문에 징계를 행해야 하는 순간에 너무 많
은 무거운 짐을 지는 것이다.

그런 순간에 우리 자녀들을 제자로 양육하는 데 도움이 되는 징
계의 습관을 기르는 첫 번째 단계는 문제가 되는 우리의 본능들을
이해하는 것이다.

징계의 순간에 나타나는 본능들

부모의 생각	"녀석들이 고의로 이런 일을 하고 있어."
부모의 반응	자녀들을 향해 분노를 표출한다
부모의 오해	이것은 자녀들의 타락한 본성을 지나치게 확대해석한 것이다. 우리 자녀들은 어리석은 죄인들이 맞지만, 하나님의 형상을 지니고 있다. 그들은 제자 양육이 필요한 존재들이다. 심신이 지쳐있는 부모는 자녀들의 반복되

는 불순종을 자신의 행복을 가로막기 위한 고의적인 행위로 받아들이는 경향이 있다. 그런 잘못된 생각을 물리쳐야 한다.

부모의 생각	"이것은 나에 대한 인격적인 모독이야."
부모의 반응	자녀들을 괘씸하게 여겨 응징하려고 한다.

부모의 오해	자녀들의 잘못된 행위를 자기를 겨냥한 공격으로 받아들이는 것은 부모의 이기심 때문일 수 있다. 이는 세상이 내 중심으로 돌아가야 한다는 생각의 발현일 수 있다. 이런 생각은 잘못을 전가하거나 모욕을 주거나 보복을 가하는 행위로 나타날 수 있다. 부모는 징계의 순간을 자신의 불편함이나 분노를 해소하는 기회가 아닌 자녀들을 제자로 양육하기 위한 기회로 활용해야 한다.

부모의 생각	"잘못된 것은 아무것도 없어. 아이들의 의도는 아무런 문제가 없어."
부모의 반응	자녀들의 잘못을 무시하고, 잊어버린다.

부모의 오해	이것은 자녀들의 타락한 본성을 과소평가하고, 그들의 순진함을 지나치게 확대해석한 것이다. 예를 들어, 부모는 자신의 자녀가 다른 사람의 자녀를 다치게 했을 때 그런 식으로 생각하려는 경향이 있다. 부모는 자신의 자녀가 누군가를 다치게 한 현실에 당혹해하지 않으려고 애쓴다. 따라서 부모는 자신의 자녀가 다른 사람을 의도적으로 다치게 했는데도 불구하고 그것을 단순한 실수로 치부한다. 그러나 그런 문제는 무시하거나 그냥 넘어가지 말고 반드시 옳게 바로잡아 제자 훈련의 기회로 삼아야 한다.

부모의 생각	"아이들은 단지 잘 몰랐을 뿐이야. 논리적으로 잘 타이르면 돼. 문제는 교육이야."
부모의 반응	무익한 말만 늘어놓는다.

부모의 오해	이것은 인간의 타락한 본성을 과소평가한 것이자 아동의 발달 과정을 크게 오해한 것이다. 나이가 어린 자녀들의 경우는 특히 그렇다. 논리와 합

리성을 담당하는 그들의 상위 뇌는 특히 위기의 순간이 닥쳤을 때는 아직 기능할 발휘할 준비가 되지 않은 상태다.[5] 몸짓 언어나 어조를 사용하여 말로 이해할 수 없는 사실을 마음으로 느끼도록 도와야 할 때 말을 사용하게 되면 어린 자녀들을 제자로 양육할 수 있는 기회를 헛되이 날릴 수 있다.[6] 물론, 이것은 자녀가 나이가 들면 바뀔 수 있지만, 우리가 생각하는 것만큼 그렇게 많이 바뀌지는 않는다. 나이가 좀 더 든 자녀를 대할 때도 논리적으로 접근하기보다 감정적으로 접근하는 것이 치유와 화해에 이르는 더 효율적인 방법일 때가 많다. 감정적인 접근 방식을 무시하고 곧바로 논리적인 말에 돌입하면, 우리 자신의 말을 우리가 듣기 위해 말하는 결과가 초래되기 쉽다.

부모의 생각	"녀석들이 자기가 저지른 행위에 대해 고통과 수치심을 느끼기를 원해. 그러면 깨닫게 될 거야."
부모의 반응	자녀들을 응징하거나 학대한다.

체벌이든 꾸짖음이든 자녀들이 저지른 행위를 비난하며 고통을 가하려는 행위는 그들이 부모를 가장 필요로 하는 바로 그 순간에 어린 그들과 똑같이 행동하는 것과 조금도 다르지 않다. 성경이 가르치는 징계의 개념은 하나님의 분노가 아닌 사랑에서 시작해서 사랑으로 끝난다. 체벌이나 질

---

5 어린아이의 심리적, 신경학적 발달 과정에 관해 좀 더 자세히 알고 싶으면 다음의 자료를 참고하라. Daniel J. Siegel and Tina Payne Bryson, *The Whole-Brain Child: Twelve Revolutionary Strategies to Nurture Your Child's Developing Mind* (New York: Bantam, 2012); Bessel van der Kolk, *The Body Keeps the Score: Brain, Mind, and Body in the Healing of Trauma* (New York: Penguin Books, 2015); and Adam Young's podcast, *The Place We Find Ourselves*.

6 예를 들어, 만일 내가 셰프에게 때리는 행위가 어떤 해를 끼치는지를 말로 설명했다면 아무 소용이 없었을 것이다. 불행히도, 녀석은 이미 그 사실을 알고 있다. 그것이 녀석이 그런 행위를 한 이유다. 우리도 우리의 자녀들처럼 감정적으로 상처를 받았다는 이유로 다른 사람들에게 해를 가할 때가 많다. 셰프에 대한 나의 반응은 눈에 보이지 않는 감정적인 요소에 훨씬 더 많은 비중을 두어야 한다. 그 이유는 그것이 애초에 문제를 일으킨 원인이었기 때문이다.

책은 징계의 유익한 수단이 될 수도 있지만, 절대로 부모 자신의 분노를 해소하는 수단이 되어서는 안 된다. 만일 그런 수단이 필요하다면, 일단 먼저 분노와 실망감을 잘 처리하고 난 뒤에 적용해야 한다.

부모의 생각	"너무나 실망스럽고, 기진맥진해. 가능한 한 빨리 상황을 통제해 올바른 결과를 얻어내야 해."
부모의 반응	조급한 마음으로 행동한다.

이것은 징계를 올바로 행사하지 않는 것이다. 징계는 편리한 행동을 가르치고, 삶을 좀 더 수월하게 만드는 수단이 아니라 자녀들이 올바른 사랑을 깨닫도록 그들의 마음을 훈련하는 수단이다. 만일 징계를 단지 상황을 통제하기 위한 수단으로만 활용한다면, 순간적인 통제를 위해 자녀 양육의 진정한 핵심(제자 훈련의 순간들이 연속적으로 이어져 자녀들의 마음을 차츰 하나님의 사랑 안에서 형성시켜 나가는 것)을 훼손하는 우를 저지르게 된다.

부모의 생각	"이 일이 지금 이 순간에만 일어나지 않았다면 잘 처리할 수 있을 텐데. 지금은 정말로 불편한 상황이야."
부모의 반응	부모의 역할을 포기한다.

징계하기에 편리한 순간은 없다. 그것은 상황 때문이 아니라 징계 자체가 쉽지 않기 때문이다. 자녀의 징계가 부모 자신의 징계와 관련이 있다는 점을 이해하는 것이 중요하다. 부모가 자녀 양육을 좀 더 충실하게 이행하려면, 모든 것을 중단한 채 자녀들에게 온전히 관심을 기울여야 할 시기를 부모 스스로가 선택할 수 없다는 사실을 기억해야 한다. 단지 불편하다는 이유만으로 징계를 포기하는 것은 곧 부모의 소명을 포기하는 것이다.

부모의 생각	"아휴, 당황스러워. 이 자리에서 내 체면을 잘 유지해야 해."
부모의 반응	체면을 지키기에 급급하다.

자녀의 행동을 다스리는 행위를 부모의 신분과 체면을 유지하는 수단으로 사용하는 것은 징계를 오용하는 것이다. 그러나 부모는 특히 공공장소에서 종종 그런 유혹을 느낀다. 이것은 징계의 목적을 거꾸로 뒤집는 것이다. 다시 말해, 징계가 자녀들이 아닌 부모를 위한 것이 되어 버린다. 식료품 가게에서든 뒷마당의 모임에서든, 부모는 체면을 잃을까 봐 두려워하는 마음에서가 아니라 자녀들이 필요로 하는 것을 해야겠다는 마음으로 그들에게 반응해야 한다.

위의 목록은 얼마든지 계속 이어질 수 있다. 자녀들이 잘못을 저지른 순간에 부모가 징계를 오해하는 일은 그 방법이 무한하다. 그러나 위에서 언급한 잘못된 본능적 반응들은 한 가지 공통점을 지닌다. 즉, 자녀들을 제자 훈련이 필요한 인간, 하나님의 형상을 지닌 인간이 아닌 처리해야 할 문제로 간주하면 징계의 순간은 자녀들의 제자 양육이 아닌 부모 자신의 편의를 위한 것으로 전락될 수밖에 없다는 것이다.

이것은 인간적이고 이해할 만하긴 하지만 동시에 타락한 태도, 이기적인 태도가 아닐 수 없다. 그렇게 문제가 많고, 위험한 본능들을 극복하려면 연습이 필요하다. 그것이 바로 습관을 길러야 할 이유다.

습관은 징계를 부모의 편의를 위해서 행하려는 본능을 차단하고, 그런 순간들을 하나님의 제자 양육(즉 부모와 자녀 모두에 대한 제자 양육)의 이야기 속에 위치시키도록 훈련한다.

징계의 피라미드

징계가 가정에서 하나님의 이야기와 관련된 제자 양육의 일환이 되려면, 그 순간에 우리의 습관이 어떻게 우리를 향한 하나님의 사랑을 반영해 화해를 이루는 데 이바지할 수 있는지를 신중하게 생각해봐야 한다. 징계의 피라미드(도표 2)는 그 점을 생각하도록 도와주는 기능을 하도록 고안되었다.

물론, 이것이 징계의 방식이나 징계에 필요한 것들을 점검하기 위한 완전한 자료인 것은 결코 아니다. 이것은 우리와 우리 자녀들을 잘못된 행위에서 화해의 단계로 나아가게 만들기 위해 우리가 연습해야 할 습관들을 시각화하도록 도울 뿐이다.

습관 1 : 사랑하는 권위를 확립하라

사랑하는 권위(loving authority)는 제자 양육 수단인 징계의 토대다. 그것은 어떤 형태로든 항상 존재한다. 예를 들면, 어린 자녀를 안아 올리거나 강한 어조나 몸짓 언어로 개입하는 형태일 수도 있고, 누군가를 집으로 보내거나 부모와 자녀가 홀로 함께 걸으면서 대화를 나누는 형태일 수도 있다. 그러나 그것은 어떤 형태가 되었든 개입하거나 심지어는 차단하는 기능을 한다. 권위는 사랑에서 비롯하는 힘으로 간섭한다. 그것은 가만히 앉아 요청하는 것과는 정반대다. 우리는 공손한 태도로 자녀들에게 우리의 생각을 헤아려 달라고 간청하는 것이 아니라 그들을 양육한다. 이는 우리가 단지

도표 2. 징계의 피라미드

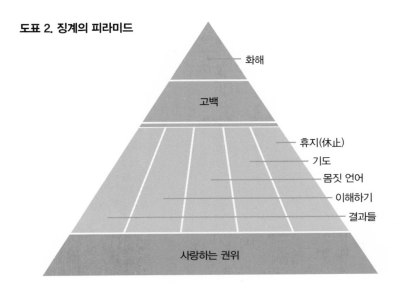

의견을 제안하는 것이 아니라 관계적 차원에서 적극적으로 나서서 개입하는 역할을 담당하고 있다는 의미다. 우리는 자녀들을 위해 우리가 책임자라는 현실과 그것이 정확히 그들이 필요로 하는 것이라는 사실을 기꺼이 받아들여야 한다.

이것이 그토록 중요한 이유는 스스로를 망치는 결과들로부터 자녀들을 보호해 주기 때문이다. 부모의 올바른 권위는 자녀들과 세상을 그들 자신으로부터 보호한다. 더욱이 징계를 권위 있게 베푸는 것은 "어린아이는 자치적이지 않다."라는 신학적 현실을 강화하는 역할을 한다. 아무도 자치적이지 않다. 그 누구도 자치적이어서는 안 된다. 우리가 우리 자신에게 끼칠 수 있는 가장 큰 해는 한계나 권위가 없는 세상을 추구하는 것이다.

자녀가 네 살이든 열네 살이든 나이의 많고 적음을 막론하고, 무엇인가 잘못된 일이 발생했을 때는 모든 것을 관장하는 책임자, 곧 반사적으로 반응해 사랑으로 권위를 행사할 수 있는 부모가 필요하다.

습관 2 : 잠깐의 휴지(休止) 시간을 가지라

부모는 책임자이지만 완전하지는 않다. 징계를 베풀기 전에 잠시 생각하는 시간을 가지면 분노나 실망감에서 비롯한 본능적인 반응을 피하고, 사랑과 제자 양육을 실천할 수 있다.

징계의 순간은 우리가 미처 준비가 안 된 상태에서 발생하는 것이 보통이다. 공원에 가는 도중에 잠시 마트에 들러 물건을 좀 사려고 했는데 어린 자녀가 통로에서 20분 동안이나 나뒹구는 상황, 또는 놀이터에 간식을 가져가겠다고 다투는 상황이 발생하는 것은 예측하기가 어렵다. 이것이 징계의 현실이다. 징계의 순간은 이리저리 이동하는 도중에 발생하지만, 징계마저 즉흥적일 필요는 없다. 잠시 멈추는 습관이 그럴 때 도움이 된다.

휴지의 순간은 부모와 자녀 모두에게 일종의 타임아웃일 수 있다.[7] 집안에서 큰 소리가 들려올 때는 황급히 대문을 열어 대응하기

---

7 타임아웃은 휴지의 순간을 갖는 좋은 방법일 수 있지만, 그것이 곧 징계의 목적이 되어서는 안 된다. 잠시 휴지의 순간을 갖는 이유는 모두가 정신을 가다듬고 상황을 옳게 처리하기 위해서다. 모두의 투쟁 도피 반응이 발동할 수밖에 없는 상황에서 타임아웃이나

보다 문 앞에서 잠시 멈추어 마음을 가다듬거나 누군가가 듣기 거
북한 말을 했을 때는 성급히 대꾸하기보다 숨을 한 번 깊게 들이쉬
는 것이 좋은 대처 방법이 될 수 있다.

나는 아들들에게 종종 "잠깐만 기다렸다가 이 문제에 관해 얘기
해 보자꾸나."라고 말하곤 한다. 그렇게 말하는 이유는 대개 그들이
아닌 내가 마음을 가라앉힐 시간을 갖기 위해서다. 나는 분노와 실
망감을 폭발적으로 분출하는 성향이 있다. 그들은 하나님의 형상을
지닌 존재들이기 때문에 그런 격한 감정이 아닌 사랑으로 자신들을
대해줄 부모를 만나야 할 자격이 있다.

습관 3 : 기도하고, 자신과 대화하라

성숙한 부모가 깨달아야 할 가장 중요한 사실 가운데 하나는 징
계의 순간이 자녀들 못지않게 부모 자신에게도 똑같이 필요하다는
것이다. 물론, 하나님은 그런 순간에 우리의 자녀들을 훈련하시지
만, 우리가 정직하다면 그런 순간에 그분이 우리도 똑같이 훈련하
신다는 사실을 인정하지 않을 수 없다. 자녀 양육은 부모에게도 똑
같이 필요하다.

이 점을 받아들이면 그런 순간에 우리가 반응하는 방식을 변화시
키는 데 큰 도움이 된다. 우리는 그런 순간에 비디오 게임 조작기를

그 밖의 다른 휴지의 수단을 활용하는 것은 생리학적으로 매우 효율적인 방법으로 마음
을 진정시켜 상위 뇌가 통제력을 발휘하게끔 도와준다.

공유하지 않는 자녀들의 이기적인 태도만이 아니라 5분 동안 세 번씩이나 그 다툼을 통제하느라 우리의 일을 방해받는 것을 못마땅하게 여겨 귀찮아하는 우리 자신의 이기적인 태도까지도 올바르게 처리하려고 노력해야 한다. 그 순간에 표출되는 우리의 분노가 그들의 잘못된 행동이 아닌 우리 자신의 조급한 성격에서 비롯된 것이라는 사실을 깨닫는 것은 부모인 우리의 몫이다.

자녀들의 마음을 선한 방향으로 이끌려면 먼저 부모의 마음이 선한 방향으로 이끌려야 한다. 이 일은 오직 기도만이 이룰 수 있다. 그 이유는 말(특히 기도의 말과 성경 말씀)이 마음을 인도하기 때문이다. 따라서 그런 상황을 다뤄야 하는 순간에는 기도와 자기와의 대화가 습관처럼 저절로 이루어져야 한다.

예를 들어, 나는 징계의 순간이나 휴지의 순간에 마음속으로 "주님, 저도 이 아들의 이러이러한 마음 상태와 똑같습니다(문제를 저지른 자녀의 마음 상태를 묘사하는 말을 집어넣어 기도한다). 우리 둘 다 주님의 자녀 양육이 필요하다는 사실을 깨닫도록 도와주소서."라고 종종 기도한다. 가능하면, 내가 끼어들어야 할 싸움이 발생했을 때는 그 싸움이 일어난 위층을 올려다보며 그런 기도를 소리 내어 웅얼거리거나 속삭이듯 말하기도 한다. 만일 한 아들이 다른 형제를 때리는 것을 보면, 나도 힘으로 세상을 통제하기를 원하는 격한 성격의 소유자라는 사실을 상기하는 것이 큰 도움이 된다. 그리고 아이들이 불순종할 때는 나도 권위를 싫어하는 교만한 인간이라는 사실을 상기시키는 기도를 드리고, 아이들이 무서워할 때는 나도 겁에 질려 불안해하는 인간이라는 사실을 상기시키는 기도를 드린다. 물론, 나도 언제나 명쾌한 이성을 유지하는 것은 아니며 그때 나의 기도는 단지 도움을 구하기 위한 무언의 내면의 부르짖음일 뿐이다. 하지만 종종 그런 기도는 가장 신실한 기도다. 충실하게 연습하면 시간이 지나면서 정신적 피로감이 가장 큰 상황에서도 기도의 습관이 서서히 발전하기 마련이다.

짧지만 실제적인 기도의 순간이 지니는 힘을 과소평가해서는 안 된다. 주님은 그런 순간을 이용해 내가 자녀들의 죄를 깨우쳐주려는 때에 내 자신의 죄를 깨우쳐주셨다. 나는 그런 순간에 온유하면서도 단호하신 주님의 영을 갈망하고, 의지해야 한다는 사실을 떠올리곤 한다. 나도 나를 나 자신으로부터 구원해주고, 또한 위로해줄 누군가가 필요하다. 기도를 통해 그런 사실을 떠올리면, 더욱 기꺼운 마음으로 자녀들에게 그런 은혜와 진리의 정신을 보여줄 수 있다. 그러나 징계할 때 기도를 습관으로 삼지 않으면 그런 순간에 나 혼자서 자녀 양육을 이행하는 습관에 빠져들 수밖에 없다. 그것은 우리나 자녀 모두에게 매우 위험하다.

습관 4 : 말과 위협보다는 몸짓 언어와 공간을 활용하라

입을 열어 말을 하기 전에 나타나는 무언의 요소들을 생각해 본 적이 있는가? 나는 때로 그런 순간이면 내가 자녀들을 해칠 격노한 미치광이처럼 보이지는 않는지, 또는 "나는 네놈들을 혐오해."라는 눈빛을 내비치지는 않는지 궁금해하곤 한다. 나는 종종 아들들에게 어깻짓으로 불평을 표출하지 말라고 말한다. 그러나 그런 몸짓 언어의 교훈을 상기해야 할 필요가 있는 대상은 비단 그들만이 아니다.

그런 순간에 우리의 눈과 어깨와 손이 하는 일을 통해 복음의 사랑이 전달된다. 그 전달력은 말로 하는 것과 비교해 조금도 뒤떨어지지 않는다. 어린 자녀를 무릎 위에 올려놓고 말을 하거나 10대 자녀와 함께 침대 위에 앉아서 대화를 나누거나 무릎을 꿇고 자세를 낮춰 여섯 살 된 자녀의 눈높이에 맞출 수만 있다면 당연히 그렇게 해야 한다. 어깨 위에 손을 올려놓거나 눈살을 찌푸리지 말고 사랑의 눈빛으로 바라볼 수만 있다면 응당 그렇게 해야 한다. 사랑이 분노보다 훨씬 더 강력하다는 것을 기억해야 한다.

내가 그런 순간에 아들들에게 내 눈을 바라보라고 거듭 말하는 이유는 겁을 주기 위해서가 아니라 먼저 눈과 몸이 관심을 기울여야만 마음과 영혼이 따라서 관심을 기울일 수 있기 때문이다.

공간도 중요하기는 마찬가지다. 나는 이것이 예수님이 형제나 자매를 따로 불러서 먼저 둘이서만 말하라고 가르치신 이유 가운데 하나라고 생각한다.[8] 이런 식의 친밀한 사적 공간을 마련하면 서로에게 말하거나 반응하는 방식이 달라진다. 다른 사람들 앞에서 우리 자신이나 자녀들을 당혹스럽게 만들지 않는 것이 지혜로운 처사다. 사실, 그것은 굳이 말할 필요조차 없는 상식이다. 한쪽으로 물러

---

8 마 18:15-17.

128 가정의 습관으로 양육하라

나서 말하면 다른 사람들이 지켜본다는 압박감에서 벗어날 수 있다. 친구나 처부모와 시부모나 식료품 가게에 들른 낯선 사람들 앞에서 자녀들을 징계하기가 그토록 어려운 이유는 그들이 우리를 지켜보는 것이 의식되어 그들의 눈치를 살필 수밖에 없기 때문이다. 우리의 자녀들도 그런 사실을 잘 알고 있다. 집에서 자녀들이 우리를 '얼간이'라고 부를 때는 권위 있는 목소리로 "안 돼. 그런 말을 하면 못써!"라고 단호하게 말할 테지만, 놀이터에서 그들이 똑같은 말을 했을 때는 "얘야. 우리가 그런 용어를 사용해야 하겠니?"라고 말한다. 그렇게 말하면 그들은 우리가 사람들의 눈치를 봐야 하는 상황에 놓여 있다는 것을 눈치채고는 그 점을 십분 이용하려 들고, 우리는 일관되지 못한 행동을 보여주는 셈이 되고 만다. 그러니 그들이 더욱 강경한 태도를 보이며 우리를 '대왕 얼간이'라고 부른다고 해도 조금도 이상하지 않다. 따라서 잠시 시간을 따로 내서 의사소통을 더 원활하게 해줄 곳으로 물러나는 것이 좋다.

언제 어디서나 항상 부모답게 처신해야 한다. 그래야만 징계의 순간이 제자 훈련으로 이어질 수 있다.

습관 5 : 부단히 이해를 추구하라

우리의 가장 좋은 것과 가장 나쁜 것이 모두 마음에서 나온다.[9]

---

9 잠 4:23, "모든 지킬 만한 것 중에 더욱 네 마음을 지키라 생명의 근원이 이에서 남이니라."

우리가 부모로서 바라는 일은 자녀들이 자신의 마음 상태를 알아 회개를 경험하고, 변화하는 것이다. 사랑이 없는 징계는 징벌에 지나지 않지만, 제자 훈련으로서의 징계는 자녀들을 자아 성찰의 길로 이끈다. 징계의 순간에 자녀의 마음을 이해하려고 노력하는 것이 부모의 역할인 이유는 당신이 그렇게 하는 것을 보고서 그들이 자기 자신의 마음을 이해하는 법을 배울 수 있기 때문이다.

이 말은 "그들이 무엇을 했는가?"를 아는 데 만족하지 말고 "그들이 왜 그것을 했는가?"를 알도록 이끌어줄 질문들을 던져야 한다는 의미다. 내가 사용하는 질문들은 복잡하지 않다. 그것들은 단지 어떤 일이 발생했을 때 아이들이 어떤 감정을 느끼고, 무엇을 하기를 원하는지를 알아보기 위한 질문들이다. 나는 대개 '어떤'이라는 용어를 활용한 세 가지 질문을 던지곤 한다. 1) 너는 어떤 일을 했느냐? 2) 네가 그런 일을 하면 어떤 일이 일어날 줄로 생각했느냐? 3) 네가 그런 일을 했을 때 다른 사람들이 어떤 감정을 느끼기를 원했느냐?

이런 질문들을 던지는 이유는 변명이나 설명을 듣기 위해서가 아니다. 그 이유는 자녀들을 깨우치기 위해서다. "네가 그것을 집어 던졌을 때 어떤 일이 일어날 줄로 생각했느냐?"라거나 "네가 그 장난감을 훔쳤을 때 그 아이가 어떤 감정을 느끼기를 원했느냐?"라는 질문을 던지는 이유는 훌륭한 대답을 듣기 위해서가 아니다. 훌륭한 설명은 존재하지 않고, 오직 깨어진 마음만 존재할 뿐이다. 대개는 "그 아이를 다치게 하고 싶었어요."라거나 "그 아이를 울게 만들고 싶었어요."라는 것이 올바른 대답이다. 그것은 회피하거나 덮어둘 일이 아니다. 그것은 정확히 우리가 들어야 할 대답이다. 그 이유는 그것이 제자 훈련에 필요한 마음의 대답이기 때문이다. "아들아, 너도 화를 잘 내는 성격인 것을 보니 나와 별로 다르지 않구나. 그러나 어쨌든 하나님은 우리를 사랑하신단다. 그분은 우리를 도우실 수 있다. 너는 다른 아이를 때릴 필요가 없어."라고 말하는 데서부터 시작해서 대화를 계속 발전시켜나갈 수 있다.[10]

그런 점에서 결과는 이미 징계 과정에 내재되어 있는 경우가 많다. 그것은 우리가 나중에 해야 할 일이 아니다. 그 놀이를 중단해야 하는 것이 결과다. 결과는 우리 모두 회개해야 하는 것이 결과다. 따로 시간을 마련해서 서로를 솔직하게 드러내 놓고 문제를 논의해야 하는 것이 결과다. 우리는 모두 용서받아 새롭게 되는데 이런 것들이 가장 중요한 결과들이다.

많은 시행착오를 거친 이후에 나는 이제 화해의 과정과 무관한 결과들에는 아무런 관심이 없다. 예를 들어, 아이들이 오늘 밤에 잠자리에 들 때 징징거린다고 해서 내일 저녁에 디저트를 주지 않겠

---

10 우리 스스로 이 습관을 연습하면 그것을 통해 자녀들과 함께 더 나아질 수 있다. 나는 나에게 "지난 밤에 성질을 못 이기고 캐비닛 문을 쾅하고 닫았을 때 어떤 일이 일어나기를 원했을까?"라고 물어야 한다. 그에 대한 대답은 "내가 어떤 것을 부수려고 했던 이유는 나의 분노가 통제 불가능한 상태였기 때문이야."일 것이다. 그런 대답은 훌륭한 이유가 될 수 있을까? 그렇지 않다. 그렇다면 그것은 중요한 진리를 드러낼까? 그렇다. 그것은 내가 화를 잘 내는 성격의 소유자이기 때문에 회개와 은혜가 필요한 상태라는 것을 보여준다. 자기 자신에 관해 잘 알고 있는 부모는 징계의 순간에 자녀를 훈육하는 일을 더 잘할 수 있다.

다는 것은 단지 녀석들의 관심을 끌기 위한 구실에 지나지 않는다. 그것은 내가 굳이 하지 않아도 될 위협일 뿐 아니라 거짓말일 때가 많다. 우리는 셋을 셀 때까지 원하는 행위를 하지 않으면 이러저러한 일이 벌어질 것이라고 말해놓고서 정작 아무런 행동도 취하지 않음으로써 자녀들을 혼란스럽게 만드는 매우 좋지 못한 습관을 지니고 있다(물론, 아이들이 장난감을 놓고 서로 싸울 때는 상황이 다르다. 그럴 때는 장난감을 빼앗는 결과가 나타날 수밖에 없다. 그것은 충분히 이해할 수 있는 유익한 행동으로 화해의 과정에 밀접하게 관련된다. 그러나 "앞으로는 장난감을 사주지 않을 거다."라고 위협하는 것은 거짓말이자 쓸데없는 허언이다).

따라서 나는 화해와 무관한 결과들은 조심해서 피하고, 우리에게 화해를 위한 시간과 공간을 제공해줄 결과들을 찾으려고 노력한다. 예를 들어, 아이들이 불순종하거나 무례하게 굴 때 내가 찾는 결과 가운데 하나는 나와 함께 허드렛일을 하게 만드는 것이다. 다시 말해, 분노가 불길처럼 치미는 곳으로 녀석들을 몰아붙이는 대신에 같은 공간에서 서로 협력하고, 우리를 진정시켜줄 대화를 나누어야 한다.

가장 좋은 결과는 하나님과 서로를 사랑하는 곳으로 되돌아가도록 도와줄 상황을 만드는 것이다. 그곳이 바로 제자 훈련으로서의 징계가 이르러야 할 곳이다. 그러려면 대개 고백과 회개가 필요하다.

습관 7 : 사과를 고백으로 간주하라

회개가 우리 마음이 죄로부터 실제로 돌이키는 것이라면, 고백이란 우리의 죄를 외적으로 크게 말함으로써 그것이 얼마나 저열한 것인지 실감하는 것으로 생각해 볼 수 있다. 죄가 얼마나 잘못된 것인지를 깨달으면 그것에서 돌이키고픈 심정을 느끼기 마련이다. 우리는 자녀들을 고백으로 인도하는 습관을 길러줌으로써 회개하는 법을 배우도록 도와줄 수 있다.

우선 그런 일을 하고 싶어 하는 사람이 아무도 없다는 점을 기억하는 것이 좋다. 모두가 그런 일을 하는 것을 마음 내켜 하지 않고, 냉담한 태도를 보이기 일쑤다. 그래도 괜찮다. 어차피 우리가 여기에서 하려고 하는 일은 우리의 마음을 온유하게 만드는 데 도움이 될 예전, 즉 습관을 찾는 것이다.

이것이 예배에서 어떤 역할을 하는지를 생각해 보라. 우리가 고백의 말을 하는 이유는 그것이 항상 진심에서 우러나와서가 아니다. 그런 말을 진심으로 할 수 있기를 바라기 때문이다.[11] 사과나 고백을 우리가 절대로 말하고 싶지 않은 것을 말하는 하나의 방법으로 간주하자. 그러면 그것을 통해 우리는 바라던 대로 진심으로 말할 수 있게 된다. 말은 마음을 인도한다. 우리는 자녀들이 말하기를 원하지 않는 말을 하도록 이끎으로써 그들의 마음을 인도해야 한다.

---

11 우리의 어딘가 깊은 곳에서는 실제로 회개하기를 원한다. 그 이유는 회개하고 돌이키는 것이 우리를 속박하는 사슬로부터 자유롭게 되는 것을 의미하기 때문이다. 그것을 통해 무거운 짐을 모두 벗어 던지면 죄의 바닷속에 깊이 가라앉은 우리의 마음이 마침내 은혜의 수면 위로 다시 떠오른다. 회개는 정확히 우리가 원하는 것이지만, 우리를 회개로 이끌어줄 말이 필요하다.

우리 가정에서 아내든 나든 아이들이든, 누군가가 고백이나 사과를 하면 우리는 그 사람의 눈을 똑바로 바라보고, 큰 소리로 그가 무슨 짓을 했는지를 정확하게 말해야 한다. 웅얼거리는 것은 불충분하다. "그래. 좋아."라고 말하는 것은 충분하지 않다. 땅을 쳐다보며 무엇인가를 얼버무리는 것은 충분하지 않다. 그렇게 엄밀한 기준을 적용하는 이유는 내가 폭군이 되려는 것이 아니고 예전이 중요하기 때문이다.

누군가를 똑바로 바라보며 마치 우리가 진심으로 그렇게 말하고 싶어 하는 것처럼 말하면, 무엇인가 변화가 일어난다. 다시 말해, 진정으로 그렇게 되기를 바라는 마음이 일기 시작한다. 말과 과정이 우리를 변화시키는 이유는 우리가 그 순간에 은혜로 함께 협력하기 때문이다.

부모인 우리 자신도 그런 처지가 될 때가 많다는 점을 기억하라. 너무 지나치게 징계한 경우에는 아이들에게 사과해야 한다. 아이들에게 잘못을 저질렀다면 그들 앞에서 잘못을 뉘우칠 기회를 놓쳐서는 안 된다.

고백과 사과를 하기 위해 노력하는 습관을 받아들인다고 해서 마법처럼 매번 똑같은 효과를 발휘하는 것은 아니다. 하지만, 회개와 은혜를 향해 우리의 마음을 여는 것은 지혜로운 순종의 행위가 아닐 수 없다.

습관 8 : 항상 화해로 끝을 맺으라

시작은 어떠했든 항상 화해를 향해 나아가야 한다. 그렇게 하는 방법은 매우 다양하지만, 우리는 반드시 무언가를 해야 한다.

우리 집에는 '형제들의 포옹'으로 불리는 작은 화해의 예전이 있다. 예를 들어, 두 아이가 서로 오랫동안 다툴 때는 녀석들을 따로 떼어놓고(휴지의 습관), 대화를 나누고(이해의 습관), 서로 사과하게 한다(고백의 습관). 물론, 거기에는 싸움으로 인한 벌칙도 있다. 이 모든 것은 매우 중요하지만, 이 과정은 '형제들의 포옹'이 이루어질 때까지 끝나지 않는다. 이것은 서로 미소를 짓거나 웃을 때까지 계속 포옹하는 것을 의미한다. 그렇게 하면 어린 아들들은 대개 킬킬거린다. 그 이유는 '형제의 포옹'이 대부분 새로운 레슬링 경기로 발전하기 때문이다. 나이가 좀 더 든 아들들은 서로를 간지럽히거나 농담을 주고받거나 약간의 눈물을 흘리기도 한다. 그러나 형제의 포옹은 녀석들이 서로를 바라보며 미소를 지어야만 비로소 이루어진다.

억지로 미소를 지어도 괜찮을까? 물론이다. 서로 미안해하며 화해한 것처럼 행동함으로써 실제로 잘못을 뉘우치고 화해하려는 마음을 배양할 수 있다. 누군가를 껴안고 미소를 지으면 싸울 때보다 함께 어울려 놀 때 인생이 훨씬 더 재미있다는 것을 기억할 수 있다. '형제들의 포옹'은 세상이 마땅히 지향해야 할 방식을 보여주는 작은 실천 행위에 해당한다.

나도 아이들의 부모로서 '화해의 포옹'이라는 방법을 사용한다. 취침 시간의 예전을 생각해 보라. 축복의 대화와 기도를 위한 순간이 다가오고 있다는 것을 알면 취침 시간에 폭군처럼 행동하기가 어려워진다. 내가 가야 할 곳을 아는 습관을 기르면, 그곳에 도착하는 방법이 바뀌게 된다. 이처럼 화해의 포옹을 알면 징계의 방법이 바뀐다. 이번 장을 간략하게 요약하면, 징계가 사랑과 웃음으로 끝나야 할 제자 훈련이라는 점을 알면 자녀 양육의 방식이 달라진다는 것이다.

모든 상황이 끝났을 때 우리와 자녀들이 서로 미소를 지으며 포옹하게 될 것을 알면 지나친 감정을 실어 그들을 질책하기가 어렵다. 징계의 순간이 끝났는데도 여전히 분을 삭이지 못해 아이들과 포옹하거나 서로 간지럽히거나 농담을 주고받을 수가 없다면, 그것은 징계를 올바로 베풀지 못했다는 증거다. 징계의 끝에 아이들을 웃게 만들거나 농담을 건넬 수 없다면, 그것은 그들을 너무 가혹하게 대했다는 증거다. 심지어 그렇게 하고 싶은 마음조차 없다면, 아마도 그것은 사랑이 아닌 분노로 그들을 징계했다는 표시일 것이다.

화해의 예전은 우리가 올바른 목적지에 도달하도록 도와줄 굳건한 닻이다.

피라미드의 실행

이 모든 것을 염두에 두고, 막 걷기 시작한 아들에게 얼굴을 얻어맞고서 현관문 앞에 서 있는 나의 상황을 다시 생각해 보도록 하자.

녀석은 권위가 필요하고, 나는 휴지가 필요한 상태다. 따라서 나는 녀석에게 엄한 어조로 "안돼!"라고 말하면서 다른 가족들에게 몰래 윙크했다. 그것은 녀석에게는 내가 주관자라는 사실을, 그리고 지켜보고 있는 가족들에게는 통제력을 발휘하는 데 화를 낼 필요가 없다는 사실을 상기시켜주는 행동이었다. 분노는 대부분 권위의 표시가 아닌 권위가 실추될까 봐 두려워하는 표시다.

그러고 나서 나는 셰프를 위층으로 데려갔다. 나는 가족들 모두에게 인사를 건네고 싶었지만, 제자 훈련은 우리의 편의대로 이루어지지 않는다. 더욱이 계단을 걸어 올라가는 과정은 내게 휴지의 순간과 "주님, 제가 따돌림과 무시를 당하는 기분을 느끼면 제가 사랑하는 이들을 함부로 마구 비난하기를 좋아한다는 점을 기억하도록 도와주소서."라고 기도할 수 있는 순간을 제공했다. 나는 셰프를 무릎 위에 앉혀 놓고서 내가 주관자이고, 주관자인 내가 또한 자기를 사랑하는 사람이라는 것을 깨닫도록 녀석의 눈을 똑바로 바라보았다.

녀석이 내 무릎 위에 앉아 있는 동안, 나는 "아무도 때려서는 안돼. '알았어요. 아빠.'라고 대답해봐라."라고 말했다. 녀석은 반항하며 거절했다. 녀석이 그렇게 대답하기 전까지는 징계의 순간은 끝나지 않을 것이기 때문에 나는 다시 그렇게 말하며 계속 다그쳤다. 물론, 녀석은 아직 사과할 단계까지는 이르지 못했지만, 내가 하는 말을 따라서 할 수는 있었다. 그것은 복종을 나타내는 표시였다. 말은 녀석의 마음을 이끈다. 녀석이 마침내 마음을 누그러뜨리고, "네.

아빠."라고 말하는 순간, 녀석의 태도가 완전히 바뀌었다. 녀석은 권위를 인정했고, 그로 인해 더욱 행복해진 것이 분명해 보였다. 이것이 녀석이 잘못을 고백하는 방식이었다. 녀석은 자기 말로 잘못을 고백하기 전에 자기가 마땅히 해야 할 말을 함으로써 고백의 본질을 깨우치는 훈육을 받아야 했다.

이제 가장 중요한 과정이 남았다. 나는 녀석을 간지럽히며 꼭 안아주었다. 우리는 다시 친구가 되었다. 그것이 화해가 의미하는 것이다. 우리는 함께 웃으면서 다시 아래층으로 내려왔다. 그것이 핵심이다.

물론, 그런 일은 쉽지 않다. 몇 번이고 되풀이해서 연습해야 한다. 그러나 어렵다고 불평하기보다 화해를 향해 나아가는 성경적인 습관을 기르기 위해 노력해야 한다는 점을 기억하는 것이 더 낫다. 그것은 우리가 구속의 드라마를 거듭 연출한다는 뜻이다. 그것은 결코 없어지지 않을 이야기다.

징계: 구속의 드라마를 연출하는 행위

어느 목요일 밤, 아이들을 잠자리에 들게 하고 나서 채 몇 분도 지나지 않았는데 무엇인가가 바닥에 질질 끌리는 소리가 들렸다. 내가 다시 돌아가 보니 쿨터와 애쉬가 쿨터의 침대 물건을 모두 방 맞은편에 있는 애쉬의 침대로 옮기느라 법석을 떨고 있었다. 쿨터의 침대에는 시트와 담요, 녀석보다 두 배나 더 큰 거대한 곰 인형 하나, 그보다 작은 솜인형 일곱 개, 녀석이 공 모양으로 굴려서 껴안고 자기를 좋아하는 작은 모슬린 담요 대여섯 장, 공갈 젖꼭지 두 개(녀석은 그것들을 빨 나이가 훨씬 지난 상태다), 물병과 베개 등으로 구성된 아늑한 둥지와도 같았다.

두말할 필요도 없이 그것들은 아이가 운반하기에는 상당히 많은 양이었다. 솔직히 처음에 방문을 열었을 때 나는 좀 자랑스러운 느낌을 받았다. 녀석들은 그 일을 어둠 속에서 처리했다. 그렇게 한 이유는 애쉬의 침대에서 같이 자면서 놀기 위해서였다. 나는 녀석들에게 경의를 표하며 "잘 했다. 재미있게 보내라."라고 말했다. 나는 조용하게만 있으면 괜찮다고 말하고 나서 다시 아래층으로 내려왔다.

그로부터 1시간이 지났는데도 녀석들은 여전히 서로에게 발길질을 해대면서 농담을 주고받았다. 따라서 나는 언짢은 표정으로 모든 물건을 다시 쿨터의 침대로 옮기고, 더 이상 시끄럽게 하지 말라고 당부했다. 녀석들은 마침내 잠이 들었다.

다음날 밤, 녀석들은 다시 그렇게 놀며 자도 되느냐고 물었다. 나는 안 된다고 대답했다. 나는 "너희는 지난밤에 같은 침대에서 조용히 자지 못했으니 오늘밤에는 각자의 침대를 떠날 수 없다. 알겠지? 나는 모두가 자기 침대에서 자기를 원한다."라고 내 의사를 분명하게 밝혔다. 모두가 내 말에 동의했고, 모두의 합의가 이루어졌다. 불분명한 것은 아무것도 없었다. 구두 계약이 맺어졌다.

따라서 몇 분 뒤에 발소리가 들리자 살그머니 방문 앞까지 다가

가서는 문을 벌컥 열어젖히고, 모든 불을 한꺼번에 켰다. 효과가 있었다.

애쉬가 솜인형들을 잔뜩 들고서 맞은편에 있는 쿨터의 침대로 가는 중이었다. 녀석은 죄를 지은 사람처럼 보였고, 잔뜩 겁에 질린 모습이었다.

내가 나이가 비슷한 형제들과 관련된 일 가운데 좋아하는 한 가지는 한 사람이 곤경에 처했을 때 그들이 서로를 응원한다는 것이다. 그런 경우에는 옆에서 "그는 걔를 그렇게 세게 때리지 않았어요. 제가 봤어요. 그냥 조금 셌을 뿐이에요."라는 식으로 간청하는 목소리가 들려올 때가 많다. 나는 녀석들의 방에 있는 흔들의자에 앉아서 애쉬에게 내 앞에 서라고 말했다. 쿨터가 자기 침대에서 초조한 눈빛으로 바라보고 있는 모습이 눈에 띄었다.

"애쉬야, 무슨 일을 하고 있었니?" 내가 물었다.

녀석은 "쿨터의 물건을 옮기고 있었어요."라고 대답했다.

"내가 뭐라고 말했지?"

"그렇게 하지 말라고 하셨어요."

"그렇다면 의도적으로 내 말을 거역한 것이냐?" 녀석은 움찔했다. 녀석의 잔뜩 오므린 입을 보아하니 기분이 몹시 상한 상태로 평정심을 유지하려고 애쓰고 있는 모습이 역력했다.

녀석은 고개를 떨구면서 "네."라고 대답했다.

말이 마음을 이끈다는 것을 기억하라. 우리가 고백을 천천히 정확하게 해야 하는 이유는 현실을 말하는 것이 현실의 무게를 상기시켜주기 때문이다. 자신이 의도적으로 내 말을 거역했다고 인정하는 애쉬의 눈빛에 후회와 죄책감이 가득 배어 있었다. 녀석은 자신이 잘못을 저질렀다는 사실을 알았기 때문에 당혹감과 두려움을 느끼는 표정을 지었다. 녀석에게나 나에게나 다른 것은 더 이상 아무것도 필요하지 않았다. 그것이 곧 결과였고, 이해였다. 나는 녀석의 겁에 질린 얼굴에서 나 자신의 마음을 보았다. 내가 그렇게 올바른 사람은 아니라는 것과 나도 항상 일을 엉망진창으로 만든다는 것을 알기 때문에 반쯤은 당혹스럽고, 반쯤은 겁에 질린 심정으로 두려워 떨 수밖에 없다.

녀석은 자신의 잘못이 들통나 기분이 몹시 상했고, 스스로 어리석음을 느끼고, 두려워했기 때문에 금방이라도 울음을 터뜨릴 표정이었다. 따라서 우리는 대화를 좀 더 나누었다. 나는 "불순종이 잘못이라고 생각하니?"라고 물었다.

녀석은 "네."라고 인정했다. 그렇게 말하면서 녀석은 드디어 울기 시작했다.

"내 말을 거역했으면 내게 뭐라고 말해야 하지?"

녀석을 훌쩍이면서 "죄송합니다."라고 말했다.

"내 눈을 바라보고 죄송하다고 말할 수 있겠니?" 녀석은 눈을 깜박여 눈물을 자아내며 그렇게 했지만, 여전히 뉘우치는 표정보다는 두려워하는 표정이 더 역력했다.

나는 녀석에게 "그러면 이제 내가 네게 뭐라고 말할 것 같으냐?"라고 물었다.

녀석은 울기를 그치며 "저를 용서한다고 말하실 거 아닌가요?"라고 말했다. 그것은 올바른 대답이었다. 녀석은 그 사실을 알고 있었지만, 마치 이번만큼은 그럴 수 없을 것처럼 놀란 표정을 지었다.

나는 녀석의 눈을 바라보며 "그렇다. 애쉬야. 나는 너를 용서한다. 네가 잘못을 저질렀을 때 네게 어떤 감정을 느낀다고 말할 것 같으냐?"

"어쨌든 저를 사랑한다고 말하실 것 아닌가요〉"

"맞다. 그러면 지금 우리는 어떻게 해야 하지?"

녀석은 "서로 미소를 지을 때까지 포옹해야 해요."라고 말했다.

우리는 그렇게 했다. 녀석의 눈에는 아직도 눈물이 맺혀 있었지만, 나는 녀석이 미소를 지을 때까지 꼭 안아주었다.

그 순간, 어린 쿨터의 모습이 내 눈에 들어왔다. 녀석은 한쪽에 멀리 떨어져 있는 자기 침대에서 환한 미소를 지으며 펄쩍펄쩍 뛰기 시작했다. 우리가 서로 포옹하고 있을 때 녀석은 환호하면서 공중에 대고 주먹을 휘둘렀다.

우리가 우리만의 작은 방식으로 구속의 드라마를 연출하고, 용서와 화해의 이야기를 연습하며 되풀이하고 있는데 당연히 그래야 하지 않겠는가? 우리는 단지 그 이야기를 서로에게 말하는 데 그치지 않고, 실제로 이행했다. 우리는 그 이야기를 모든 각도에서 실제로 시도했고, 그것이 딱 들어맞는지를 시험했다. 우리가 거듭해서 바라고, 필요로 하는 것은 용서를 기억하고, 다시 경험하는 것이다. 화해는 결국 세상의 이야기다. 만일 그것이 우리 가족의 이야기가 아니라면 앙심과 울분만 남게 될 것이다.

　징계는 제자 훈련이 되어야만 비로소 그로 인해 울고, 웃고, 껴안고, 응원하며, 그것을 실행에 옮길 가치를 지닌다.

징계의 습관
자녀 형성

핵심 주제

평범한 징계의 순간이 제자 훈련의 방법이 될 수 있다. 그러나 징계가 자녀들의 행동을 통제하는 수단으로 사용될 때가 많다. 습관을 잘 들이면 통제와 분노라는 그릇된 본능을 억제하고, 사랑에 근거한 제자 훈련을 통해 마음을 다스리는 새로운 삶의 방식을 확립할 수 있다.

> "평범한 징계의 순간들을 하나로 엮어
> 제자 훈련의 수단으로 만드는 것이 부모의 기본 임무다."

짧은 순간들

징계는 대부분 시간이 오래 걸리지 않고, 순간적으로 이루어진다. 미소나 간지럽힘이나 웃음이나 포옹이 어떻게 화해의 신호가 되어 온종일 불쾌감이나 한숨이나 찌푸린 얼굴에 시달리지 않도록 예방해 주는지 생각해 보라.

> **기억할 점** 징계는 부모인 우리가 하는 일 가운데 가장 어려운 일일 수 있
> 다. 따라서 당신과 당신의 자녀들에게 많은 은혜를 베풀라.

추가적인 참고 자료

*No-Drama Discipline: The Whole-Brain Way to Calm the Chaos
and Nurture Your Child's Developing Mind*, Daniel J. Siegel
and Tina Payne Bryson
*Parenting: Fourteen Gospel Principles That Can Radically Change
Your Family*, Paul David Tripp

상황에 맞게 적용하기

징계의 습관은 나이, 가족의 역사, 자녀의 성격 등에 따라 크게
달라진다. 그러나 사랑과 제자 훈련에 관한 하나님의 이야기는
변하지 않는다. 어떤 상황에 처했든 이 자리를 빌려 자신의 징계
기준이 사랑과 화해와 제자 훈련의 기준에 부합하는지를 다시
생각해 보는 시간을 갖기 바란다.

> **항상 은혜를 상기시켜줄 것이 필요하다 :** 하나님의 사랑은 우리의 행위를
> 고무하지만, 우리의 행위가 하나님의 사랑을 만들어내는 것은 아니다. 우리
> 의 가정 습관은 우리를 향한 하나님의 사랑을 변화시키지 않지만, 우리를
> 향한 하나님의 사랑은 우리의 가정 습관을 변화시켜야 한다.

4
스크린 타임

아내가 내게 이대로는 안 된다고 말했던 밤이 기억난다.

나는 불쑥 내뱉었다. "대체 뭘, 어떻게 할 생각인가요? 아이들의 스크린 타임은 당신이 오후에 누릴 수 있는 유일한 휴식 시간이잖아요."

아내는 "그 시간은 별 가치가 없어요."라고 말했다. 텐션이 떨어진 행복하지 않은 표정이었다.

아내는 우리가 해오던 것보다 더 나은 것을 추구하기 위해 휴식 시간을 체념한 듯 보였다. 우리가 해오던 일이란 다름 아닌 스크린 타임이었다.

첫째 아이를 낳고 나서 스크린이 어린아이들에게 마법적인 효력을 발휘한다는 사실을 깨닫기까지는 그리 오랜 시간이 걸리지 않았다. 첫째 아들 휘트는 '엘모의 노래(세서미스트리트 삽입곡)'를 틀어주지 않으면 자동차에 타기를 싫어했다. 나는 그것이 일종의 마법의 약과 같다고 생각했었다.

그 후로 우리는 우리 가족의 스크린 타임을 비교적 적당하게 유지했지만, 그것은 여전히 우리의 정기적인 일과 가운데 하나였다. 둘째와 셋째가 태어나자 아이들이 낮잠을 자지 않으면 오후에 20분의 휴식 시간도 갖기가 어려웠다. 녀석들에게 아이패드를 들려주어야만 그나마 약간의 휴식을 취할 수 있었다. 그런 경우, 녀석들은 가만히 앉아서 두어 편의 방송 프로를 보았고, 아내는 한 시간 동안 휴식을 취했다. 아내는 그 휴식 시간을 이용해 다른 집안일을 처리했다.

잠시도 쉴 새 없이 자녀 양육의 의무를 감당하는 것이 얼마나 어려운 일인지는 아무리 강조해도 지나치지 않을 것이다. 특히 어린 자녀들을 양육할 때는 녀석들을 잠시도 혼자 놔둘 수가 없다. 그들과 함께 먹고, 외출할 때도 함께 데리고 다니고, 함께 놀아줘야 한다. 성인들과의 대화, 일에 대한 집중, 어떤 일을 마무리하는 것 등 많은 것을 포기하지 않으면 안 된다. 단지 놀이터 한쪽에 서서 휴대전화를 검색하는 것이 부모의 전형적인 바람이라는 것이 충분히 이해가 가고도 남는다는 생각이 들 때가 많다. 온종일 어린 자녀들에게 둘러싸여 있는 상황에서 느끼는 정신적 어려움은 그야말로 엄청나다. 누구라도 거기에서 벗어나고픈 심정을 느끼지 않을 수 없다. 스크린을 그런 혼란에서 벗어나는 유일한 방책으로 삼는 부모들이 너무나도 많다. 오후에 아내가 누렸던 한 시간의 휴식도 그렇게 확보되었다.

문제는 그 후에 일어난 일에 있었다. 그로 인해 발생하는 결과들이 갈수록 악화되는 것처럼 보였다. 방송 프로를 보지 못하게 차단하는 것이 싸움이 되었고, 아이들이 침착성을 잃고, 걸핏하면 서로 다투었으며, 욕구가 이전보다 훨씬 더 커졌고, 불평불만이 가득했다.

이것이 아내가 아이들의 일상에서 스크린 타임을 없애기로 결정했다고 말했을 당시에 우리가 처했던 상황이었다. 수년이 지난 지금도 그녀는 그 결정을 고수하고 있고, 여전히 매일 그것을 실천에 옮긴다. 최근에 나는 아내에게 그렇게 하는 이유를 물었다.

그러자 아내는 "이 싸움은 그만한 가치가 있기 때문이에요. 이 싸움은 '스크린이 괜찮은 것인가?'라거나 '스크린 타임이 얼마만큼이면 과도한 것인가?'에 관한 것이 아니라 '당신이 당신의 아이들을 올바로 형성해 나갈 것인가, 아니면 스크린이 그들을 형성하도록 방치할 것인가?'에 관한 것이에요. 이것은 형성을 위한 싸움이에요. 이 일은 결코 쉽지 않지만, 부모가 가진 마지막 한 톨의 힘과 시간까지도 기꺼이 쏟아부을 가치가 있는 일이에요."라고 대답했다.

누가 누구를 형성하는가? 형성을 위한 싸움은 그만한 가치가 있다

아내는 스크린을 둘러싼 싸움을 '형성을 위한 싸움'으로 묘사하였다. 나는 그런 표현이 마음에 든다. 스크린이 그토록 중요한 이유

는 바로 거기에 있다. 하나님의 이야기 안에서 우리는 모두 누군가가 되어간다. 그것이 형성에 관한 성경적인 개념이다.

이와 관련해 내가 좋아하는 성경 구절은 로마서 12장 2절이다. "너희는 이 세대를 본받지 말고 오직 마음을 새롭게 함으로 변화를 받아." 바울은 형성을 기본적인 전제로 삼고 있는 것처럼 보인다. 다시 말해, 우리는 세상을 본받아 형성되거나 하나님에 의해 형성되거나(즉 변화되거나) 둘 중 하나다. 이것은 인간의 마음의 본질에 관한 중요한 교훈을 가르친다. 인간의 마음은 항상 무엇인가에 의해 형성된다. 인간의 마음은 자동차와 같은 중립적인 물건이 아니다. 따라서 우리는 항상 우리의 마음과 생각을 사로잡는 것에 관심을 기울이지 않을 수 없다. 생각이 가는 곳에 마음도 간다.[1]

스크린이 놀라운 형성력을 발휘하는 이유는 우리의 생각을 사로잡는 이야기와 이미지를 전달하기 때문이다. 이런 사실 자체만으로 스크린이 나쁘다는 것은 아니다. 이것은 스크린이 그만큼 강력하다는 뜻이다. 힘은 좋을 수도 있고 나쁠 수도 있다. 따라서 우리는 부모와 자녀 모두를 위해 스크린의 습관을 올바르게 형성하든지, 아니면 스크린이 우리를 형성하게 하든지 둘 중 하나를 선택해야 한다. 다른 대안은 없다. 이것은 누가 누구를 형성하느냐에 관한 싸움이다.

---

1 생각과 마음의 이런 관계에 관해 좀 더 자세히 알고 싶으면 다음의 자료를 참조하라. James K. A. Smith, *You Are What You Love: The Spiritual Power of Habit* (Grand Rapids, MI: Brazos, 2016).

이 싸움이 얼마나 중요한지 잠시 생각해 보자. 만일 우리가 자녀들에게 섹스에 관해 가르치지 않으면 스크린이 우리 대신 그 일을할 것이고, 우리가 그들에게 선과 악을 가르치지 않으면 스크린이그 경계선을 모호하게 만들 것이며, 우리가 하나님이 분명한 목적을 가지고 남자와 여자, 흑인과 백인 등 사람을 만드셨다고 가르치지 않으면 스크린이 그에 관한 아이들의 이해를 혼잡하게 만들 것이고, 우리가 그들에게 물건을 사는 것으로 행복해지는 것이 아니며 소비는 항상 욕구불만을 더 부추길 뿐이라고 가르치지 않으면스크린이 소비가 만족을 얻는 길이자 사회적 신분을 결정하는 잣대라고 가르칠 것이며, 우리가 그들에게 자연의 세계는 사납고, 환상적인 세계, 곧 경이로워하며 잘 돌봐야 할 것이라고 가르치지 않으면 스크린이 자연에 관한 사진들을 보는 것만으로 충분하다고 가르칠 것이고, 우리가 고요함 가운데 하나님이 우리에게 말씀하신다고 가르치지 않으면 스크린이 그런 소리를 절대로 발견할 수 없다고 가르칠 것이며, 우리가 서로의 약점을 솔직하게 내보이며 충실한 우정을 나누는 것이 선한 삶의 핵심이라고 가르치지 않으면 스크린이 그들에게 '연결'과 '좋아요'를 누르는 법을 가르쳐 고질적인외로움 속으로 밀어 넣을 것이다.

더욱이 스크린은 중독성 마약을 제외하면 습관 형성에 가장 강력한 영향을 미치는 메커니즘 가운데 하나다. 이 전자 마약은 우리 집곳곳에 널려져 있다. 책상 위에도 있고, 벽에도 있고, 호주머니와 지갑 속에도 있고, 우리의 외투에도 걸려 있고, 침대 옆에도 놓여 있다. 그것은 어디에나 있는 공짜 마약이다. 우리가 자녀들을 올바로 양육하지 않으면 그들이 과연 어떻게 될 것 같은가?

스크린은 모든 곳에 있기 때문에 그만큼 강력하다. 부모가 개입해 무엇이든 한계를 두는 것이 좋다고 가르치지 않으면, 스크린에 무한정 빠져들 수밖에 없는 것이 현대 생활의 기본적인 특징이다.

한계 : 선한 삶으로 인도하는 가드레일

자녀들에게 한계를 설정하는 것이 부모의 핵심 역할 가운데 하나다. "도로에 그렇게 가까이 다가가지 마라." "핫초콜릿은 그거면 충분하다." "잠잘 시간이다." "방송 프로는 이제 그만 봐라." "친구의 부모가 집에 없을 때는 친구 집에서 자고 오면 안 된다." "이제 다른 사람이 할 차례다." 이런 말들은 끝없이 계속될 수 있다. 때로 나는 내가 하루에 "안 돼!"라고 말한 횟수를 생각하며 깜짝 놀라곤 한다. 나는 "그 방망이로 동생을 때리면 안 되지만 이 공은 때릴 수 있다. 보아라. 재미있다."라는 식으로 관심을 다른 곳으로 돌리게 하고, "초콜릿은 좋은 것이지만 나중에 배가 아프면 안 되겠지, 그렇지?"라는 식으로 더 나은 것을 원하도록 권고하는 방법을 생각해내려고 노력한다. 자녀들을 무한한 욕구로부터 보호하는 것은 부모의 기본 의무 가운데 하나다.

무한한 욕구를 느끼는 것은 인간의 본성이다. 그런 점에서 우리는 모두 어린아이다. 우리는 모든 것을 가지려고 애쓴다. 그런 욕구는 에덴동산에서부터 시작되었다. 인간은 금단의 열매를 따 먹고 하나님처럼 무한한 존재가 되려고 했다. 이것이 잠언이 왕과 함께 음식을 먹을 때는 목에 칼을 두라고 권고했던 이유다.[2] 예수님도 오른손이 죄를 짓게 하거든 찍어 내버리라고 가르치셨다.[3] 이런 과격한 비유가 사용된 데는 분명한 이유가 있다. 더 많은 것을 얻으려고 한없이 커져만 가는 우리의 욕구를 제어하지 않으면, 그로 인해 우리는 파멸할 수밖에 없다. 우리의 무한한 욕구를 통제해 적절하게 조절하지 않으면 우리와 다른 사람들이 해를 입게 된다. 한 마디로 건전한 한계를 두는 것이 필요하다.

미국 사회의 견지에서 보면 한계는 나쁜 것이다. 한계는 우리의 자유를 방해하기 때문에 행복해지려면 모든 한계를 제거해야 한다는 것이 사람들의 생각이다. 그러나 하나님의 견지에서 보면, 한계는 선한 삶과 행복에 이르는 길이다. 예수님은 인간이 되시는 한계를 취하시고 죽기까지 복종하여 희생의 삶을 사셔서 우리가 죄와 죽음의 궁극적 제약에서 벗어날 수 있게 해주셨기 때문이다. 바울은 "그리스도께서 우리를 자유롭게 하려고 자유를 주셨으니"라고 말했다.[4] 성경적인 자유는 모든 한계를 제거하는 것이 아니라 올바른 한계를 발견하는 데서 비롯한다.

G. K. 체스터턴은 한계 속에서의 자유를 이렇게 설명했다. "몇몇

---

2 잠 23:1-3.

3 마 5:30.

4 갈 5:1.

아이가 바다 한복판에 높이 솟아 있는 섬의 꼭대기에 있는 평평한 풀밭에서 놀고 있는 광경을 상상해 볼 수 있다. 벽이 절벽 가장자리를 둘러싸고 있는 한, 그들은 와자지껄 떠들면서 어떤 놀이든 마음껏 뛰어다니며 즐길 수 있다. 그러나 벽이 무너져 절벽의 위험이 고스란히 드러나면 벽에 부딪혀 나뒹구는 일은 더 이상 없겠지만, 뛰놀던 아이들이 모두 돌아와 섬 한가운데 웅크리고 모여앉아 두려워할 것이다."[5]

울타리를 세워 놀이터를 만들어주는 것이 부모가 해야 할 일이다. 신중하게 올바른 한계를 설정해야만 선한 삶이라는 놀이터가 형성될 수 있다.

자녀들이 고통받지 않게 하려면 부모가 먼저 고통을 감수해야 한다

물론, 이를 너무 낙관적으로만 생각해서는 안 된다. 그것이 현실 속에서 어떤 고통을 야기하는지를 분명하게 알아야 한다. 자녀들에게 한계를 설정하는 일은 결코 쉽거나 흥미진진하지 않다. 그 일을 하려면 많은 지혜가 필요하다.

아내는 스크린 타임의 한계를 설정하는 데 뒤따르는 어려움에 대해 이렇게 말했다. "우리가 감당해야 할 대가가 있어요. 그것은 매우 힘들 거예요. 아마도 당신이 감수해야 할 가장 어려운 일 가운데

---

5 G. K. Chesterton, *Orthodoxy* (New York: John Lane Company, 1909).

하나일 거예요. 아이들은 항상 그것을 원할 테고, 당신도 당신의 오후나 자동차를 운전하는 일이나 당신의 오전 시간을 편안하게 만들기 위해 항상 그것을 더더욱 원할 거예요. 부모의 시간과 에너지가 많이 소모될 수밖에 없어요. 그러나 아이들이 나중에 고통받지 않게 하려면 부모인 우리가 그 고통을 기꺼이 감수해야 해요."

여느 때처럼 이번에도 아내가 옳았다. 스크린 타임의 한계를 설정하는 것이 얼마나 어려운 일인지를 모르면, 그것을 설정하는 실질적인 습관에 관해 아무런 말도 할 수 없다. 그렇다고 해서 "나와 우리 가족에게 이것은 통하지 않을 거야."라고 체념하지 말고, 진지하면서도 아름다운 부모의 소명을 다시금 떠올리는 것이 좋다. 즉 우리가 고통받지 않게 하려고 예수님이 고통을 감수하셨던 것처럼 자녀들이 고통받지 않게 하려면 부모인 우리가 먼저 고통을 감수해야 한다. 복음은 살아서나 죽어서나 우리가 붙잡아야 할 가장 큰 소망일 뿐 아니라 자녀 양육의 가장 훌륭한 패러다임을 제공하기까지 한다. 우리가 더 편안한 삶을 살기 위해 자녀들을 형성해 나가는 과정을 망가뜨려서는 안 된다. 우리가 편안한 삶을 희생해야만 자녀들이 성경의 가르침 대로 형성될 수 있다.

이처럼 스크린 타임을 둘러싼 싸움은 하나님의 구원하시는 사랑의 형태를 띤다. 부모인 우리는 선뜻 나서서 "좋아, 내가 아이들의 일에 개입해 녀석들의 끊임없는 요구 사항을 통제하려면 휴식 시간이 줄어들 테지만, 이것은 녀석들을 형성해 나가는 과정에 꼭 필요한 일이야. 이것은 싸울 만한 가치가 있는 싸움이야."라고 생각함으로써 자녀들의 인격과 지혜와 감성 지능과 창의성을 형성해 나갈 수 있다.

큐레이션의 힘

스크린 타임에 관한 싸움이 자녀 형성을 위한 싸움이라면, 해답은 금욕이 아닌 큐레이션에 있다. 스크린이 단지 해롭거나 악하다면 싸움은 훨씬 더 단순해진다. 그런 경우라면 그것을 멀리하면 그만이다. 그러나 스크린은 대다수 기술 문명의 이기들과 마찬가지로 그보다는 훨씬 더 미묘한 성격을 띤다. 그것은 우리의 일을 훨씬 더 복잡하게 만든다. 그 이유는 어떤 것을 완전히 멀리하는 것보다는 책임 있게 사용하는 것이 더 어렵기 때문이다.

이 일을 잘하려면 큐레이션의 두 단계를 기억해야 한다. 하나는 한계를 설정하는 것이고, 다른 하나는 그 한계 내에서 잘 선택하는 것이다.

큐레이션의 첫 번째 단계 : 한계 설정

스크린 타임의 한계 설정에 관해 생각할 때 가장 좋은 방법은 예상되는 리듬을 형성하는 것이다. 예를 들어, 나는 금요일 저녁에는 가족들과 영화를 보고, 수요일 저녁에는 아내와 넷플릭스 시리즈를 볼 것이고, 그 시간 외에는 영화나 쇼를 보지 않을 것이다.

그렇게 정해 두면 월요일 저녁에는 스크린과 관련해서는 아무런 고민도 할 필요가 없다. 아이들이 잠자리에 들면, 나는 약간의 일을 할 수도 있고, 부엌을 청소하거나 팟캐스트를 듣거나 책을 읽거나 라디오를 청취하겠지만, 스크린은 보지 않을 것이다. 왜냐하면, 그 날은 스크린을 보는 날이 아니기 때문이다.

이 패러다임은 자녀들에게도 거의 똑같이 적용된다. 우리가 가족으로서 해야 할 가장 어려운 일 가운데 하나는 "아무 때나 스크린 타임이 될 수 있다."라는 생각에서 벗어나 예상되는 리듬을 형성하는 것이다(이것은 아이들이 스크린을 보게 해달라고 요구하지 않는다는 뜻일까? 결코 그렇지 않다. 아이들은 항상 요구한다. 그렇다면 이것은 아이들이 덜 요구하고, 항상 일관된 대답이 주어진다는 것을 이해한다는 뜻일까? 그렇다. 그것은 상당한 변화가 아닐 수 없다).

우리 가족이 건전한 한계 내에서 기능하기 위해 사용해 온 '예상된 리듬'을 몇 가지 소개하면 다음과 같다.

가족이 함께 영화를 보는 저녁

우리 집에서는 금요일 저녁이 가족이 함께 영화를 보는 시간이다. 우리는 "영화를 봐도 되나요?"라는 질문에 항상 "오늘이 금요일 저녁이니?"라는 질문으로 대답한다. 금요일 저녁이 아니라면, 그 말이 무슨 뜻인지 금방 알고, 금요일 저녁이라면 그 말이 "저녁 식사가 끝나고 나서 보자."라는 뜻인지 금방 안다. 후자인 경우는 무엇을 함께 볼 것인지를 논의해야(다퉈야) 할 것이다. 우리는 그런 식으로 같은 영화를 보는 같은 경험을 공유하고, 그것을 보면서 함께 웃거나 그것에 관해 함께 말한다. 우리 가족이 모두 함께 영화를 볼 때도 있지만, 아내와 내가 잠시 양해를 구하고 아이들만 영화를 보게 놔둔 채로 청소를 하거나 휴식을 취할 때도 있다. 금요일이든 아니면 다른 요일이든 상관없다. 가족이 함께 영화를 보는 저녁은 무엇인가를 함께 시청하는 예상된 리듬을 형성하는 방법일 뿐 아니라 어떤 때는 허락하고, 어떤 때는 거절하는 것을 일관되게 유지해 나가는 방법이기도 하다.

자동차 안에서 스크린 보지 않기

우리는 자동차 안에서는 스크린을 보지 못하게 한다. 나는 앤디 크라우치를 통해 많은 지혜를 얻는다. 그는 자동차를 타는 시간은 대화의 시간이라고 말했다.[6] 나는 그 말에 십분 동의한다. 특히 단둘이서 자동차를 타는 시간은 대화를 나누기에 가장 좋은 시간일 수 있다. 따라서 자동차를 타는 시간은 스크린 타임이 아니다. 이것은 우리의 자녀들이 자동차에 탈 때마다 휴대전화를 비롯해 다른 전자기기를 가지고 놀 수 있는지를 끊임없이 궁금해하며 물어봐야 할 필요가 없다는 뜻이다. 아이들은 이제 자동차를 탈 때는 그런 물건들을 사용할 수 없다는 것을 안다(만일 그렇게 하지 않았더라면 자동차를 탈 때마다 편안해지기 위해 엘모의 노래나 유튜브가 필요했을 것이다. 변화는 어렵지만 불가능하지는 않다는 것을 기억하는 것이 중요하다. 비록 많은 수고와 노력이

---

6 Andy Crouch, *The Tech- Wise Family: Everyday Steps for Putting Technology in Its Proper Place* (Grand Rapids, MI: Baker, 2017).

들더라도 변화는 얼마든지 가능하다). 물론, 아이들은 이 규칙에 예외가 있다는 것도 잘 알고 있다. 예를 들어, 3시간 동안 자동차를 타고 아내의 친정집에 가는 것과 같은 특별한 날에는 스크린을 보는 것이 허용된다. 아이들은 읽을거리를 읽고 난 뒤에는 영화를 볼 수 있다. 이것도 녀석들이 기대하고, 예상하는 정상적인 리듬 가운데 하나다.

일요일에 사촌들과 함께 영화 보기

매주 일요일에는 우리 '얼리 가문'의 식구들이 모두 함께 모여 안식일을 즐기며 점심을 먹고, 아이들은 모두 아래층에서 영화를 본다. 이것은 녀석들에게는 사촌들과 함께 무엇인가를 함께 보는 즐거움을 제공하고, 어른들에게는 좀 더 편안하게 대화를 나누며 의미 있는 시간을 보낼 수 있는 기회를 주기 위해서다. 부모들은 스크린을 아이를 봐주는 사람으로 활용하는 것에 대해 죄책감을 느끼는 경향이 있다. 그런 일을 늘 하는 부모의 경우는 특히 더 그렇다. 이것은 마땅히 관심을 기울여 생각해야 할 문제일 수 있다. 그러나 부모의 큐레이팅을 통해 예상된 활동의 리듬이 형성되면, 부모는 청지기처럼 시간을 지혜롭게 관리해 자기 나름대로 즐길 수 있는 스크린 타임을 설정할 수 있다. 우리 집에서는 일요일에 사촌들과 함께 영화를 보는 시간을 마련해 선택한 영화를 공동으로 시청하고(이것은 혼자 구석에서 자동 재생 영상을 보는 것과는 질적으로 다르다), 가족들과의 안식일 오후를 특별한 시간으로 만든다.

친구 집에서 영화 보기

큐레이팅을 잘하고, 가족의 한계를 적절하게 설정하려면 모든 부모가 제각기 자기의 싸움을 하고 있다는 사실을 기억해야 한다. 이일을 하다 보면 부모인 우리는 각자의 다른 선택에 대해 서로를 끊임없이 판단하기 쉽다. 따라서 각자 자신의 선택을 자신 있게 밀고 나가되 다른 부모의 선택을 판단할 때는 너그러운 태도를 취하는 것이 좋다. 만일 누군가가 오래전에 우리 가족을 보았다면, "저런, 저 집은 한계를 많이 설정하지 않았구먼."이라고 생각했을 것이다. 당시에는 우리집이 그 정도밖에 되지 않았다. 가정마다 제각기진행 과정이 다르다. 모든 가정이 좋은 과정과 나쁜 과정을 거칠 뿐아니라 가치관도 제각각 다르다. 따라서 다른 사람의 리듬을 존중하는 것이 중요하고, 또 현명한 일이다. 이는 우리의 자녀들이 친구집에 놀러 가서 영화를 보도록 허용되더라도 대개는 아무런 상관이없다는 뜻이다. 물론, 자녀들이 영화를 집에서 보든 다른 곳에서 보든, 무슨 내용을, 어떤 식으로 보는지는 눈여겨 살펴야 한다.

예를 들어, 아이들은 어딘가에 가서 부모의 허락 없이 스크린을보는 것이 결코 허용되지 않는다는 것을 알고 있다. 특히 아이들이어릴 때는 부모가 함께 있지 않은 상태에서 홀로 스크린을 봐서는안 된다. 따라서 아이들이 우리 집에 놀러 왔을 때도 우리가 감독하지 않으면 스크린을 볼 수 없다는 것이 규칙이다. 이웃집 아이들은항상 놀러 온다. 그러나 그들이 아이폰을 가지고 있다면 우리 소파에 앉아 혼자서 그것을 볼 수 없다. 그들이 우리 집을 방문한 이유는 모두와 함께 놀기 위해서라는 것이 우리의 규칙이다. 그렇지 않으면 그들은 집으로 돌아가야 한다. 그런 규칙을 제시하면, 아이들은 항상 노는 쪽을 선택한다.

스크린 안식일의 리듬

위에서 말한 리듬대로 살게 되면 결국에는 일주일에 이틀 정도는 스크린을 (학교 과제나 일과 관련된 용도와는 다른) 오락의 용도로 이용하는 것을 자제하게 된다. 각 가정이 이 과정에서 어떤 단계에 이르렀는지에 따라 다르겠지만, 이를 연습하는 최소한의 한 가지 지혜로운 방법을 제시한다면 일주일에 하루를 스크린 안식일로 선포하는 것에서부터 시작하는 것이 좋다.[7] 그렇게 하면 스크린 타임 중단이라는 예상된 리듬을 확립하는 첫걸음을 내디딜 수 있다. 특히 토요일이나 일요일을 골라 온 가족이 함께 보내는 시간에 초점을 맞출 수 있다면, 그렇게 하는 것이 부모인 우리에게도 좋다.

관대한 예외 용인

한계를 설정해 리듬을 확립해서 살아가는 지혜를 발휘한다고 해도 드물지 않게 예외가 발생할 수 있다. 예를 들어, 가족 중에 누가 아픈 경우에는 온종일 스크린을 보며 지낼 가능성이 매우 크고, 야구 경기나 고대하던 놀이 약속일에 비가 내리면 아이패드나 TV 쇼

---

7 Crouch, *The Tech- Wise Family*.

를 보도록 허락해 위안을 제공하는 것이 보통이다. 예외는 규칙이 있다는 증거(즉 그런 일은 정상적인 상황에서는 절대로 일어날 수 없다는 것을 보여주는 증거)일 뿐 아니라 규칙을 위한 규칙을 지키는 것이 아니라 한계를 설정해 지혜로운 결정을 내리는 것이 중요하다는 것을 상기시켜준다. 또한, 누군가가 특별한 일을 해서 상을 받을 자격이 있을 때는 임의로 저녁에 영화를 보는 시간을 허락할 수도 있고, 매우 힘든 하루를 보낸 날에는 "가족 저녁 식사는 포기하고, 음식을 사 와서 먹고, 아이들은 스크린을 보게 합시다."라고 말할 수도 있다. 이것을 리듬을 어기는 실패로 간주해서는 안 된다. 그것은 건전한 리듬의 결과 가운데 하나다. 습관을 지혜롭게 길러 나가면 돌발 상황에 유연하게 대처해 훨씬 관대하고, 지혜로운 예외를 용인하는 여유를 누릴 수 있다.

스크린 중단을 규칙화하기

스크린 타임이라는 예상된 리듬을 잘 큐레이팅해 나가려면 그런 리듬을 벗어난 나머지 시간을 스크린 중단의 시간으로 규정하는 것이 좋다. 위에서 언급한 스크린 타임을 모두 합치면 그것만으로도 한 주간의 삶의 리듬 속에서 상당한 양을 차지하게 될 것이 틀림없다. 따라서 그 누구도 우리가 기술 문명을 백안시한다고 비난할 수는 없을 것이다. 스크린 타임이 아닐 때는 카드놀이나 보드게임을 하거나 실외에서 무엇을 만들거나 실내에서 책을 읽는 시간을 가질 수 있다. 전체적으로 볼 때, 육체적이고, 참여적이고, 창조적이고, 협력적인 놀이 시간은 다른 시간들에 비해 월등히 뛰어난 가치를 지닌다. 이것이 스크린 중단의 목적이다.

새로운 큐레이션 리듬을 시작하는 데 도움이 되는 실천적인 조언

큐레이션의 첫 단계로서 당신 자신만의 리듬을 만들어 한계를 설정한다면, 나의 첫 번째 실천적인 조언은 그 리듬을 진지하게 받아들여 철저하게 지키라는 것이다. 새로운 한계를 강화하고, 새로운 기대를 창출하는 일은 항상 어렵지만, 부모가 그것을 이틀 동안 철저하게 지키면 자녀들은 그 습관을 신속하게 받아들일 것이다. 따라서 철저하게 지키지 않을 일은 입 밖에 꺼내서는 안 된다. 일단 규칙을 선언했으면 그것을 철저하게 지켜야 한다.

둘째, 적절한 양의 스크린 타임은 부모인 우리가 이 정도면 좋겠다고 생각하는 것보다 거의 항상 더 적다는 점을 기억해야 한다. 이것도 어려운 일이기는 마찬가지다. 부모가 되는 일이 어려운 이유는 한계를 설정하는 일이 어렵기 때문이다. 부모인 우리가 편안하게 생각하는 것보다 더 적은 양을 선택하는 것이 우리의 자녀들에게는 최선이 된다.

마지막으로, 어떤 일을 특정한 방향으로 조금씩 밀고 나가는 지혜를 터득해야 한다. 크라우치의 책에서 발견되는 지혜로운 조언을 한 가지 더 소개하면, 그것은 곧 우리 자신을 올바른 방향으로 밀고 나아갈 공간을 창출하라는 것이다, 예를 들어, 우리는 얼마 전에 거실에 있는 벽난로를 복원하는 데 수백 달러의 비용을 지출했다. 그

돈이면 맨틀(벽난로 연소구를 감싸고 있는 외부 벽—역자주) 위에 걸 수 있는 대형 평면 TV를 살 수 있었지만, 우리는 거실에서 영화를 보는 것보다 벽난로에 불을 지피는 것이 더 좋을 것으로 생각했다. 우리 집에는 좋은 영사기가 하나 있다. 따라서 우리는 온 가족이 함께 영화를 보는 금요일 저녁이 되면 벽난로 위에 있는 작은 그림들을 맨틀에 옮겨 놓고 나서 커피 테이블에 영사기를 올려놓고는 영화를 본다. 영화를 보는 것이 아주 근사하게 느껴지는 이유는 화면이 온 벽을 가득 채우기 때문이다. 물론, 매번 영사기를 꺼내 설치하는 일이 번거로운 것은 사실이다. 항상 그런 상태가 유지되었으면 하는 생각이 들 때가 많다.

어떤 일을 특정한 방향으로 조금씩 밀고 나간다는 것은 우리 집 거실에 벽난로를 피워놓고, 벽에 걸린 기타를 꺼내거나 선반 위에 놓인 보드게임을 가져오는 일이 영화를 보기 위해 영사기를 꺼내는 일보다 훨씬 쉽다는 것을 의미한다. 공간을 관리하면 시간과 관계를 관리하는 데 도움이 된다. 그것은 큐레이션의 두 번째 단계인 좋은 선택을 하는 쪽으로 우리를 밀고 간다.

큐레이션의 두 번째 단계 : 좋은 선택

한계를 설정하는 것은 스크린 타임과 관련해 좋은 선택을 하는 데 중요한 역할을 하지만, 그것만으로는 충분하지 않다. 한계의 유용성에 대한 한계를 설정하는 것이 필요하다. 우리가 확보한 시간을 좋은 선택으로 채우는 방법을 생각해 내야 한다. 몇 가지 유익한 제안을 제시하면 다음과 같다.

새로운 내용보다 좋은 내용을 선택하라

알고리즘에 의한 자동 재생에 의존하다 보면 무의식적으로 계속해서 새로운 내용만을 보는 습관이 고착될 수 있다. 그러나 어떤 것이 단지 새롭다는 이유만으로 볼 가치가 있다고 생각할 필요는 없다. 오히려 그와 정반대되는 생각을 하는 것이 바람직할 수 있다. 오랜 시간에 걸쳐 가치가 입증되었는지를 생각하면 잘 선택하기가 훨씬 더 쉬워진다.

아내와 나는 우리 아이들의 영화 규칙을 확립하기 위해 먼저 우리가 어렸을 때 보았던 디즈니와 픽사의 훌륭한 영화들에서부터 시작했다. 그 가운데는 우리가 지금도 여전히 보고 싶은 영화들이 많다. 또한, 우리는 아이들에게 〈스타워즈〉, 〈반지의 제왕〉, 〈해리포터〉와 같이 우리가 자라면서 보았던 위대한 작품들을 보여주었다.

나는 대개 아이들이 보는 것을 나 자신이 보기 어렵다고 느껴지면 그것을 곧바로 경고의 징후로 받아들인다. 좋은 이야기는 그것이 아동 영화든 성인 영화든 매혹적으로 느껴지기 마련이다. 나쁜 이야기를 걸러내는 방법 가운데 하나는 그것이 시간이 흘러도 살아남는지를 지켜보는 것이다.

상상력을 넓혀주거나 교육적인 미디어를 선택하라

자극적인 미디어가 아닌 상상력을 넓혀주거나 마음을 교육하는 미디어를 선택하라. 말로는 언뜻 복잡하게 들리지만, 실천하기는 간단하다. 당신은 자녀들과 함께 어떤 영상이든 5분만 지켜보면 상당히 훌륭한 판단을 내릴 수 있다. 예를 들어, 나는 어떤 영상이든 아이들과 함께 보면 이 영상이 〈세서미스트리트〉나 〈미스터 로저스의 이웃〉이나 〈와일드 크래츠(아이들에게 동물들에 관해 가르치는 프로그램)〉와 같이 기본적으로 교육적인 내용을 담고 있을 뿐 아니라 아이들의 관심을 끄는 방식으로 제작되었다는 것을 직관적으로 발견한다. 그 외에도 좋은 이야기로 구성된 만화들도 있다. 그런 만화들은 하나의 긴 줄거리를 지닌 것도 있고, 짧은 줄거리로 이루어진 시리즈도 있다. 이런 것들은 둘 다 좋다.

그러나 단지 어린아이들의 관심을 자극할 의도로 장면을 급속도로 바꾸어 전개하거나 소음을 크게 일으키는 프로그램들이 있다. 특히 만화영화에 그런 것들이 많다. 줄거리는 아무것도 없고, 감자튀김이 과도한 염분으로 미각을 자극하는 것처럼 정신에 과부하를 일으키는 영상물을 판단하는 일은 굳이 뇌 과학자가 아니어도 얼마든지 할 수 있다. 그런 것들이 문제인 이유는 단지 시간을 헛되이 낭비하게 만드는 데 그치지 않고, 좋은 이야기에 관심을 기울이거나 교육적인 내용을 습득하게 하는 대신 가만히 앉아서 미디어가 만들어내는 반전과 전환에 순응하도록 길들이기 때문이다. 프로그램을 보는 방식도 보는 내용과 똑같이 중요하다. 자녀들에게 가르쳐야 할 가장 중요한 것 가운데 하나는 멍하니 앉아 화면만 지켜보지 말고 실제로 주의를 집중해 보게 하는 것이다.

'나쁜 말들'이 나오는지를 생각하는 시간은 줄이고, 당신이 그 자리에 실제로 있었는지 더 생각해보라. 만일 우리가 '적절성'을 염려하면서 보내는 시간의 절반만이라도 자녀들과 함께 영상을 실제로 보는 데 사용한다면 올바른 방향을 향해 큰 걸음을 내딛게 될 것이다. 세상은 안전하지도 않고, 적절하지도 않다. 인터넷이나 텔레비전을 통해 듣거나 보거나 읽는 내용을 생각해 보라. 그런 내용은 심지어 관심을 기울이려고 노력하지 않아도 쉽게 접할 수 있다. 노골적인 표현, 폭력, 섹스, 위험한 생각들과 같은 것에 대응하는 법을 아는 것은 꼭 필요한 성장의 기술 가운데 하나다. 그런 것들을 어떻게든 완전히 회피하는 것보다는 적절하게 처리하는 방법을 아는 것이 훨씬 더 유익하다.

자녀들을 저 밖에 있는 부도덕한 세상으로부터 보호하는 것이 아니라 저 밖에도 있고, 이 안에도 있는 부도덕함을 다루는 방법을 가르치는 것이 우리의 목적이다. 그렇게 하려면 부모가 세상의 부패함을 대화의 주제로 삼지 않으려고 애쓰기보다는 세상도 부패했고, 우리 자신도 부패한 상태라는 것을 진지하게 설명하려고 노력해야 한다.

나는 어렸을 때부터 타당해 보이지 않을 정도로 엄격하게 미디어를 제한받으며 성장한 아이들과 적절한 한계 내에서 부모와 함께 성숙해 나가도록 허용된 아이들의 실제적인 차이를 분명하게 느꼈다. 전자는 부모의 불가능한 규칙들을 존중하지 않았고, 결과적으로 모든 규칙을 무시하는 경향이 있었지만, 후자는 볼 가치가 있는 것을 잘 고르는 법을 배우는 경향이 있었다.

내가 어렸을 때 좋아했던 영화 가운데 하나는 〈리틀 야구왕(The Sandlot)〉이었다. 나는 내 아들들에게 그 영화를 처음 보여주었을 때 영화 속에서 웬디 페퍼콘이 지나치게 객체화되어 다루어졌다는 생각이 떠올랐다. 그녀가 등장할 때마다 팬 촬영 방식으로 그녀의 몸과 수영복을 천천히 보여주는 장면이 연출되었다. 설상가상으로 스퀸츠가 웬디를 속여 동의하지 않은 입맞춤을 성사시킨 장면은 전혀 바람직하지 않았다. 그것은 내가 아들들에게 절대로 가르치지 않을 행위였다. 따라서 잠시 영화를 멈추고, 그것에 관해 대화를 나눌 필요가 있었다. 우리는 그 자리에서 즉시 그렇게 했다. 우리는 여자의 허락을 받지 않았거나 그녀의 의지와 상관없이 신체를 접촉하는 일은 절대로 해서는 안 된다고 말했다. 우리는 단순한 용어를 사용해 사내아이들은 대부분 성적인 렌즈를 통해 세상을 바라보려는 경향이 있다고 설명했다. 이것은 네 아들과 함께 앞으로도 몇 번이고 거듭 되풀이해야 할 대화가 아닐 수 없다. 그 날 밤, 그런 사실을 감추지 않고, 솔직하게 대화를 나눈 것이 우리에게는 더 나았다. 더욱이, 우정과 용기와 스포츠를 사랑하는 마음과 같은 주제들이 다루어졌기 때문에 아이들이 담배를 씹는 못된 행위와 같은 것을 능히 상쇄하고도 남았다.

섹스나 폭력을 비롯해 아이들이 소화하기에는 너무 벅찬 조숙한 주제들이나 그들의 순진무구함(어린 시절의 가장 귀한 선물 가운데 하나)

을 어지럽힐 가능성이 큰 주제들이 존재하는 것은 분명하다. 그러나 어느 시점이 되면 아이들은 세상을 향해 나아가야 한다. 그들이 그렇게 할 때 우리도 그들과 함께하는 것이 훨씬 더 낫다. 부적절한 내용일지라도 내용을 함께 보면 독특한 방식으로 그런 기회를 얻을 수 있다. 나는 누군가가 학교에서 내 아들들에게 처음으로 여자아이의 육체에 관해 모욕적인 농담을 건넬 때는 그들 곁에 있지 못할 테지만, 사람들이 영화 속에서 그런 일을 할 때는 기꺼이 그들 곁에 있을 것이다. 나는 그런 것에 대응하는 법을 가르침으로써 그들을 준비시킬 수 있다. 그것이 우리의 자녀들과 함께 미디어를 접하는 행위가 지니는 가치다.

시청 목록을 작성하라

부모가 시간을 할애해 돕지 않으면 자녀들이 좋은 내용을 선택해 시청하기를 기대할 수 없다. 이 점과 관련해 아내와 내가 미리 생각해 둔 방법 가운데 하나는 아이들이 봐야 할 영화와 TV 프로그램의 목록을 작성하는 것이다. 아내는 종종 영화 평론을 읽고 나서(아동 영화에 관한 평론도 존재한다) 목록에 영화들을 추가한다. 통상적으로 읽을 책을 고를 때 그렇게 하지만, 볼거리를 고를 때도 이 방법은 매우 유용하다.

이것은 또한 '주요 작품 목록(즉 몇 번이고 되풀이해서 볼 가치가 있는 것들)'을 발전시켜 나가는 방법이기도 하다. 나는 이것이 영상 문화 시대에서 흔히 간과되는 좋은 습관이라고 생각한다. 좋은 영화나 TV

프로그램을 다시 보면 새로운 것들을 발견할 수 있고, 대사를 외울수 있으며, 좋은 주제들을 마음속 깊이 간직할 수 있다. 다시 말해, 이야기의 세계를 좀 더 깊게 체험할 수 있다.

그렇게 할 때 진정으로 근본적인 무엇인가가 일어나기 시작한다. 내용이 훌륭한 영상물을 목록으로 작성해 아이들에게 보여주면, 알고리즘에 의존하지 않고, 우리 스스로 큐레이팅하는 힘을 발휘할 수 있다. 우리가 어떤 결함을 지니고 있더라도 구글보다 훨씬 더 나은 부모라는 사실을 잊어서는 안 된다. 우리는 영상 스트리밍 회사보다 우리의 자녀들을 위해 더 나은 선택을 할 수 있다. 그 이유는 우리가 이윤이 아닌 사랑을 위해 그렇게 하기 때문이다. 그러나 아무것도 하지 않고 가만히 있으면, 기술 기업들이 우리의 자녀들을 위해 미디어를 큐레이팅하도록 방치할 수밖에 없다. 누군가가 아이들이 보는 것을 큐레이팅해야 한다면, 그 적임자는 바로 부모인 우리다.

집단적으로 시청하고, 집단적으로 처리하라

성인을 위해서든 아이들을 위해서든, 혼자가 아닐 때 더 나은 선택을 할 수 있다. 영화와 쇼는 우리를 연합시킬 뿐 아니라 공유된 언어를 사용하게 하는 독특한 기능을 발휘한다. 그러나 함께 보고, 함께 웃고, 함께 묻고, 나중에 함께 처리해 나가야만 그런 결과가 나타날 수 있다.

우리 집에는 영화나 TV 프로그램을 제작하는 데 기여한 사람들의 이름을 봐야 한다는 규칙이 있다(그들의 이름이 화면에 나올 때 TV나 컴퓨터를 꺼서는 안 된다). 내가 이 규칙을 제정한 이유는 자동 재생이나[8] 우리의 관심 결여로 인해 다음 것으로 서둘러 넘어가려는 유혹을 느끼기 쉽기 때문이다. 예를 들어, 다른 프로그램이나 다른 액티비티로 넘어간다. 그러나 가만히 앉아 그 이름들을 보면 우리의 생각과 마음이 시청한 내용을 처리하기 시작한다. 그러면 옆에 앉아 있는 사람에게 "어떤 생각이 들었어요?"라고 물을 수 있는 여유가 생긴다.

우리가 본 것이나 경험한 것을 함께 처리하면, 많은 형성이 이루어질 수 있다. 따라서 스크린 타임이나 누가 누구를 형성하느냐 하는 문제에 관한 싸움을 할 때 우리가 자녀들을 위해 할 수 있는 가장 값진 일은 몇 분 동안 가만히 앉아서 여태까지 본 것에 관해 대화를 나누는 것이다.

두려워하지 말라

나는 어렸을 때 텔레비전을 많이 보았고, 비디오 게임은 그보다 훨씬 더 많이 했다. 내가 열 살이 되었을 즈음에 아버지는 내게 일 년 동안 텔레비전을 보지 않으면 500달러를 주겠다고 말했다. 그 당시의 나에게 그 돈은 어마어마한 액수였기 때문에 기꺼이 그렇게

---

8 이것은 매우 손쉬운 작업이다. 우리가 사용하는 모든 장치와 네트워크에서 자동 재생 기능을 꺼놓으면 절대로 후회하지 않을 것이다.

하겠다고 동의했다. 약간의 예외가 있었다. 뉴스는 봐도 괜찮았다. 하지만 나는 뉴스에는 아무런 관심이 없었다. 가족들이 공동으로 보는 스포츠와 영화도 허용되었다(지금 돌이켜보면 나의 부모가 공동 시청을 강조한 이유가 충분히 이해가 간다). 그러나 전반적으로는 나의 삶에 새로운 한계가 도입되었고, 그로 인해 나의 인생이 변화되는 당연한 결과가 나타났다.

어렸을 때 할머니 집에서 니켈로디언 만화영화를 보는 대신 밖에서 뛰놀아야 했을 때 내가 느꼈던 심정이 기억난다. 나는 학교에서 돌아와서 영상을 보는 대신 숲에서 지루함을 달래야 했다. 비디오 게임도 하지 못했고, 친구는 텔레비전을 보려고 집으로 들어갔는데 나는 그럴 수가 없어서 시무룩했다. 그러나 형제들과 밖에서 즐겁게 오후를 보냈던 일, 마당에서 오랫동안 야구 놀이를 했던 일, 골목 길에서 복잡한 자전거 코스를 만들어놓고 즐겼던 일 등, 새로운 것들을 좋아할 수 있는 여지가 생겨난 것도 아울러 기억난다.

나는 오랫동안 텔레비전에 얽매인 채 나의 어린 시절을 허비하다가 부모의 개입으로 인해 그것에서 벗어나는 경험을 했다.

내가 과거의 일을 언급하는 이유는 그것을 떠올리면 "왜 내 부모는 내가 텔레비전을 그렇게 많이 보도록 놔두었지? 왜 우리 집에는 부엌을 비롯해 큰 방마다 텔레비전이 한 대씩 있었던 거지? 왜 내 부모는 내가 요구할 때마다 새 비디오 게임을 사주었던 거지?"와 같은 의문을 자아내는 내 부모의 실수를 너그럽게 이해할 수 있기 때문이다.

그러나 나는 그들의 좋은 점도 생각하지 않을 수 없다. 그들은 훌륭한 부모가 하는 일을 했다. 즉 그들은 자신들의 실수를 깨닫고 행동을 취했다. 그들은 마침내 개입했다.

이것은 스크린과 관련된 우리 세대의 상황을 되짚어보는 데 큰 도움을 준다. 영상 스트리밍 회사들이 출현한 지는 불과 10년이 채 안 되었다. 많은 것이 신속하게 변하고 있다. 실수를 저지르지 않는 것이 우리의 목표라면 항상 패배감을 느끼며 포기할 수밖에 없다.

그러나 자녀들을 형성하고, 그들이 잘 선택하도록 돕는 것이 우리의 목표라면, 그것은 얼마든지 가능할 뿐 아니라 큰 가치를 지닌 일이다. 그것은 우리가 항상 조금씩 더 잘해 나갈 수 있는 일이다.

따라서 우리는 스크린 타임을 두려움이 아닌 희망을 품고 다루어 나가야 한다.

이번 장 앞부분에서 스크린을 전자 마약으로 일컬었다. 나는 여전히 그렇게 생각하지만, 스크린은 몇 번 사용하면 헤어나기 어려운 중독의 나락으로 떨어지게 만드는 헤로인과 같지는 않다. 스크린은 알코올과 더 흡사하다. 그것은 가볍게 생각해서는 안 될 심각한 문제다. 당신이 나이가 들고 더 현명해지면 이 문제를 훨씬 더 잘 다룰 수 있다. 당신은 의로운 공동체와 지혜로운 한계 설정이 필요하다. 어떤 경우에 영상 시청은 적절하고 어떤 경우에 그것은 적절하지 않다.

이를 비유적으로 표현하면 다음과 같다. 알코올의 힘과 위험과 즐거움에 대비하여 스크린을 생각하면, 부모인 우리가 개입하여 어려운 결정을 내려야 한다는 점을 깨닫는 데 도움이 된다. 자기 재량에만 맡겨두면 스크린이나 알코올이나 매우 위험할 수 있기 때문에 항상 신중하게 규정을 정해 통제해야 한다. 술이든 텔레비전이든 혼자서 정기적으로 흡입하고, 즐기는 것은 좋지 않은 생각이다. 다른 사람들과 함께 가끔씩 적절하게 흡입하고 즐기는 것이 바람직하다.

자녀들은 부모가 개입해 적절한 한계를 설정해주는 것을 절박하게 필요로 한다. 그들은 또한 우리가 두려워하지 않는 것을 필요로 한다. 성경은 세상을 두려워하지 말고, 깨어 경계하라고 가르친다. 그런 성경적인 지혜를 스크린에 적용하는 것이 좋다. 두려워하면 최선의 결정을 내리기가 어렵다. 사랑으로 해야만 최선의 결정을 내릴 수 있다. 스크린으로 인한 문제 때문에 근심하고 불안해하면서 시간을 보내지 말고, 깨어 있는 마음으로 그것이 지닌 힘을 경계해야 한다. 스크린 타임에 관한 싸움은 자녀 형성을 위한 싸움이다. 그 싸움은 싸울 가치가 있다. 가장 좋은 무기는 적절한 큐레이션이다.

스크린 타임의 습관
자녀 형성

핵심 개념

스크린 타임에 관한 싸움은 자녀 형성을 위한 싸움이다. 해결책은 스크린을 모두 제거하는 것이 아닌 적절한 큐레이션이다. 한계를 설정해 리듬을 구축하고, 그로 인해 생겨난 공백을 좋은 내용물로 채워야 한다.

스크린을 보는 시간과 보지 않는 시간을 적절하게 설정해 예상할 수 있는 리듬을 구축하는 것이 스크린의 한계를 설정하는 방법이다.

리듬은 각자의 상황과 아이의 나이에 따라 달라질 수 있다.

예상되는 상황

• 스크린 타임의 한계 설정에 대해 다른 이들의 반발이 예상되지만, 이것은 매우 중요한 일이기 때문에 물러서서는 안 된다. 스크린을 통제하면 자녀들은 물론, 부모 자신도 한동안 금단 현상을 겪게 될 것이다. 그러나 하나님은 우리를 회복력을 갖춘 피조물로 창조하셨기 때문에 곧 해결될 것이다.

대화

- 배우자와 함께 리듬 구축을 논의하라. 가족 모두가 이 일에 같은 보조를 맞추어야 한다.
- 스크린을 보는 시간과 보지 않는 시간을 정했으면, 자녀들에게 그 목적과 이유를 설명해주라.

스크린을 보는 시간

- 매주 1회 가족 모두 영화를 보는 시간, 토요일 아침에 만화영화를 보는 시간, 아프거나 힘든 날을 위한 시청 시간 등.

스크린을 보지 않은 시간

- 자동차를 탔을 때, 저녁 식사를 할 때, 혼자서 침실에 있을 때. 텔레비전이나 컴퓨터가 없이 가족들이 모두 함께 모일 수 있을 방을 마련하라. 안식일 리듬에 스크린을 배제하는 것을 고려하라. 만일 주 중의 다른 시간에 스크린을 배제했다면, 안식일에 부모가 함께 참여해서 보는 특별한 시간을 마련하는 것을 고려하라.

> "스크린 타임에 관한 싸움은 누가 누구를
> 형성하느냐에 관한 싸움이다."

큐레이션의 두 번째 단계는 정한 한계 내에서 잘 선택하는 것이다.

잘 선택하기 위해 고려할 점들

- 웹사이트에서 "로렌의 목록(Lauren's lists)"을 검색하라(영어 웹 사이트이지만 어느 정도 참고는 될 수 있음―편집주). 그녀는 쇼, 영화, 비디오 게임, 책의 목록들을 다음의 이메일 주소에 게재했다 (https://www.habitsofthehold.com/laurenslists).
- 시청해야 할 좋은 영상물의 목록을 가족과 친구들과 공유하라.
- 창의적인 비디오 게임이나 컴퓨터 게임의 목록을 만들라. 특히 여러 사람이 함께 즐길 수 있는 게임의 목록을 만드는 것이 좋다.
- 이따금 자녀들과 함께 영상을 시청하고, 본 내용을 대화의 소재로 삼으라.
- 자동 재생을 없애라. 알고리즘에 선택을 맡기지 말라.
- 내용이 좋은 것들을 항상 무료로 볼 수 있는 것은 아니다. 그런 것들은 비용이 들더라도 그만한 가치가 있다.

추가적인 참고 자료

The Tech-Wise Family: Everyday Steps for Putting Technology in Its Proper Place, Andy Crouch
My Tech-Wise Life: Growing Up and Making Choices in a World of

Devices, Amy Crouch and Andy Crouch

The Wisdom Pyramid: Feeding Your Soul in a Post-Truth World,
Brett McCracken

기억할 점 스크린 타임의 한계를 설정하기 위한 싸움은 부모인 우리가 감당하기에 가장 힘든 희생 가운데 하나일 수 있지만, 자녀들이 하나님이 창조하신 본래의 인간으로 왕성하게 성장해 나가도록 도울 수 있는 가장 중요한 일 가운데 하나라는 점을 잊어서는 안 된다.

시작은 아무리 늦어도 결코 늦지 않다. 지금까지 스크린 타임의 습관이 어떠했더라도 걱정하지 말고, 그 습관을 어떻게 바꿀 수 있는지를 생각하라.

상황에 맞게 적용하기

우리의 리듬과 한계와 가치체계는 제각기 다르더라도 자녀들을 잘 돌보려는 마음만큼은 하나가 되어야 한다. 자녀 형성의 키를 스크린에게 내주는 상황 한 가지를 생각해보고 새로운 습관을 시도해보라.

항상 은혜를 상기시켜줄 것이 필요하다 : 하나님의 사랑은 우리의 행위를 고무하지만, 우리의 행위가 하나님의 사랑을 만들어내는 것은 아니다. 우리의 가정 습관은 우리를 향한 하나님의 사랑을 변화시키지 않지만, 우리를 향한 하나님의 사랑은 우리의 가정 습관을 변화시켜야 한다.

5
가정 경건 시간

　2년 전, 어느 날 저녁에 친구 스티브의 집에 갔다가 식탁 위에 가정 경건 시간 책자가 놓여 있는 것을 보았다. 나는 그것을 집어 들고 재빨리 몇 장을 훑어보았다.

　나는 그에게 "이거 어때?"라고 물었다. 그는 어깨를 으쓱이며 "아직 잘 모르겠어."라고 말하고 나서 잠시 멈추었다가 "그러나 솔직히 말하면 그것은 그렇게 중요한 문제는 아닌 것 같아. 중요한 것은 우리가 무엇인가를 하느냐, 아무것도 하지 않느냐 하는 것이야."라고 덧붙였다. 친구의 지혜로운 말이었다.

　가족의 영적 형성은 완벽한 실천을 해낼 수 있느냐에 달려 있지 않다. 그것은 아무것도 하지 않는 것에서 무엇인가를 하는 것으로 전환하는 데 달려 있다.

아무것도 하지 않는 것보다 무엇인가를 하라

그 일이 있기 두 달 전에 스티브와 그의 아내 린제이는 나와 로렌과 함께 자녀 양육 세미나에 참석해서 돈 에버츠(앞서 언급한 저자)가 가족들을 영적으로 활력 있게 만드는 요인들에 관해 연구 조사한 내용을 발표하는 것을 들었다. 우리의 자녀들이 밖에 있는 놀이터에서 놀고 있는 동안, 워크숍에 참여한 우리는 손 대접, 대화, 공동 식사 등과 같은 활동과 관련해 우리의 가정들이 어떤 수준에 올라와 있는지를 평가하는 작업을 했다.

로렌과 나는 어떤 것들에는 자부심을 느꼈지만, 한 가지 중요한 깨달음에 그만 가슴이 철렁 내려앉고 말았다. 다시 말해, 우리는 넷째 아들이 태어나면서부터 가정 경건 시간의 습관이 중단되었다는 것을 깨달았다. 그렇게 된 지 이미 수년이 지났고, 우리는 그 습관을 회복하지 못하고 있었다. 우리는 죄책감을 느꼈고, 오랫동안 아무것도 하지 않고 지내다가 다시 무엇인가를 하려고 시도해야 했다.

나는 그 주 수요일에 저녁 식사를 마치고 나서 가족 성경 공부 시간을 다시 시작할 것이라고 선언했다(새로운 리듬이나 습관을 시작하겠다는 선언의 힘을 과소평가해서는 안 된다. 선언은 중요하다).

나는 "우리는 앞으로 이렇게 할 거다. 너희 모두 우리가 식탁을 정리하는 일을 도와라. 그러면 우리가 특별한 간식을 내주고, 함께 이야기를 읽을 수 있다."라고 말했다.

놀랍게도 아이들은 크게 반겼다. 왜 그랬을까? 간식 때문이었다.

밝혀진 대로, 사람들은 손에 무엇인가를 들고 있을 때 의사소통을 가장 잘하는 경향이 있다. 우리는 차를 휘젓고, 커피잔을 손에 들고, 포도주잔을 채우고, 견과를 까고, 빵을 소스에 찍고, 담배를 피우고, 오렌지를 벗기고, 체리 씨를 빼낸다. 우리는 공을 던지고, 목도리를 짜고, 양말을 꿰매고, 기타를 치고, 불쏘시개로 불을 다룬다. 가장 위대한 대화의 순간은 두 사람 사이에 아무 생각 없이 할 수 있는 일이나 맛있는 무엇인가가 놓여 있을 때 이루어진다. 나는 이를 '제3의 요소'로 일컫는다. 나중에 대화를 다루는 장에서 이 '제3의 요소'를 다시 살펴볼 생각이다. 지금은 인터뷰나 심문은 아무것도 놓이지 않은 탁자 앞에서 이루어진다고 말하는 것으로 충분하다. 반면에 대화는 어지럽혀 있는 탁자 앞에서 이루어진다. 따라서 가정 경건 시간은 어지럽혀 있는 탁자 주위에 사람들이 둘러앉아 있는 곳에서 시작되어야 한다.

간식이 나오자 나를 향한 아이들의 관심이 상대적으로 커졌다. 나는 '상대적'이라는 용어를 강조하고 싶다. 주일 학교에서는 어린 아이들이 호기심 어린 눈을 크게 뜬 채로 조용하게 앉아 있다가 자기 이름을 부르면 상냥한 목소리로 질문에 대답한 뒤 다시 차분한 자세로 기도할 차례를 기다리는 것이 보통이지만, 가정 경건 시간에서 그런 상황이 펼쳐지기를 기대하는 것은 생각조차 할 수 없는 일이다. 가정 경건 시간에서 그런 상황이 펼쳐지기를 기다린다면 평생을 기다려도 소용없을 것이다. 완벽한 일을 하는 것이 우리의 목표라면 아무것도 하지 않는 셈이 될 것이다. 우리의 목표는 그런 것이 아니라 무엇인가를 하는 것이다. 비록 엉망진창이더라도 무엇인가를 한다면, 그것은 말 그대로 무엇인가를 하는 것이다.

그 날 저녁에 우리는 성경 한 구절을 함께 읽었고, 나는 아이들에게 몇 가지를 질문했다. 어떤 질문들이었는지는 기억나지 않는다. 아이들도 기억하지 못할 것이 틀림없다. 그러나 내가 아는 것은 그 후로 우리는 매주 수요일 저녁마다 똑같은 일을 해오고 있다는 사실이다.

지금도 수요일 저녁의 식탁에는 저녁 식사 후에 남은 것들과 새로운 간식 부스러기들이 어지럽게 널려 있다. 때로는 식탁 위를 대충 치워 색칠할 종이를 놓을 공간을 마련해 놓고 아내와 내가 설명한 것을 그림으로 그리게 하기도 하고, 때로는 그림 성경을 보면서 설명을 듣기도 하며, 때로는 성경 구절이나 교리 문답의 문장을 함께 외우기도 한다. 또한, 나나 아내가 기본적인 진리를 가르치기도 하고, 경건 서적에 나오는 내용을 읽어주기도 한다. 우리는 항상 아이들에게 자기들이 읽은 내용이나 삶이나 그 밖의 것들에 대해 질문할 기회를 주고, 각자가 원하는 기도를 돌아가며 짧게 드리는 것으로 가정 경건 시간을 마치려고 노력한다. 우리의 가정 경건 시간은 늘 시끄럽고, 지체되고, 엉망진창이지만 무엇인가가 이루어지고 있는 것은 분명하다.

하나님의 이야기 속에서는 아무리 엉망진창인 것이더라도 여전히 사랑할 가치가 있고, 잠시라도 곰곰이 생각해봐야 할 가치가 있다.

은혜롭게도 하나님은 엉망진창인 것들을 사랑하신다

자녀들과 함께 성경을 읽거나 기도하는 것을 가장 어렵게 생각하는 부모들이 많다. 어떻게 그런 일을 할 수 있는지도 모르고, 또 정확히 어떤 일이 일어날 것인지도 알지 못해 두려워하는 까닭에 아무 일도 일어나지 않는 경우가 너무나도 많다. 무엇을 말해야 할까? 혹시 당황하면 어쩌나? 우리는 무엇을 가르치고, 어떤 것에 관해 말해야 할지 몰라 두려워한다. 모든 것이 엉망진창이 될까봐 두려워하는 것 때문에 아무것도 하지 못하게 될 때가 많다.

그러나 우리의 자녀들에게 가장 필요한 것이 있다면, 그것은 바로 부모인 우리가 더듬거리면서라도 무엇인가를 하는 것이다. 단정하고, 완벽하고, 잘 계획된 가정 경건 시간을 추구하는 것이 정작 가족의 핵심적인 형성적 요인 가운데 하나를 훼손하고 있다면 어떻게 할 것인가? 엉망진창인 것을 공유하고, 하나님이 우리와 같은 엉망진창인 존재들을 사랑하신다고 선언할 수 있는 공간이 필요하다. 부모인 우리는 이 핵심 진리를 가정 경건 시간을 통해 자녀들 앞에서 몸소 실천해 보여주어야 한다.

이 점을 깊이 생각해 보려면, 예수님의 삶과 관련된 일화를 몇 가지 살펴봐야 할 필요가 있다.

예수님과 엉망진창인 아이들

　마태복음과 누가복음을 살펴보면, 자기 자녀를 예수님께 데려온 부모들에 관한 이야기가 발견된다.[1] 내가 그 이야기를 좋아하는 이유는 부모들의 간절한 마음 때문이다. 그들은 예수님을 진정으로 위대한 분으로 여겼기 때문에 그분이 자기 자녀들을 만져주시기를 간절히 바랐다. 그들은 그분에게 한 발자국이라도 더 가까이 다가가서 한 말씀이라도 더 듣기를 원했다. 그들은 어떤 점에서 최선을 다하는 부모였다. 우리도 우리 자녀들이 하나님을 조금이라도 경험하기를 조용히 열망하기는 마찬가지다. 그 이유는 어떤 사람이라도 하나님을 조금만 경험하면 변화될 수 있다는 것을 알기 때문이다.

　그러나 이 이야기는 부모들이 아이들의 이마에 엄숙한 축복의 손을 얹어주시기를 바라는 마음으로 얌전한 그들을 질서를 갖춰 앞으로 데리고 나오는 광경과는 거리가 멀다. 누가의 이야기를 읽어보면, 부모들이 어린아이들은 물론, 젖먹이까지 데리고 나왔다는 것을 알 수 있다. 우리는 그것이 무슨 의미인지 익히 짐작할 수 있다. 다시 말해, 우는 소리를 그치지 않고, 얌전하게 행동하지 않고, 줄을 서서 기다리지 않는 어린아이들로 인해 정신없이 북적이는 광경이 선명하게 떠오른다. 예수님이 "어른들이 아이들을 내게 데려오게 하라"가 아니라 "어린아이들이 내게 오는 것을 용납하라"라고 말씀

---

1 마 19:13-15, 눅 18:15-17.

하신 것을 감안하면 아이들이 제 발로 몰려들었고, 그로 인해 시끄럽고, 무질서한 상황이 벌어졌을 것이 분명하다. 이로써 이 본문 안에 참으로 놀라운 사실이 감추어져 있다는 것을 알 수 있다. 즉 예수님은 실제로 다가갈 수 있는 분이시다. 그분은 누구나 좋아할 만한 분이셨다.

1세기의 어린아이들이 어땠을지는 확실하게 알 수 없지만, 오늘날의 평범한 아이들과 크게 다르지 않았을 것으로 추정된다. 그들은 예수님에게 기어올라 머리털이나 귓불을 잡아당기고 싶었을 것이다. 아마도 이것이 모두가 흥분을 가라앉히고 차분한 상태를 유지해야 할 필요가 있다고 생각했던 이유일 것이다.

그러나 예수님은 어린아이들을 좋아하셨다. 어쩌면 예수님은 재미있는 소리를 내기도 하고, 아이들을 향해 혀를 내미셨을 수도 있다. 그분은 눈으로 재미있는 표정을 지으며 우스갯소리를 건네고, 미소를 머금고 짧은 기도를 드리고, 아이들이 방심하고 있을 때 그들의 배를 손으로 꼭 찔러 킬킬거리게 만드셨을 수도 있다.

복음서 저자들은 예수님이 어린아이들을 대하신 태도가 복음서에 기록될 만큼 충분한 가치를 지닌다는 점을 잘 알고 있었지만 그런 유치한 내용을 상세하게 밝히지는 않았다. 그들의 말은 "그분이 말씀을 가르칠 시간을 아이들을 보살피는 시간으로 바꾸어놓으셨는데 우리가 감히 무슨 말을 할 수 있겠는가?"라는 말로 간략하게 요약할 수 있을 듯하다.

이 모든 것은 성인들에게도 똑같이 적용된다. 예수님은 누가복음

18장에서 이 일이 있기 바로 전에 기도하러 성전에 들어간 두 남자에 관해 말씀하셨다.[2] 한 사람은 성전 앞으로 당당하게 나가서 자신의 선한 행위를 잔뜩 늘어놓으며 하나님께 감사했고, 다른 한 사람은 어떻게 기도를 드려야 할지 몰라 저 멀리서 고개를 숙인 채 가슴을 치며 도움을 간청했다.

용서는 물론, 높임까지 받게 된 사람은 바로 삶이 엉망진창이었던 사람, 곧 저 멀리서 고개조차 들지 못했던 사람이었다. 하나님은 엉망진창인 것들을 좋아하신다. 정말로 그러하다.

하나님은 상할 대로 상한 사람들을 사랑하신다. 그분은 다른 사람들의 눈에는 그다지 옳아 보이지 않는, 부족하지만 간절한 노력을 좋아하신다. 그분은 시끄러운 아이들과 자신의 실상을 아는 성인들, 곧 하나님이 조금만 능력을 발휘하셔도 그들이 가지고 있는 무(無)보다 더 낫다는 것을 알기에 올바로 예배하는 법을 알지 못하면서도 기꺼이 예수님 앞에 나오려는 사람들을 어여삐 여기신다.

그리스도인들은 이를 은혜로 일컫는다. 최선을 다하는 교회, 그것이 곧 은혜다. 이는 일종의 영성을 위한 '알코올 중독자 갱생회(Alcoholics Anonymous)'와 같은 것이다. 다시 말해, '죄인들의 갱생회(Sinners Anonymous)'에서 사람들이 보여줄 수 있는 것이 있다면 그것은 오로지 자신의 상처들뿐이다. 거기에 참여할 수 있는 입장권은 다름 아닌 우리가 내침을 당할 수밖에 없는 이유를 나열한 목록

---

2 눅 18:10-14.

이다.

하나님의 이야기 속에서 은혜를 이해한다는 것은 우리의 엉망진 창인 상태가 하나님과의 관계를 가로막는 걸림돌이 아니라는 것을 이해한다는 의미다. 그것은 오히려 하나님과 관계를 맺을 수 있는 수단이다. 우리의 엉망진창인 상태를 숨기면, 하나님을 피해 도망칠 수밖에 없다. 우리의 엉망진창인 상태를 예수님께 솔직하게 나타내 보이는 것이 곧 믿음의 시작이다.

엉망진창인 상태에 익숙해지라

이처럼 은혜의 현실은 가족과 영적 형성이라는 문제와 관련해 멋 진 계획이나 분명한 확신이 없이도 자유롭게 하나님께 나아갈 수 있도록 도와준다. 하나님은 아무것도 하지 않은 상태에서 무엇인가 를 하는 상태로 나아가는 것을 외면하지 않고, 존중해 주신다.

그렇다면 엉망진창인 상태에 익숙해진 상황에서 무엇부터 시작 하는 것이 좋을까? 시작할 수 있는 일은 다양하다. 그림책에 적혀 있는 성경 이야기를 식탁에서 읽어도 좋고, 성경 구절을 함께 외워 도 좋으며, 하루 중에 시간을 정해놓고 짧은 기도를 드려도 좋고, 성 경 말씀을 노래로 만든 것을 들으며 암기해도 좋으며, 일주일에 한 번 저녁 식사 후에 기도를 드려도 좋고, 가족을 위한 경건 서적을 사서 잠자기 전이든 아침 식사 전이든, 가족들이 귀 기울여 들을 준 비가 가장 잘 되어 있는 때를 택해 언제든 읽어도 좋다. 자녀들이 질문할 수 있는 시간을 마련하고, 주일 학교 교과 과정에 맞춰 이따금 주일 저녁에 그것에 관해 질문하라.

이 모든 것은 가정 경건 시간을 위한 훌륭한 재료가 될 수 있지만, 그것을 한꺼번에 모두 동원하려고 해서는 안 된다. 사실, 그렇게 할 수도 없다. 만일 그렇게 한다면 좋은 레스토랑에서 한꺼번에 많은 음식을 먹고 배탈이 나는 것과 같은 부작용이 뒤따를 것이다.

한 가지를 고르는 것이 훨씬 좋다. 한 가지를 골라 계속 유지해 나가면서 짧은 기도를 드리거나 간단한 진리를 가르치면 잘못될 가능성이 없다.

간단한 것들 : 성경의 진리들

가장 근본적인 진리들은 사실상 매우 간단하다.

하나님은 실제로 존재하신다. 그분은 우리를 사랑하신다. 선과 악은 존재한다. 선한 뜻은 승리한다. 우리는 하나님의 형상으로 창조되었다. 우리는 타락했다. 예수님은 우리를 위해 죽으셨다. 그분은 우리를 위해 부활하셨다. 하나님이 창조하신 세계는 아름답다. 우리에게는 그것을 돌보는 임무가 주어졌다. 남자와 여자는 존재한다. 그들이 한 몸이 될 때 가족이 이루어진다. 가정은 건강한 세계라는 블록을 쌓는 것과 같다. 우리는 그것들을 무너뜨리지 말고, 견고하게 유지해야 한다. 기도는 실질적인 효력을 일으킨다. 그것은 세상과 우리를 변화시킨다. 삶은 힘들지만, 하나님이 우리와 함께하신다. 고난이 찾아오지만, 그것은 우리를 정화한다. 사랑은 감정이 아닌 희생이고, 대개는 작은 것을 희생하는 것으로 발현된다. 하나님이 우리를 사랑하신다는 사실은 우리의 선행이나 악행에 따라 이리저리 바뀌지 않는다(아버지인 나와 너희 엄마도 너희를 결코 버리지 않을 것이다).

매주 수요일 저녁에 간단하게 한두 마디로 건네는 이런 말들은 삶을 변화시키는 효력을 발휘한다. 일주일의 나머지는 그런 말을 마음에 품고 살아가는 것이다. 일주일 동안 단 한순간이라도 그런 말 가운데 하나를 큰 소리로 말하는 것이 얼마나 강력한 효과를 일으키는지 모른다.

가장 중요한 진리는 가장 단순하고, "악은 실제로 존재하지 않는다. 너는 사랑받을 수 없다. 부모가 너를 버릴지도 모른다. 아무도 네 기도를 들어주지 않는다. 너는 근본적으로 혼자다. 일들은 아무 이유 없이 일어난다. 네 몸은 중요하지 않다. 너는 우연히 태어났다. 세상에서 네 위치를 찾으려면 홀로 싸워 이겨야 한다. 너를 도와줄 사람은 아무도 없다."와 같은 가장 위험한 거짓말도 가장 단순하기 때문에 그런 말을 하는 것은 곧 거짓에 맞서 싸우는 것과 같다.

이 거짓말의 씨앗들은 매우 작지만 큰 해를 끼친다. 그것들이 마음속에 뿌리를 내리면, 점점 크게 자라서 어린 자녀의 머리와 마음의 근간을 훼손할 수 있다. 따라서 부모는 하나님의 말씀이 가르치는 단순하면서도 놀라운 진리들을 반복적으로 가르쳐 그것들을 밀어내야 한다.

교리 문답의 활용

만일 근본적인 것들을 모두 아우르는 종합 계획을 세워 가정 경건 시간의 습관을 기르고 싶은 생각이 있다면, 여기 좋은 소식이 하나 있다. 그것은 아무도 스스로 그런 종합 계획을 세워야 할 필요가 없다는 것이다. 감사하게도, 우리는 수천 년에 걸쳐 우리와 같은 부모를 도와 자녀들을 가르칠 수 있게 한 놀랍고도 아름다운 방법을 개발해온 역사적이고, 세계적인 교회의 일원이다. 그 방법은 '교리 문답'으로 불린다.[3]

교리 문답은 (의도적으로) 어린아이들의 독특한 능력을 이용해 중요한 진리들을 암기시킨다. 우리가 사용해온 교리 문답에 실린 첫 번째 질문들을 몇 가지 소개하면 다음과 같다. 세 살밖에 안 된 쿨터도 우리와 함께 이 모든 문답을 말할 수 있다.

부모: 누가 너를 만드셨느냐?
자녀: 하나님이요.
부모: 하나님은 또 무엇을 만드셨느냐?
자녀: 모든 것이요.
부모: 하나님이 모든 것을 만드신 이유는 무엇이냐?

---

3 어디에서부터 시작해야 할지를 알고 싶으면 이번 장 마지막에 제시한 참고 자료를 참조하라.

자녀: 그분 자신의 영광을 위해서요.[4]

세 살 먹은 어린아이가 분명하지 않은 발음으로 "그분 자신의 영광을 위해서요."라고 말하는 소리를 들으면 너무나도 귀엽다. 그것은 아이들에게 주어진 경이로운 선물이다. 그로써 "하나님은 선하시다. 그분이 우리를 만드셨다. 그분은 예배를 받기에 합당하시다."와 같은 진리의 씨앗이 뿌려진다.

어린 시절의 교리 문답은 암벽 등반 훈련용 벽에 부착된 손잡이와 같다. 그것은 마음이 굳게 붙잡아 의지할 수 있는 견고한 진리다.

짧은 것들 : 기도의 선물

성경의 단순한 진리가 하나님이 우리에게 말씀하시는 수단이라면, 기도는 우리 자녀들이 하나님을 향해 말하는 수단에 해당한다. 어린 자녀들에게는 짧은 기도가 필요하다.

나의 친척들과 함께 가족 휴가를 즐길 때마다 내가 열심히 노력하는 일 가운데 하나는 내 아들들을 하나씩 따로 데리고 돌아다니는 것이다. 어느 여름에 해변으로 놀러 갔을 때 나는 도넛을 사주려고 애쉬를 데리고 나갔는데 그만 길을 잃고 말았다. 작년에 같은 해

---

4 나이가 어린 자녀들에게 교리 문답을 처음 가르치려면 참고 자료에 소개한 자료를 참조하라.

변에 놀러 왔을 때 도넛 파는 곳이 있어서 기억해 두었는데 그 위치를 잊고 만 것이었다. 더욱이 휴대전화를 들고 오지도 않은 터라 난감했다. 내 잘못이었다.

나는 약 10여 분 동안 도로를 오르락내리락 헤매면서 "애쉬야, 보면 금방 알 수 있어. 알 수 있고말고."라고 웅얼거렸다.

마침내 다행히도 내 말은 헛되지 않았다. 내가 미니밴을 신속하게 몰아 주차장으로 향할 때 애쉬는 나지막한 목소리로 "우리가 찾을 줄 알았어요."라고 말했다.

나는 "오, 정말 그랬니?"라고 말했다.

녀석은 "네. 제가 찾게 해달라고 기도했으니까요."라고 자신 있게 말하며 "다섯 번 정도 기도했어요."라고 덧붙였다.

나는 웃어야 할지 울어야 할지, 아니면 기도에 관한 녀석의 생각이 어떤지를 물어야 할지 몰랐다. 첫 번째로 떠오른 생각은 "하나님을 도넛을 파는 자동판매기로 생각하는 것인가? 녀석이 기도했는데 내가 도넛 파는 곳을 찾지 못했다면 어떻게 되었을까? 기도의 횟수가 중요하다고 생각하는 것인가?"라는 것이었다.

나는 그런 질문들을 막 던지려다가 성령의 선하신 사역 덕분에 얼른 입을 다물고, "작은 소원이라도 주저하지 않고 하나님께 아뢰는 아이, 기도의 횟수까지 헤아릴 정도로 진지한 아이가 좋을까, 아니면 자신의 일은 하나님께 중요하지 않다고 생각하고, 아무것도 기도하지 않는 아이가 좋을까?"라는 생각을 떠올렸다.

나는 빙긋이 미소를 지으며 "애쉬야, 나도 너무 기쁘다. 하나님이 네 기도를 들어주셨구나."라고 말했다.

애쉬는 하나님을 도넛을 파는 자동판매기로 생각했을까?

잘은 모르겠지만 어쩌면 그랬을지도 모른다. 그러나 만일 그랬다면, 그것이 내가 하나님을 나에게 직업과 건강과 행복을 제공하는 자동판매기로 생각하는 것과 과연 얼마나 큰 차이가 있을까? 내가 나이가 더 들었다고 해서 나의 소원이 더 고귀하다고 말할 수는 없다. 우리는 모두 우리에게 필요한 것이 단지 하나님뿐이라는 사실을 의식하기보다 우리가 원하는 것을 그분에게서 얻으려고 애쓴다.

그 날 아침, 나는 애쉬가 존경스러웠고, 심지어는 부럽기까지 했다. 나도 그런 아이가 되고 싶다. 예수님께 짧고 진지한 기도를 드리고 나서 나머지는 그분이 알아서 해결해주시기를 바랐던 시절로 되돌아가고 싶다.

나는 예수님이 어린아이처럼 자기에게 나아오라고 말씀하신 것을 잊을 때가 많다.[5] 가식은 필요 없고, 짧은 기도와 단순한 소원이면 족하다.

나의 부모가 내게 짧은 기도의 선물을 준 때가 생각난다. 나는 여섯 살 때 밤마다 침대에 눕는 것을 두려워했다. 나의 부모는 내 성경책에서 성구를 하나 읽어주며 그것을 마음에 품고 침대에 가서 기도하라고 말했다. 그 구절이 지금도 내 혀끝에 맴돈다. 삼십여 년이 지났는데도 여전히 기억에 새롭다. 그것은 "주께서 심지가 견고

---

5 마 18:3.

한 자를 평강하고 평강하도록 지키시리니 이는 그가 주를 신뢰함이니이다"라는 말씀이다.[6] 이것이 〈킹 제임스 성경〉의 구절이거나 내가 '심지가 견고한 자'라는 말의 의미가 무엇인지 몰랐던 여섯 살 꼬마라는 사실은 아무런 상관이 없다. 거기에는 그보다 훨씬 더 근본적인 것(짧은 기도 안에 포함된 단순한 진리, 곧 우리가 두려울 때 하나님이 우리와 함께하시며, 우리는 혼자가 아니고, 언제든 그분에 관해 생각할 수 있다는 진리)이 작용하고 있었다.

아무도 깨어 있지 않을 때 베개를 베고 누워 그 말씀을 혼자서 조용히 읊조리던 일이 기억에 생생하다. 그 말씀은 캠핑에 참여해 집을 멀리 떠나 있는 것이 두려울 때나 외박을 하면서 홀로 외로울 때나 항상 나와 함께했다. 어렸을 때의 영적 깨달음의 메아리는 세월이 흐르면서 계속해서 더 커졌다. 어른이 된 지금도 잠자리에 누웠을 때 또 다른 불안과 두려움으로 인해 머릿속이 혼란스러울 때면 수십 년 전에 효과를 발휘했던 약속의 말씀(하나님이 지금 이 두려움 가운데서 나와 함께하신다는 약속의 말씀)이 몇 번이고 다시 새롭게 되풀이된다. 나는 마음으로 하나님을 생각할 수 있고, 그분을 신뢰하기 때문에 평화를 누릴 수 있다.

자녀들에게 기도를 가르치는 일을 복잡하게 만들 필요는 없다. 예수님은 "양식을 구하라. 구원을 간구하라. 하나님을 아버지로 불러라."라는 식으로 우리의 상황에 꼭 맞는 짧은 기도를 가르치셨다.

---

6 사 26:3.

예수님은 짧고, 진지한 기도가 진정한 기도이고, 길고 현란한 기도는 인위적으로 하나님의 관심을 끌기 위해 짐짓 경건한 척하는 공허한 기도이며, 하나님이 원하시는 것은 오로지 간절한 마음뿐이라고 거듭 강조하셨다.

아침에 가족 기도를 드릴 때나 아이의 침대에서 함께 기도할 때나 저녁 식사 전에 기도할 때나 가정 경건 시간을 마치고 아이들에게 돌아가며 기도하라고 할 때나 항상 공통된 한 가지는 '짧은 기도'다. 그것은 짧지만 진정한 기도다.

휘트는 배가 고플 때는 종종 짓궂게 자기기 식사 기도를 할 수 있느냐고 묻는다. 나는 녀석이 어떻게 기도할지 알지만, 순순히 허락한다. 녀석은 "하나님 감사합니다. 아멘."하고 나서 곧바로 음식을 섭취하기 시작한다. 나는 그것이 잘못된 기도가 아닌 재미있는 농담과 같은 것이라고 생각한다. 그 이유는 하나님이 짧은 것과 단순한 것과 엉망진창인 것을 좋아하시기 때문이다. 삶은 그런 식으로 진행되고, 기도를 가르치는 일은 바로 그런 상황 속에서 이루어진다.

자녀들에게 기도를 가르치는 일은 대부분 일상 속에서 이루어진다. 예배당이나 주일 학교 책상보다는 자동차 뒷자리나 식료품 가게에 길게 늘어진 줄 가운데서나 무릎이 까지거나 공을 놓쳤을 때와 같은 상황 속에서 더 많이 이루어진다. 자녀들이 잘 성장해서 하나님의 선물보다 그분 자신을 더 간절히 원하게 되기를 바란다면, 그분이 자신에게 나아오는 자들을 기뻐하시는 하나님이라는 사실을 가르치는 데서부터 시작해야 한다. 그분은 미숙하다는 이유로 자녀들을 쫓아보내지 않으시는 자애로운 아버지이시다. 그분은 언제라도 함께 있기를 바랄 가치가 있는 분이시다.

어린아이들이 기도하기 시작할 때

어느 날 저녁 가정 경건 시간을 마치고 나서 쿨터에게 읽은 내용 가운데서 질문할 것이 있느냐고 물었다. 의자에 앉아 있는 녀석은 식탁 위로 간신히 머리가 드러날 만큼 작았다. 녀석은 얼굴을 찌푸리며 턱을 식탁 위에 올려놓고는 "음, 형들이 나를 계속 귀찮게 해요. 그리고 수영장을 주신 하나님을 찬양해요."라고 말했다.

녀석은 당시에 고작 세 살이었다. 우리는 걸음마를 걷는 아이의 밑도 끝도 없는 말에 익숙하지만, 그 말은 그보다 심했다. 모두 혼란스러워하며 묵묵히 녀석을 바라보고 있을 때 아내가 갑자기 무엇인가를 깨달은 것처럼 행동했다.

그녀는 마치 유아의 옹알이를 듣고서 큰 깨달음을 얻은 듯 기뻐하는 소리로 "이것은 녀석의 기도예요!"라고 외치면서 "녀석은 형들이 자기를 귀찮게 할 때 대처할 방법에 관해 하나님의 도우심을 구했고, 수영을 할 수 있는 것에 감사하고 있어요. 쿨터야, 그렇지?"라고 덧붙였다.

녀석은 자기 손으로 머리를 받히고, 분명히 그렇다는 듯 한숨을 푹 내쉬며 "네"라고 대답했다. 만일 녀석이 "뻔한 걸 뭐하러 물어?"

라는 식의 표현을 알고 있었다면 그렇게 대답했을 것이다.

그 순간, 나는 이 세 살짜리 아이의 조그만 뇌가 기도 요청을 나누는 리듬 가운데 있었다는 사실을 깨달았다. 녀석은 비록 우리의 말(즉 질문이 있느냐는 물음)을 잘못 이해했지만, 본능적인 직감이 놀라울 만큼 뛰어났다. 녀석은 기도 제목을 물어볼 것을 예상했고, 우리가 묻지 않았는데도 이미 "하나님께 무슨 도움을 구해야 하지? 그분께 무엇을 감사해야 하지?"라는 물음에 대답할 준비가 되어 있었다. 이것은 우리가 항상 묻는 질문들이다. 그 날 저녁, 녀석은 우리가 묻기도 전에 이미 그 질문들을 염두에 두고 있었다.

우리가 아무것도 하지 않는 데서 무엇인가를 하는 데로 나아가지 않았다면, 세 살짜리 아이의 마음과 생각이 겨우 몇 차례의 가정 경건 시간을 통해 기도의 리듬에 적응할 수 있으리라고는 꿈에도 생각하지 못했을 것이다.

그러나 어린아이들도 다른 모든 사람처럼 특정한 행동 양식을 원하고, 그것을 선택한다. 이것이 아무것도 하지 않는 상태에 안주하지 않고, 올바른 행동 양식을 선택하는 것이 가치 있는 일인 이유다.

다행히도 그런 행동 양식은 복잡할 필요가 전혀 없다. 가장 단순한 진리가 가장 강력한 진리이고, 가장 짧은 기도가 가장 오래가는 기도이기 때문에 그런 행동 양식을 채택하는 곳은 엉망진창일 수밖에 없고, 하나님은 그런 엉망진창인 것들을 좋아하신다.

가정 경건 시간의 습관
자녀 형성

가정 경건 시간은 완벽한 것을 추구하는 것이 아니라 아무것도 하지 않는 데서 무엇인가를 하는 데로 나아가는 것이다. 하나님은 은혜롭게도 우리와 우리의 자녀들처럼 작고, 엉망진창인 것을 사랑하신다. 단순한 진리를 가르치고, 짧은 기도를 드리는 습관을 기르는 것이 가족이 실천할 수 있는 가장 작고, 가장 강력한 리듬 가운데 하나다.

아무것도 하지 않는 데서 무엇인가를 하는 데로 나아가는 데 도움이 되는 방법

하나님은 엉망진창인 것들을 좋아하신다. 완벽한 순간을 만들려고 하거나 잘 계획된 가르침을 베풀려고 애쓰지 말고, 자녀들과 함께 성경을 배우고, 기도하는 순간을 만들려고 노력하라.

- 아침 식사나 저녁 식사와 같이 가족이 이미 함께 모여 활동하는 순간들을 찾아보라.
- 짧은 성경 구절을 몇 차례 함께 읽고 암기하라.
- 아동 도서에 있는 이야기를 읽고, 좋았던 점을 한 가지씩 말하게 하라(어른들이 영적으로 깊이가 있다고 생각하는 것을 말하도록 강요할

필요는 없다. 부모와 함께 성경을 배우는 것 자체로 의미가 있다).

- 각자 한 문장씩 기도하는 것으로 마무리하라. 각자 필요한 것이나 감사해야 할 것이나 행복하게 생각하는 것을 기도한다. 어린아이들 스스로의 관심사를 기도하게 하고, 불필요하게 그들의 기도를 수정해 그들이 이해할 수 있는 수준을 넘어서는 성숙한 것을 기도하게 하지 말라.
- 자녀들 앞에서 부담감 없이 행동하고, 성경 구절이나 하나님에 관해 궁금하게 생각되는 점이 있으면 기록해 두라. 어린 자녀들은 부모가 생각하는 방식을 그대로 배우기 때문에 그들 앞에서 솔직하고, 진지한 태도를 보이는 것 자체만으로도 교육적 효과가 발휘된다.

기억할 점 하나님은 항상 불완전한 죄인들을 통해 자신의 교회를 가르치신다. 힘든 하루를 보냈거나 최근에 실패를 경험했다면 도덕을 가르치기에는 합당하지 않을지 몰라도 은혜를 전하는 데는 아무런 결격 사유가 되지 않는다. 회개와 고백에서부터 시작하면, 결국은 항상 예수님을 가리키게 될 것이다.

> "가장 근본적인 진리들은 단순한 것들이고,
> 가장 진정한 기도들은 짧은 기도들이다."

단순한 진리들을 말하고, 짧은 기도들을 기도하기

단순한 진리들을 가르치기 위해 시도할 만한 것들

- 교리 문답의 내용을 함께 읽거나 암기하라. 어린 자녀들에게는 〈뉴시티 교리 문답(New City Catechism)〉을 사용하고(http://sovgraceto.org/wp-content/uploads/2012/02/Catechism-for-Young-Childrem.pdf), 나이가 좀 든 자녀들에게는 〈웨스트민스터 소교리문답〉을 사용하라. 한주에 하나의 문답을 가르치는 것이 바람직하다.
- 주기도나 사도신경을 가르치라. 개념들을 잘 설명해주라. 한주에 한 문장씩 가르치면 좋다.
- 가족 표어를 만들려면 짧은 성경 구절을 근거로 삼으라(예를 들면, "우리는 강하고, 용감해지려고 노력한다." "우리는 항상 기뻐하려고 노력한다.")
- 음악을 이용해 성경을 암기하라.

짧은 기도를 기도하기 위해 시도할 만한 것들

- 도움이 필요할 때 함께 기도하라.
- 자녀들이 식사 전에 기도하게 하라.
- 자녀들이 자신이 느끼는 것이나 필요한 것을 말하면 그들을 위해 소리를 내어 기도하라.
- 학교에 가기 전이나 잠자리에 들기 전에 함께 기도하라(취침 시간의 습관을 논의한 장을 참조하라).
- 가족 사이에서 다툼이 일어난 뒤에 함께 기도하라.

경건묵상에 관한 책들

Teach Us to Pray: Scripture-Centered Family Worship through the Year, Lora A. Copley and Elizabeth Vander Haagen (이 책은 아주 어린 아이들과 좀 더 나이 든 아이들을 통합해서 가르치기 위해 우리가 찾아낸 최고로 유용한 자료이다.)

하나님 어떻게 기도할까요? : 어린이를 위한 6가지 기도 레시피, 낸시 거스리 지음 (4세 이상)

Foundations: Twelve Biblical Truths to Shape a Family, Ruth Chou Simons and Troy Simons (8세 이상 전 가족을 위한 묵상집)

복음, 늘 새로운 옛 이야기, 마티 마쵸스키 지음. (6세 이상)

Indescribable: 100 Devotions about God and Science, Louie Giglio (6세 이상)

요리문답서

New City Catechism, adapted by Timothy Keller and Sam Shammas

Catechism for Young Children: An Introduction to the Shorter Catechism (이것은 우리가 발견한 두 살 이상의 어린아이들을 위한 최고의 리소스임. https://reformed.org/historic-confessions/the-childrens-catechism.에서 볼 수 있음.)

웨스트민스터 소요리문답

유아용 성경책

스토리 바이블 : 예수님을 알아가는 기쁨, 셸리 로이드-존스 지음. (2세 이상)

The Action Bible, Doug Mauss and Sergio Cariello (5세 이상)
My First Hands-On Bible, Tyndale House (2세부터 5세까지)

가정 경건 시간을 통해 성경을 배우고, 기도하려면 자녀들의 나이와 발달 단계가 매우 중요하다. 자녀들이 나이가 들어가는 동안, 차례로 발전시켜 나갈 수 있는 방법을 몇 가지 소개하면 다음과 같다.

취침 기도 → 저녁 식사 후 가정 경건 시간 → 아침 식사 후 가정 경건 시간 → 아침 일찍 당신과 함께 성경을 읽거나 기도하도록 가르치기 → 스스로 경건의 시간을 갖도록 가르치기 → 그날 읽은 것을 함께 나누기

우리는 항상 은혜를 상기시켜줄 것이 필요하다 : 하나님의 사랑은 우리의 행위를 고무하지만, 우리의 행위가 하나님의 사랑을 만들어내는 것은 아니다. 우리의 가정 습관은 우리를 향한 하나님의 사랑을 변화시키지 않지만, 우리를 향한 하나님의 사랑은 우리의 가정 습관을 변화시켜야 한다.

6
결혼 생활

어느 수요일 저녁이었다. 그 주간은 무척이나 길면서도 짧게 느껴졌다. 피로를 느낄 만큼 많은 일을 했지만, 주말이 오려면 아직도 멀었다. 처리해야 할 일이 너무 많이 남아 있었다. 집안일은 엉망진창으로 변하기 시작했고, 우리는 서둘러야 한다는 생각에 마음이 조급했다. 그러나 아내와 나는 수요일 저녁의 그런 복잡한 상황 속에서도 아이들을 잠자리에 누이고 나서 모든 일을 중단했다.

우리는 컴퓨터를 켜서 일하지 않았고, 세탁물을 다 처리하지 않았으며, 아이들의 병원 예약을 마무리하지 않았다. 우리는 해야 할 그 어떤 일도 하지 않았다. 그 이유는 수요일 저녁은 우리 부부의 데이트 시간이기 때문이다.

우리는 데이트 시간에 집안일을 모두 중단하고, 가정이 계속 유지되게 만드는 한 가지 일, 곧 결혼 생활에 온전히 몰두한다.

좋은 남편과 아내가 되지 않고서 좋은 아버지와 어머니가 된다는 것은 상상조차 할 수 없는 일이다. 하나님의 이야기 속에서 가정의 힘은 결혼 생활의 힘에 온전히 의존한다. 그것은 우리가 해야 하는 일 가운데서 가장 실질적이고도 심원한 일이다. 따라서 이 책의 중간에 이른 지금 다른 모든 습관을 하나로 묶는 습관, 곧 언약적 사랑의 습관에 관해 잠시 생각해볼 필요가 있다.

결혼과 언약적 사랑의 성경적인 중요성

세상의 이야기는 결혼으로 시작해서 결혼으로 끝난다.[1]

태초에 말씀과 빛, 노래와 안식, 열매와 동물들이 있었고, 그 중심에는 최초의 신부와 신랑의 결합이 있었다. 마치 다른 모든 것은 들러리인 듯 모두 몰려와서 각자 자리를 정하고 앉아서 중대한 순간이 오기를 기다렸다. 남자와 여자의 결혼식을 위한 창조의 무대가 세워졌다. 먼저 남자가 무대 위에 올랐고, 하나님은 "네가 혼자 사는 것이 좋지 않다."라고 말씀하시며 그에게 배필을 허락하셨다. 그 순간, 남자와 여자는 서로를 바라보았고, 피조 세계는 축가를 불렀으며, 아담도 그렇게 했다. 시적인 표현과 경의로움, 뼈 중의 뼈, 살 중의 살, 그리고 새 생명의 약속이 있었다. 이처럼 결혼은 모든 이야기의 시작이었다.

---

1 Herman Bavinck, *The Christian Family* (1908).

그러나 결혼은 또한 모든 이야기의 끝이기도 하다. 역사의 종말에 불과 구름, 해들과 달들, 나무들과 새 도성들이 있다. 그리고 또한 번의 결혼식이 떠들썩하게 거행될 것이다. 그때의 결혼식은 이전의 것보다 훨씬 성대할 것이다. 모든 전쟁이 끝나고 평화가 찾아왔기 때문에 그 결혼식은 친지들만 모이는 작은 가든 파티가 아닌 우주적인 축하 행사일 것이다. 온 나라가 한자리에 모이고, 왕과 왕비가 혼인 가약을 맺을 것이다. 하나님과 그분의 백성, 곧 항상 서로에게 홀딱 반해 있던 교회의 연인과 교회가 마침내 한 몸이 될 것이다.

이처럼 결혼은 성경의 큰 주제 가운데 하나가 아닌 가장 큰 주제에 해당한다. 언약적 사랑은 모든 이야기를 형성하는 중심축이다.

'언약적 사랑'이라는 용어를 정의하는 것이 중요하다. 우리가 흔히 사용하는 '사랑'이란 용어에는 크게 두 가지 의미가 있다. 하나는 감정이고, 다른 하나는 언약이다.

첫째, 사랑은 감정이다. 이기심이 사랑으로 가장하고 나타날 수 있지만, 이것이 곧 우리가 가장 흔히 사용하는 사랑의 의미다. 이것은 "나는 너를 사랑해. 그 이유는 네가 나를 그렇게 느끼게 만들었기 때문이야."라는 식으로 말하는 사랑에 해당한다. 그러나 이것이 사랑의 의미라면, 우리가 누군가를 사랑하는 이유는 그것을 통해 무언가를 얻기 때문이다. 감정으로서의 사랑은 조건적이고, 개인적인 자유를 전제로 한다. 구체적으로 말해, 그것은 "사랑이 나를 행복하게 해주고, 또 원할 때 자유롭게 떠날 수 있게 해주는 한, 나는 너를 사랑할 거야."라는 식의 사랑이다.

　사랑의 두 번째 의미는 그와는 완전히 다르다. 이것은 약속으로서의 사랑, 곧 언약적 사랑이다. 언약적 사랑은 감정으로서의 사랑과 정반대다. 언약적 사랑은 "희생이 따르더라도 나는 너를 사랑해."라고 말한다. 이것은 성경적인 사랑의 이야기다. 하나님은 자신의 신부인 교회를 그들의 어리석음과 불충실함에도 불구하고 사랑하신다. 그분은 예수님 안에서 "비록 내가 희생하더라도 나는 너를 사랑할 것이다."라고 말씀하신다. 이것은 행동으로서의 사랑, 곧 사랑이 꽃필 수 있도록 개인적인 자유를 포기하는 헌신을 의미한다. 이것이 결혼식을 하면서 "죽음이 우리를 갈라놓을 때까지 아플 때나 건강할 때나 부유할 때나 가난할 때나 사랑할 것입니다."라고 맹세하는 이유다.

　그러나 역설적이게도 "내가 어떤 감정을 느끼든 너를 사랑할 거야."라고 말하는 사랑은 자유와 행복으로 귀결된다.

　이렇듯 언약적 사랑은 사랑의 학교에서 가르칠 수 있는 가장 중요한 것 가운데 하나다. 언약적 사랑을 실천하면 자녀들에게 사랑이 단지 감정이 사라졌다고 해서 멈출 수 있는 것이 아니라는 점을 일깨워줄 수 있다. 사랑은 계속해서 실천해야만 마침내 느낄 수 있는 감정이다. 사랑을 계속 행동에 옮겨야만 사랑을 느끼는 사람이 될 수 있다. 이 순서는 뒤바뀌지 않는다.

　이 책의 중간 지점에서 잠시 멈추어 결혼 생활에 관해 생각하는 이유는 부모가 언약적 사랑을 실천해야만 사랑의 학교가 이루어질 수 있기 때문이다. 언뜻 생각하면 그렇게 하기가 어려울 것처럼 들릴지 모르지만, 용기를 잃어서는 안 된다. 언약적 사랑을 실천한다는 것은 마치 결혼 생활이 쉬운 것처럼 가장하고 행동하는 것을 의미하지 않는다. 오히려 그와 정반대다. 그것은 결혼 생활이 힘들고 어렵다는 것을 인정한다는 뜻이다. 우리는 그런 노력 가운데 혼자가 아니다. 우리 모두는 남편과 아내로서 배우자를 잘 사랑하려고 노력하고 있다.

결혼 생활을 하면서 지금까지 정말로 어려운 고비를 맞이한 적이 없다면 앞으로 그런 일을 반드시 겪게 될 것이다. 그것은 예외 없는 규칙과도 같다. 그러나 결혼 생활이 정말로 어려운 고비를 맞는다고 해서 그것을 실패의 징후로 받아들여서는 안 된다. 그것은 오히려 결혼 생활이 정상적으로 작동하고 있다는 징후다. 우리 자신과 다른 사람의 온갖 결점에도 불구하고 누군가를 사랑한다는 것은 서로를 새롭게 바꾸어나가는 과정이기에 당연히 어려울 수밖에 없다. 그것은 그리스도를 더 많이 닮아가는 과정이다.[2] 우리가 언약을 실천하는 습관을 길러야 하는 이유가 바로 여기에 있다.

부부의 데이트 시간 : 언약을 리허설하는 습관

부부의 데이트 시간을 마련하는 일은 매우 간단하다. 주중에 아

---

2 엡 5:21-27.

무 날이나 골라 저녁 시간을 따로 떼어 잘 지켜나가면 된다(집 안에서든 집 밖에서든 다 괜찮다), 늘 너무 바쁘고, 너무 피곤한 날들이 이어질 것이 분명하기 때문에 그런 시간을 정해 두는 것이 좋다.

영화를 보거나 외출을 계획할 수도 있고, 요리를 함께 하거나 서로에게 책을 읽어줄 수도 있으며, 산책을 하거나 함께 대화를 나눌 수도 있다. 무엇을 하든 그것이 잘 될 수도 있고, 그렇지 않을 수도 있다는 것을 알아야 한다. 정겨운 대화를 기대했지만 다툼이 일어날 수도 있고, 멋진 저녁 식사를 예약해 두었지만 아이들이 아플 수도 있으며, 배달 음식을 주문했지만 둘 중 한 사람이 돈 낭비라며 화를 낼 수도 있고, 낭만적인 것을 기대했는데 남편이 운동 경기의 점수에만 관심을 기울이거나 아내가 휴대전화만 자꾸 쳐다볼 수도 있다.

상황이 기대한 대로 흘러가지 않을 때가 많지만 어쨌든 노력해야 한다. 그 이유는 그것이 단순한 데이트 시간이 아니라 결혼 생활이기 때문이다. 우리 같은 불완전한 죄인들이 서로를 사랑하려면 생각대로 되지 않을 때가 많다. 그러나 언약을 맺었기 때문에 끊임없이 노력해야 한다.

주중의 데이트 시간은 언뜻 생각하면 매우 단순해 보이지만 실제로는 생각보다 훨씬 더 깊은 의미를 지닌다. 즉 그것은 언약을 리허설하는 방법 가운데 하나다.

아내와 나는 결혼 생활 초기에 주중에 부부끼리만 보내는 시간을 마련하라는 조언을 들었다. 당시는 신혼 초라서 그런 조언이 불필요하게 느껴졌지만 우리는 고맙게 받아들였다. 당시는 "모든 시간을 함께 보내고 있는데 왜 굳이 특정한 저녁 시간에만 초점을 맞춰야 하나?"라는 생각이 들었지만, 지금 돌이켜보니 모든 것이 분명하다. 우리는 모든 시간을 함께 보냈기 때문에 모든 것이 한데 뒤섞여 있었고 그래서 함께 시간을 보낸다는 것이 모호하고, 단조롭게 느껴지지 않게 하려면 의도적으로 특별한 시간과 공간을 따로 마련해야 할 필요가 있었다. 지금은 당시와는 상황이 많이 달라졌다. 지금은 다른 할 일들이 너무나도 많아졌기 때문에 데이트 시간을 정해두지 않으면 서로 얼굴조차 보지 못할 지경이다. 이런 상황에서 데이트 시간은 시간적 여유가 좀 있을 때나 없을 때나 항상 동일한 역할을 한다. 다시 말해, 우리는 그 시간을 통해 결혼 생활을 위한 특별한 공간을 함께 만들어 나갈 수 있다.

우리는 데이트 시간이 되면 취침 시간 이후에 휴대전화를 치워놓고, 종종 소파에 앉아 차나 음료를 함께 마신다. 때로는 그 시간에 특별한 기분을 느끼기 위해 디저트를 먹을 때도 있다. 가끔은 함께 영화를 보기도 하고, 한 달에 한 번은 아이들을 돌보는 사람을 구해놓고 외식하러 나가기도 한다. 어떤 일을 하든 항상 함께 대화를 나누거나 웃을 수 있는 시간과 공간을 마련하려고 애쓰고, 부부 관계를 맺을 시간을 만들려고 노력하며, 우리 자신의 감정을 점검함으로써 우리가 단지 부모로만 그치지 않고, 협력자이자 친구요 연인이라는 사실을 확인할 방법을 찾으려고 힘쓴다.

앞서 말한 대로, 항상 밖에서 데이트 시간을 보낼 필요는 없다. 굳이 외식비를 지출하지 않아도 된다. 집 안에서 데이트 시간을 보낼 공간을 마련할 방법은 많다. 그러나 아이를 돌보는 사람을 구해놓고 정기적으로 집 밖에 나가는 것도 중요하다.

아이들은 항상 관심을 기울여주기를 바란다. 그러나 결혼 생활에 꼭 필요한 요소 가운데 하나는 부부끼리 오롯이 관심을 주고받는 것이다. 우리는 부모이기 이전에 남편과 아내다. 남편과 아내로서 원활하게 기능하지 않으면 부모의 기능도 원활할 수 없다. 부부가 서로를 사랑하는 모습을 구체적으로 보여주지 못하면 자녀들에게 사랑을 가르칠 수 없다.

육아를 잠시 중단하는 시간을 가지면, 자녀 양육에 더욱 충실할 수 있다. 자녀 양육은 힘든 일이다. 다른 모든 일과 마찬가지로 자녀 양육을 잘하려면 휴식이 필요하다. 다른 누군가가 아이를 보살피는 일이 부부의 결혼 생활에 그토록 중요한 이유가 여기에 있다. 상황이 된다면 가외의 비용 없이 가족들끼리 서로를 돌볼 수 있다. 만일 친구들이 그런 역할을 해준다면 우리도 그들의 자녀들을 대신 보살펴줄 수 있고, 비용을 들여 아이들을 돌보는 사람을 고용할 수도 있다.[3] 어떤 형태가 되었든 그렇게 하려면 비용을 지출하거나 관계망

---

3 우리의 자녀들을 돌보는 일을 정기적으로 다른 사람들에게 맡기면 그들에게도 좋고, 우리의 가족들에게도 좋다. 그렇게 하면, 오직 우리만이 자녀들을 보호할 수 있고, 가르칠 수 있고, 그들을 위해 가장 좋은 것을 해줄 수 있다는 환상을 떨쳐버리는 데 도움이 된다. 그것은 모든 사람에게 도움이 필요하다는 현실을 인정하는 것이다. 그런 현실을 인정하는 것이 건전하다. 더욱이, 그렇게 하면 우리의 자녀들이 다른 유형의 권위와 우정을 이해하고, 그것들을 통해 배움을 얻는 축복을 누릴 수 있다. 숙모나 가족의 친구들이나 조부모나 아이를 돌보는 사람들과 유대 관계를 맺는 것은 매우 유익한 방법일 뿐 아

을 이용해야 한다. 비용을 지출해야 한다고 해도 그렇게 할 만한 충분한 가치가 있다. 비용 지출은 우리가 결혼 생활에 어떤 가치를 두고 있는지를 여실히 보여준다.

아이를 돌보는 사람을 고용하든 안 하든, 데이트 시간의 취지는 아이들과 떨어져 부부만 단둘이 있는 습관을 배양하는 것이다.

이 책의 논제를 통해 알 수 있는 대로, 우리의 가장 의미 있는 순간들은 일상 속에 감추어져 있다. 만일 수요일의 데이트 시간이라는 단조로운 리듬이 없었다면, 나는 아내가 표제 뉴스를 보고서 어떤 생각을 했는지 알지 못했을 테고, 또 아내도 주중에 셰프에게 일어난 일에 대해 내가 어떤 심정을 느꼈는지, 또 어떤 것을 꿈꾸며, 일터에서 무엇을 걱정하고 있는지 몰랐을 것이다. 그런 시간이 없었다면, 나는 아내가 최근에 참여한 컨설팅 프로젝트를 통해 무엇을 가장 바라고 있는지, 또 내가 보낸 문자를 보고 왜 그렇게 실망했는지를 전혀 알 수 없었을 것이다. 부부가 정기적으로 시간을 함께 보내는 리듬을 만들어내면 그런 일들을 아는 것을 넘어서서 서로를 새롭게 발견할 수 있다.

혼자 있는 시간이라는 선물을 제공하는 습관

이 책의 주제 가운데 하나는 자녀 양육이 참으로 어려운 일이라

니라 가정의 범위 안에 많은 사람이 포함된다는 개념을 더욱 강화시킨다.

는 점을 인정하는 것이다. 그것은 우리의 전부와 거의 모든 시간을 요구할 정도로 어려운 일이 아닐 수 없다. 이것이 배우자에게 자녀 양육을 잠시 멈추고 혼자만의 시간을 갖도록 배려하는 것이 우리가 줄 수 있는 가장 큰 선물 가운데 하나인 이유다.

결혼 생활의 선물 가운데 하나는 부부가 정기적으로 서로에게 그런 시간을 베풀 수 있다는 것이다. 예를 들어, 수요일 저녁이 데이트 시간이라면, 목요일 저녁은 남자들만의 시간이다. 나는 목요일 저녁에 아내에게 "외출해요. 필요한 컴퓨터 일을 해요. 친구를 만나러 가요. 외식하고 와요. 쇼핑하고 와요. 드라이브를 즐겨요. 앉아서 쉬어요. 하늘을 바라봐요. 아무것에도 매이지 않은 자유로운 인간의 기분을 느끼기 위해 하고 싶은 것이 있다면 무엇이든 해봐요."라는 식으로 말한다. 온종일 집에서 아이들을 돌봐야 하는 부모에게 이것이 얼마나 큰 선물인지는 아무리 강조해도 지나치지 않다. 침묵의 선물은 그런 부모가 주중에 누릴 수 있는 가장 좋은 기도의 시간이다. 아무것도 생각하지 않는 시간이 한 해 중 가장 의미 있는 성찰의 시간이 될 수 있다.

우리가 남편과 아내로서 적극적으로 헌신해야 하는 일 가운데 하나는 상대방을 단지 행복하게 하는 데 그치지 않고, 거룩하게 하는 것이다.[4] 그렇게 하려면 우리가 단지 부모만이 아니라는 사실을 기억하고, 온전한 인간으로서 하나님과의 관계에 충실해야 한다. 이 일은 자녀들이 다 자랄 때까지 기다려서는 안 되고, 남편과 아내의 일상적인 습관이 되어야 한다. 결혼 생활은 그런 것을 제공하기에 특별히 적합하다.

애정을 표현하는 습관

나는 아들들에게 최고의 아버지가 되기 위해 내가 아내를 극진히 사랑하는 모습을 보여주고 싶다. 그들이 어렸을 때는 이해할 수 없는 것이 많을 테지만, 모든 것을 이해할 수 없다고 해서 모든 것을 눈여겨 지켜보지 않는다는 뜻은 아닐 것이다. 가족들 앞에서 숨길 수 있는 것은 없다. 자녀들은 지금 당장은 이해하지 못하더라도 모든 것을 지켜본다.

그들은 내가 피곤할 때 아내에게 말하는 태도를 지켜보고, 아침에 일어나서 아내를 어떻게 안아주는지를 지켜본다. 그들은 우리가 서로에게 퉁명스럽게 말하는 소리를 듣고, 서로를 냉랭하게 대하는 모습을 지켜본다. 그들은 우리가 자동차를 타고 가면서 손을 슬쩍 잡는 모습을 보기도 하고, 자동차에 물건을 실으면서 서로에게 잔소리하는 모습을 보기도 한다. 그들은 우리가 어떤 식으로 "여보, 사랑해."라거나 "여보, 미안해."라고 말하는지 본다.

예를 들면, 자녀 양육이 가장 잘 이루어진 순간 가운데 하나라고

---

4 "남편들아 아내 사랑하기를 그리스도께서 교회를 사랑하시고 그 교회를 위하여 자신을 주심 같이 하라 이는 곧 물로 씻어 말씀으로 깨끗하게 하사 거룩하게 하시고 자기 앞에 영광스러운 교회로 세우사 티나 주름 잡힌 것이나 이런 것들이 없이 거룩하고 흠이 없게 할 하심이라"(엡 5:25-27).

생각되었던 어느 날 아침의 일이 머릿속에 떠오른다. 그 날, 나는 출근이 늦은 것에 화가 나서 아내에게 짜증을 내며 성질을 부렸다. 아들들이 모두 부엌에서 그 모습을 지켜보았다. 아내는 "당신이 짜증이 났다는 이유로 내게 무례하게 말하지 말아요."라고 단호하게 말했다. 아내의 말이 옳았다. 나는 바로 그때 그 자리에서 모두가 지켜보는 가운데 사과를 했고, 아내는 그런 나를 용서하고, 입맞춤을 해주었다. 나는 그 순간이 무척 기뻤다.

내가 아들들에게 밤에 종종 하는 말 가운데 하나는 그들이 어떤 일을 해도 사랑할 것이라는 말이다. 나는 그들을 결코 외면하지 않을 것이라고 정기적으로 약속한다. 그러나 말은 중요하지만 내가 그들 앞에서 살아가는 실제 모습만큼 중요하지는 않다. 내가 그들 앞에서 아내를 진정으로 사랑해야만 내 말이 사실로 입증된다.

가족들 사이에서 결혼 언약을 실천하면, 아들들에게 말만으로는 가르칠 수 없는 방식으로 진정한 사랑을 가르칠 수 있다. 그들에게는 그런 가르침이 필요하다. 그들은 우리가 열심히 사랑하려고 노력하는 모습을 지켜보고, 우리가 서로에게 상처를 입혀놓고 전혀 그럴 기분이 아닐 때도 사랑을 실천하며 화해하는 모습을 지켜본다.

그런 행위들은 습관으로 발전시킬 수 있다. 물론, 각자의 결혼 생활에 무엇이 자연스러운지에 따라 방법은 제각각 다를 수 있다. 예를 들어, 부부 가운데 한 사람이 귀가했을 때 입맞춤을 하거나 자녀들 앞에서 항상 서로에게 다정하게 말하거나 공개적으로 다투었으면 공개적으로 사과하거나 배우자를 사랑하는 이유를 자녀들에게 말해주는 습관을 기를 수 있다. 이런 종류의 일과 관련해서는 다른 누구보다 습관을 더 잘 만들어갈 수 있을 것이다. 자녀들 앞에서 습관적으로 행하는 작은 일이 그들에게 남겨줄 결혼 생활의 유산 가운데 엄청난 부분을 차지할 수 있다는 것을 잊지 말라. 그것은 짐이 아닌 선물이자 기회다.

자녀 양육을 점검하는 습관

아내와 나는 이따금 데이트 시간에나 따로 시간을 마련해 자녀 양육을 점검한다. 이를 위한 특별한 공식은 없고, 시간을 내 서로에게 "아이들이 어떤 일을 겪고 있는가? 우리는 어떻게 반응하고 있는가? 우리가 기분 좋게 생각하는 것은 무엇인가? 우리는 어떤 일로 죄책감을 느끼는가? 하나님의 은혜로 그런 죄책감을 극복하려면 어떻게 해야 할까? 하나님은 우리에게 무엇을 개선해 나가도록 요구하시는가?"라고 물어보면 된다.

그런 순간들은 아내와 나 모두에게 매우 귀중하다. 내가 애쉬와 중요한 대화를 나눈 것을 아내가 알지 못한다는 이유로, 또는 아내가 우리의 징계 방식에 도움을 줄 좋은 책을 읽었다는 사실을 내가 알지 못한다는 이유로, 또는 쿨터의 나이와 성장 단계를 다루는 법에 관해 서로 의견이 다르다는 이유로 우리는 논쟁을 벌일 때가 많다. 자녀 양육을 점검하는 일은 재미있기도 하고 힘들기도 하며, 흥미롭기도 하고 어렵기도 하다.

그런 순간들은 대개 미리 계획된다. 예를 들어, 우리는 다음번 데이트 시간에 자녀 양육을 점검하는 대화를 나누자고 서로 합의한다. 우리는 일기장을 준비해서 필요한 내용을 새로 적기도 하고, 지난번에 적은 내용을 살펴보기도 한다. 우리는 대화를 나눈 내용을 가지고 기도한다. 무엇을 하든 우리가 자녀 양육을 어떻게 하고 있는지에 대해 대화를 나눌 수 있는 시간을 마련하는 것이 중요하다.

함께 꿈꾸는 습관

내가 데이트 시간이나 휴가철이나 장시간 동안 자동차를 타는 시간에 아내와 함께 하는 것을 좋아하는 일 가운데 하나는 어떤 미래를 꿈꾸고 있느냐고 묻고, 내가 생각하는 것을 말해주는 것이다. 그런 질문에 대한 몇 가지 예를 들면 다음과 같다. 어떤 친구와 더 가깝게 지내고 싶은가? 직장에 복귀하게 되면 어떻게 하고 싶은가? 우리의 습관 가운데 고쳐야 할 것이 있다면 무엇인가? 앞으로 바라거나 이루려고 노력 중인 목적은 무엇인가? 우리 가족이 어디를 향해 나아가고 있다고 생각하는가? 그와 관련해 우리가 할 수 있는 일이 있다면 무엇인가? 나도 내 생각을 말해줄 것이고, 아내도 나에게 원하는 질문을 할 수 있다.

관계의 표면 위로 잘 드러나지 않는 것들을 이해하기 위한 질문도 몇 가지 소개하면 다음과 같다. 당신이 바라는 것은 무엇인가?

당신이 꿈꾸는 것은 무엇인가? 이런 질문이 중요한 이유는 배우자의 꿈을 알지 못하거나 잘못 알면, 불평과 다툼과 고통이 야기될 수밖에 없기 때문이다. 인생은 그 자체만으로도 충분히 힘들다. 함께 극복해 나갈 수 있는 길은 배우자가 무엇을 꿈꾸고, 바라는지를 아는 것이다. 먼저 그것들을 알아야만 함께 꿈꾸며, 열심히 노력해 나갈 수 있다.

결혼 생활을 통해 예수님을 발견하기

결혼 언약의 실천과 관련된 이 모든 것은 예수님이 우리를 사랑하시는 것처럼 서로를 사랑하기 위한 방법 가운데 하나다.

예수님의 조건 없는 사랑은 우리가 무엇을 이루었든 이루지 못했든 간에 그분이 우리를 사랑하고, 또 우리를 새롭게 만들고 계시다는 의미를 담고 있다. 우리는 이 근본적인 은혜의 약속 위에서 가족에게 약속의 말을 할 수 있는 용기를 가진다.

확실히 그런 약속은 두렵다. 우리는 결혼 언약을 통해 죽음이나 실패나 어떤 상황에서든 서로를 사랑하겠다고 약속한다. 우리는 심연을 내려다보며 비록 두렵지만 손을 내밀어 서로를 붙잡아주겠다고 약속한다. 결혼은 우리가 하는 일 가운데 가장 어리석고도 아름다운 일이다. 이것이 결혼 생활이 우리가 하는 다른 모든 일을 성공시키거나 좌절시키는 이유다.

그러나 용기를 내라. 결혼 생활은 아무리 어려워 보여도 하나님과 맺은 언약 관계를 모방한 거룩한 일이다. 결혼은 우리가 만든 것이 아니다. 우리는 들리는 곡조에 맞춰 그저 춤을 추면 된다. 우리는 마지막 때에 보게 될 결혼식을 모방하는 것뿐이다. 그때가 되면 우리는 모든 것을 멈추고, 제단에서 들려오는 우레와 같은 부르심에 응답해 하나님과 혼인하게 될 것이다. 우리는 목숨을 걸고 하나님을 따르며, 장차 올 것을 위해 지금 가지고 있는 것을 포기한다. 우리는 아래로 내려가는 길이 곧 위로 올라가는 길이라고 믿는다. 우리가 세상에서 낯선 이방인처럼 살아가는 이유는 하나님의 친구가 되기 위해서다. 하나님 안에서 우리 자신을 발견하기 전까지는 우리 자신을 전혀 발견할 수 없다.

결혼이 급진적인(radical) 이유는 기독교가 급진적이기 때문이다. 결혼 생활은 자녀들에게 보여줄 수 있는 아름다운 것이다. 하나님이 우리를 사랑하시는 이유는 사랑하게 하기 위해서다. 결혼 생활은 그런 하나님의 뜻을 받드는 것이다. 자녀들 앞에서 결혼 언약을 리허설하는 것은 곧 그들 앞에서 우리의 구원에 관한 약속을 리허설하는 것이다. 하나님은 사랑하는 일을 결코 포기하지 않으신다. 우리도 마찬가지다.

결혼의 언약적 사랑은 가족들의 사랑을 떠받치는 토대다. 언약적 사랑을 이루려고 노력하는 습관은 가족에 관한 핵심 진리(구속하는 사랑이 우리를 자유롭게 한다는 진리)를 드러낸다.

데이트 시간이라는 리듬을 만드는 방법

• 주중의 하루 저녁을 정기적인 데이트 시간으로 삼으라. 비공식적이더라도 그 시간을 의도적인 데이트 시간으로 삼으라. 온 가족이 사용하는 달력이 있다면, 그 시간을 표기해 두라.

• 그 시간을 집 밖에서 보내야 한다는 부담감을 갖지 말라. 집 안에서도 다른 일에 신경 쓰지 않는 시간을 만들면 된다.

• 아이 돌봄 서비스를 더 많이 이용하는 것이 결혼 생활에 좋을 것 같은지 대화를 통해 의견을 나누라.

• 서로에게 할 질문들을 목록으로 만들어 데이트 시간에 대화의 주제로 삼으라(아래에 몇 가지 질문을 나열했다).

• 데이트 시간을 육체적으로나 감정적으로 부부의 연합을 이루는 시간으로 활용하라.

- 무엇이 잘 되고 있고, 무엇이 어려운가?
- 나의 도움이 필요한 일이 무엇인가?
- 누구와 관계를 잘 맺고 있는가? 누구와 관계를 맺기가 어려운 가?
- 징계가 잘 이루어지고 있는가?
- 아이들이 어떻게 성장하고 있는가? 학업이나 육체적인 성장 이나 영적 성장이나 인격적인 성장이 어떻게 이루어지고 있 는가?
- 너무 바빠서 자녀 양육을 잘하지 못하고 있는가? 우리 가족은 너무 바쁜가?
- 자녀들에게 예수님에 관해 어떻게 가르치고 있는가?
- 사과할 것이 있다면 무엇인가?
- 일대일의 대화가 필요하거나 특정한 자녀와 나눠야 할 중요 한 대화가 있다면 무엇인가?

> "세상의 이야기는 결혼으로 시작해서
> 결혼으로 끝난다."

- 무엇이 기쁨을 주고, 무엇이 부담스러운가?
- 예수님이 우리를 바라보신다면 어떤 표정을 지으실 것 같은

가?

- 무엇을 꿈꾸는가?
- 내가 어떻게 하면 당신을 더 잘 사랑하거나 더 많이 돕거나 당신의 용기를 더 북돋울 수 있을까?
- 하루나 한 주간을 지내면서 새롭게 시작하고 싶은 리듬이 있다면 무엇이고, 중단하고 싶은 리듬이 있다면 무엇인가?
- 최근에 한 일 중에서 자부심을 느낄 만한 일이 있다면 무엇인가?
- 현재 가장 가까운 친구가 누구인가? 좀 더 가깝게 지내고 싶은 친구가 있다면 누구인가?
- 지금 읽거나 듣거나 보고 있는 것 가운데 흥미로운 것이 있다면 무엇인가?

혼자만의 시간이라는 선물을 제공하는 방법

- 부부 중 한 사람이 혼자서 저녁 식사를 준비하고, 취침 시간을 챙기는 저녁 시간을 정기적으로 마련하라(그 시간에 다른 사람은 외출하거나 휴식을 취할 수 있다).
- 주말에 이따금 친구들과 함께 지낼 수 있게 하라.
- 토요일 아침에 이따금 부부 중 한 사람만 외출하라.
- 부부 중 한 사람이 여행을 떠나야 한다면, 돌아왔을 때 다른 한 사람에게도 약간의 휴식을 제공하라.

결혼에 관한 책들

팀 켈러, 결혼을 말하다, 팀 켈러 지음.

Two-Part Invention: The Story of a Marriage, Madeleine L'Engle

가정 내의 자녀 양육과 영성에 관한 대화를 돕는 입문서들

The Domestic Monastery, Ronald Rolheiser (이 책은 가정의 경건에 관한 너무나 훌륭한 책이다.)

가정 제자훈련, 매트 챈들러, 애덤 그라핀 지음. (이 책은 가정 내의 제자훈련에 관한 유용한 책이다.)

상황에 맞게 적용하기

혹시 이혼했거나 한부모 가정의 가장이라면 이번 장의 내용을 실천하기가 어려울 것이다. 그들에게는 단지 우리를 향한 하나님의 언약적 사랑이 우리가 알고 있는 것보다 훨씬 더 확실하며, 그것이 결국에는 모든 고통을 치유하는 사랑이라는 점을 일깨워주고 싶다.

> 항상 은혜를 상기시켜줄 것이 필요하다: 하나님의 사랑은 우리의 행위를 고무하지만, 우리의 행위가 하나님의 사랑을 만들어내는 것은 아니다. 우리의 가정 습관은 우리를 향한 하나님의 사랑을 변화시키지 않지만, 우리를 향한 하나님의 사랑은 우리의 가정 습관을 변화시켜야 한다.

7
일

　어렸을 때 아버지와 찰스 삼촌이 아버지의 오토바이를 함께 수리하는 모습을 지켜보았던 기억이 생생하다. 차고는 빨간색 페인트로 칠해져 있었고, 바닥에는 공구들이 널려 있었다. 배기량 250cc의 야마하 오토바이는 대략 일 년에 한 번, 곧 수리하고 난 후 며칠 뒤의 한 번을 제외하고는 거의 운행하지 않은 채로 세워져 있었다. 그것은 일종의 연례 의식이었고, 어린 나도 그 장소에 있고 싶었다. 나는 한쪽에 떨어져 서서 누군가가 내게 도움을 구하기를 기다렸다.

　아버지가 마침내 고개를 들고, "얘야, 렌치 좀 가져다 다오."라고 말하는 소리를 듣는 순간, 나는 마치 메이저 리그 선수로 기용되거나 국무장관으로 임명되거나 해군 특수부대의 일원으로 차출된 듯한 기분을 느꼈다. 내가 하늘을 날 듯 기뻤던 이유는 일에 동참했기 때문이었다. 나는 신이 나서 공구의 차이를 전혀 모르면서도 짐짓 알고 있는 것처럼 보이려고 "어떤 렌치가 필요하세요?"라고 물었다. 나는 올바른 공구를 집어줄 수 있을 뿐 아니라 심지어는 그것으로 수리를 할 수 있을 것처럼 보이고 싶었다.

어린아이의 마음속 깊은 곳에는 자기를 사랑하는 사람의 일에 참여하고 싶은 욕구가 자리 잡고 있다. 아버지는 나를 사랑했고, 나도 아버지를 사랑했다. 따라서 나는 아버지의 일에 참여하고픈 마음이 간절했다.

우리가 성장한 뒤에도 우리를 사랑하는 사람의 곁에서 함께 일하고 싶은 이 욕구는 결코 사라지지 않는다.

하나님의 이야기 속에 나타나는 일

우리가 우리를 사랑하시는 하나님의 일에 참여하도록 초청되었다는 사실을 이해하면 창세기에 언급된 노동의 소명을 가장 간단하게 이해할 수 있다. 하나님은 인간에게 이것을 의도하셨다. 일이 우리의 가장 큰 축복 가운데 하나이든지 아니면 가장 큰 짐 가운데 하나인 이유는 바로 그것이다. 일은 영적으로 매우 중요한 의미를 지닌다.

일을 단지 돈을 버는 수단으로 축소하면, 그것에서 영적 의미가 제거되는 결과가 초래된다. 그렇게 되면 우리의 존엄성도 함께 사라진다. 이 사실은 보람 있는 일을 할 때나 힘든 일을 할 때는 물론, 심지어는 일을 하지 않을 때조차도 변하지 않는다. 그런 축복, 또는 짐을 어떻게 다루느냐는 우리의 영성에 지대한 영향을 미친다. 이처럼 일은 단지 먹고 살기 위한 수단이 아니다.

만일 일이 영적으로 매우 중요하다면, 자녀들에게 하나님의 의도는 우리가 하나님과 함께 일하고, 그 일을 통해 기쁨을 누리는 것이라는 사실을 깊이 주지시키는 것이야말로 자녀 양육의 중요 과제 중 하나일 것이 분명하다.

그러나 그렇게 하기가 결코 쉽지 않다. 부당하게도 우리가 집 안에서 하는 일은 종종 '가사(housework)'로 비하되고, 밖에서 하는 일은 자녀들의 눈에 보이지 않으며, 나머지 일은 그들이 볼 수 없거나 이해할 수 없는 컴퓨터나 휴대전화나 노트북과 같은 도구들을 통해 이루어지는 것이 보통이다.

자녀들이 고등학교에 갈 때까지 기다렸다가 노동의 신학을 다룬 책을 건네주는 것도 한 가지 방법이 될 수 있을 것이다. 하지만 가족의 습관을 통해 자녀에게 집 안팎에서 이루어지는 일의 영적 가치를 일깨워줄 수 있는데, 굳이 그때까지 기다려야 할 이유는 없을 것이다.

다음과 같은 방법을 시도하면 일찍부터 일의 영적 가치를 자녀들에게 일깨워줄 수 있다.

1) 일에 관해 말하는 습관을 기른다.
2) 자녀들을 집안일에 참여시키는 습관을 기른다.
3) 집 밖에서 하는 일을 보게 하는 습관을 기른다.

1) 일에 관해 말하는 습관을 기른다

휘트가 두 살이었을 때 우리는 도시 외곽에서 개최된 성탄절 축하 행사에 가족 동반으로 참석했다가 돌아왔었다. 아내는 새해가 되기 전에 일감을 몇 가지 싸 들고 오도록 나를 법률 회사에 잠시 내려줄 생각이었다.

며칠 동안 함께 휴가를 다녀온 직후라서 충분히 이해할 수 있는 일이긴 하지만, 휘트가 "왜 다시 일을 해야 하나요?"라며 불평을 토로했다.

고작 두 살 된 아이를 가르친다는 것이 과한 욕심인 것은 분명하지만, 그래도 나는 녀석에게 일을 해야 하는 것이 아니라 일을 하길 원한다고 말했다. 그러고 나서는 더욱 투지에 불타는 어조로 "일하는 것이 하나님이 우리를 창조하신 목적이기 때문이란다."라고 덧붙였다.

아내는 그 말을 듣고 휘트의 질문에 충분한 대답이 되지 않는다고 생각했는지 곧바로 "그러나 아빠는 또한 일을 해야 한단다. 왜냐하면, 일해야 할 책임이 있기 때문이야. 물론, 그렇다고 해서 아빠는 항상 우리와 떨어져 있기를 원하지는 않아."라고 말했다. 대부분 맞는 말이었지만, 나는 좀 더 의미를 분명하게 밝혀야 할 필요성을 느끼고, "그렇단다. 일은 힘들단다. 항상 즐겁지만은 않단다. 하지만 그것이 우리가 하나님을 좀 더 닮는 방법 가운데 하나란다. 우리는 일하는 것을 슬프게 생각해서는 안 된다."라고 말했다. 그러자 아내는 그 말은 사실이지만 모든 사람이 다 일하는 것은 아니기 때문에 감사하게 생각해야 한다고 말했다.

이제 우리의 결혼 생활이 어떤지 대충 감이 잡힐 것이다. 우리는 휘트가 더 이상 관심을 기울이지 않은 지 오래되었는데도 자동차를 몰고 고속도로를 달리면서 계속해서 서로의 말의 미묘한 의미를 정확하게 바로잡고자 했다.

불필요한 말도 더러 있었을 테지만, 나는 그 순간을 다시 돌이켜 보면 부모가 된 지 비교적 얼마 되지 않은 아내와 내가 아이들에게 일하는 이유를 설명하는 어려운 일을 시도하고 있었다는 생각이 든다. 그것은 쉽지 않았다. 사실, 노동이 무엇이고, 왜 해야 하는지를 우리 자신에게 설명하기도 결코 쉽지 않다. 따라서 언어의 습관을 실천하면 자녀들도 도울 수 있고, 우리 자신에게도 노동의 큰 그림이 무엇인지를 상기시킬 수 있다.

물론, 자동차 안에서 노동의 신학을 가르칠 수는 없다. 다행히도 그렇게 할 필요도 없다. 하지만 당신은 어린 자녀들 앞에서 본을 보여줄 수 있다. 그리고 당신은 흔히 제기되는 질문을 예상하고, 좋은 대답을 준비해 둠으로써 자녀들에게 말로 노동에 관해 가르칠 수 있다. 어린 자녀들이 이해하기 쉬운 대답, 곧 노동의 영적 가치를 일깨워줄 말을 몇 가지 소개하면 다음과 같다.

- "왜 오늘 일하러 가야 하나요?"
  "나는 일하러 가고 싶단다. 일은 내가 진정으로 감사하게 생각하는 것이란다. 그 이유는 하나님이 우리 모두를 일하도록 창조하셨기 때문이란다. 자기들이 좋아하는 직업을 갖지 못한 사람도 있고, 일을 전혀 하지 못하는 사람도 있단다. 일은 축복이란다."

- "직장에서 무슨 일을 하세요?"

"하나님이 사람들을 도와주시는 것처럼, 나도 직장에서 이러이러한 일로 사람들을 돕는단다."

"하나님이 세상을 창조하신 것처럼, 나도 직장에서 이러이러한 일을 해서 물건들을 만든단다."

"성경이 다른 사람들을 섬기라고 가르친 대로, 나는 직장에서 이러이러한 일로 다른 사람들을 섬긴단다."

- "우리가 허드렛일을 왜 해야 하죠?"

"하나님이 세상을 창조해 우리가 살기 좋은 곳으로 만드신 것처럼, 우리도 집을 잘 정리해 우리가 살기 좋은 곳으로 만들어야 하기 때문이란다."

우리의 자녀들은 이보다 더 많은 질문을 던질 것이고, 우리의 대답 가운데 더러는 그들의 기억에 남지 않을 것이다. 그러나 우리는 그것들을 우리가 심는 씨앗으로 생각해야 한다. 그런 대화는 세월이 흐르면서 서서히 열매를 맺게 될 것이다.

물론, 일이 축복이 아닌 짐처럼 느껴지는 때가 많을 테지만, 그런 어려움을 겪더라도 고난 속에서 존엄을 지키고, 슬픔 속에서 용기를 내는 본을 보인다면 자녀들에게 좋은 선물을 제공할 수 있다.

- 실직 상태에서 할 수 있는 말

  "하나님은 우리를 일하도록 만드셨단다. 따라서 엄마와 아빠가 지금 슬퍼하는 이유 가운데 하나는 일할 직장이 없기 때문이란다. 그것은 자전거를 잘 타지만 자전거가 없을 때처럼 슬픈 일이란다."

- 할 일이 충분하지 않은 상황에서 할 수 있는 말

  "하나님은 우리에게 특별한 재능을 주셨고, 그것들을 사용하라고 명령하신단다. 따라서 엄마와 아빠가 지금 슬퍼하는 이유 가운데 하나는 그 재능을 충분히 사용할 수가 없기 때문이란다."

- 과로로 힘들 때 할 수 있는 말

  "하나님이 일하고 나서 안식하신 것처럼 엄마와 아빠도 쉬어야 하는데 일이 너무 많아 쉴 수가 없어서 참으로 힘들구나. 좋은 휴식도 좋은 일만큼 중요하단다."

2) 자녀들을 집안일에 참여시키는 습관을 실천한다

언젠가 애쉬가 내게 "엄마는 왜 일하지 않아요?"라고 물었다. 나는 눈을 휘둥그렇게 뜨고 분노에 가까운 표정으로 녀석의 얼굴을 빤히 쳐다보았다. "엄마가 일하지 않는다고? 대체 무슨 말을 하는 거냐?" 나는 녀석이 고작 네 살이라는 사실을 상기해야 했다. 녀석은 가정에 필요한 일이 있다는 사실을 이해하지 못했을 뿐 아니라 우리의 결혼 관계에서 파생하는 문제들과 아내가 아이를 낳고서 일을 그만두어야 했을 때 느낀 실망감을 전혀 헤아리지 못했다. 아내는 언젠가 다시 일에 복귀하기를 원하지만, 지금은 아직 때가 되지 않았다. 그 사이에도 그녀는 집에 머물며 일하느라고 우리 가족 가운데 그 누구보다 더 열심히 일한다.

따라서 나는 "엄마는 우리 가족 중에서 가장 일을 많이 해. 왜 그런지 그 이유를 자세히 말해주마."라고 말했다.

우리는 가정을 유지하는 일에 관해 좋은 대화를 나누었다. 그것은 우리 집에 사는 모든 사람을 사랑으로 섬기는 일이었다. 그러나 누구에게나 그렇지만, 특히 아이들에게는 말만으로는 충분하지 않다.

아이들이 일을 배우려면 집안일에 정기적으로 참여하는 습관을 길러주어야 한다.

이 일은 최소한 처음에는 도움이 되기보다는 일을 더 엉망진창으로 만들 수밖에 없다. 그러나 아이들이 일을 잘하고 나서 누리는 만족감을 이해하려면 그렇게 할 수밖에 없지 않겠는가? 그런 어려움을 마다한다면 어떻게 아이들이 부모 중 한 사람이 집안에서 하는 일의 가치를 이해할 수 있겠는가? 내가 자녀들을 집안일에 참여시키라고 주장하는 이유는 손 대접과 대화와 건강한 삶이 이루어지는 공간을 만들려면 엄청나게 많은 일을 해야 하기 때문이다.

자녀들을 집안일에 참여시키는 일이 녹록하지 않다는 것은 분명한 사실이다. 녀석들은 일을 엉망진창으로 만들고, 불평을 쏟아내며, 동작이 느리고, 항상 감시해야 한다. 때로는 차라리 화상 기기를 손에 들려주고, "좋다. 내가 정리하겠다. 내가 일하는 동안 귀찮게만

하지 말아다오."라고 말하는 편이 더 쉽다. 모두 사실이고, 다 충분히 이해할 수 있는 말이다. 그러나 자녀들을 정기적으로 집안일에 참여시키면 생각하지 못했던 유익들이 많다. 그 가운데 몇 가지를 예로 들면 다음과 같다.

자녀들과 좋은 시간을 보낼 수 있다

자녀들에게 음식 준비를 도와달라고 요청하면, 그들은 내가 차고에서 느꼈던 기쁨을 느낄 수 있다. 부모를 돕는 일을 하면 특별한 유대감이 생긴다. 이런 역학 관계를 통해 양육과 성장이 이루어진다. 주부로서 오랜 경험이 있는 한 여성은 일전에 나의 아내에게 "혼자서 하면 항상 혼자 하게 돼요."라고 말했다. 내가 어렸을 때 그릇들을 닦아 달라는 어머니의 요청을 거절했던 기억이 난다. 그러나 지금은 일요일의 가족 점심 식사를 마치고 나서 어머니 곁에서 설거지하는 일이 늘 기대된다. 그 시간은 어머니와 대화하는 시간이기 때문이다.

우리는 도움이 필요하다

대가족 제도가 해체된 것이 부모들을 더욱 고립시키고, 기술 문명이 집 밖에서 하는 일을 집 안으로 끌어들이는 현상을 사회학적으로 분석할 생각은 조금도 없다. 다만 현대 사회의 부모들은 이전보다 일을 더 많이 하면서도 도움은 이전보다 훨씬 적게 받고 있다는 것을 말하는 것으로 족하다. 아이들의 잠자리를 마련해주고, 옷

가지를 주워 거는 일은 굳이 부모가 해주지 않아도 자녀들이 얼마든지 쉽게 할 수 있다. 내가 많은 양의 세탁물을 아래층 탁자 위에 가져다 놓고, 아이들에게 각자 자기 옷을 가져가라고 말하면, 자기 옷을 간수하는 법을 배울 수 있어서 좋고, 녀석들에게 일손을 거들면 일이 쉬워진다는 교훈을 가르칠 수 있어서 좋다. 아이들은 자기 옷을 즉시 알 수 있지만, 나는 공룡이 그려진 셔츠가 누구의 것인지 몰라 밤새 궁금해해야 할 것이다.

자녀들에게 일을 통해 성취감을 얻는 법을 가르칠 수 있다

아이가 만족하며 기뻐하는 모습을 보면 참으로 즐겁기 그지없다. 아이들은 자신이 통제할 수 있는 작은 영역을 질서 있게 가꿀 때 큰 만족을 얻는다. 그런 일은 퍼즐을 맞추거나 색칠공부를 완성했을 때 일어나지만, 수건을 개고, 바닥을 쓸고, 식기 세척기에 그릇들을 집어넣고, 은제 식기를 분류하는 일을 할 때도 일어날 수 있다. 만일 그들에게 그런 일을 가르치지 않으면 부모는 도움을 받을 기회를, 자녀들은 어떤 일을 집중해서 끝마치고 만족을 얻는 어린 시절의 추억을 형성할 기회를 박탈당하게 된다.

질서의 리듬이 모든 것의 근본이라는 교훈을 가르칠 수 있다

여름 방학이 되면 어머니가 우리를 깨우며 "이제 방학했으니까 놀기 전에 나와 함께 아침 일을 해야 한다."라고 말했던 기억이 늘 떠오른다. 나는 처음에는 어머니가 우리의 휴식 시간을 이용해 일을 시킨다는 것이 좀 못마땅했다. 그러나 나는 그로 인해 어린 시절부터 일의 리듬은 결코 중단되지 않는다는 사실을 체득할 수 있었다. 하나님의 형상으로 창조된 우리 인간에게는 정원의 나무들을 보호하고, 옷장을 정리하고, 식사를 준비하는 등, 항상 해야 할 일이 있다. 심지어 토요일이나 여름 방학 중에도 피조 세계를 질서 있게 가꾸는 일은 잠시도 중단되지 않는다. 그런 일이 있기 때문에 우리는 여름날의 밤에 달콤한 휴식을 즐길 수 있다. 항상 우리가 해야할 일이 있다는 것을 이해하면, 안식일의 휴식이 더욱 감사하게 느껴지지 않을 수 없다(이것은 우리가 곧 다루게 될 주제다).

자녀들에게 공동 작업이 주는 기쁨을 일깨워줄 수 있다

어느 날 밤이었다. 나는 아들들에게 거실을 청소하라고 말했다. 녀석들은 "꼭 그래야 하나요?"라고 말하지 않고, "장난감을 다시 모두 던져놓고서 줍기 놀이를 해도 되나요?"라고 말했다. 며칠 전 우리는 그것을 놀이 삼아 해본 적이 있었다. 내가 장난감 바구니를 들어 올렸고, 녀석들은 농구공을 던지듯 바닥에 널려 있던 장난감들을 그 안에 던져넣었다. 우리 성인들도 일을 그런 식으로 하면 일이 좀 더 쉽게 느껴진다. 어떤 사람들은 일을 재미있게 하는 법을 알고 있다. 우리는 그런 일을 일찍부터 시작할 수 있다. 때로는 음악을 틀고 춤을 추며 마루를 쓸 수도 있고, 때로는 낙엽을 갈퀴로 긁다가 그 더미 위로 풀쩍 뛰어드는 즐거움을 느낄 수도 있다. 무엇이 되었든, 항상 놀이와 노동이 별개의 것이 아니라는 진리를 행동으로 실천하는 방법을 발견할 수 있다.

자녀들에게 말로는 가르칠 수 없는 것을 가르칠 수 있다

머리로 배울 수 없는 것들이 있다. 어떤 것들은 손으로 배워야 한다. 인간의 영혼 깊은 곳에는 유용한 일을 하고 싶어 하는 갈망이 있다. 자녀들에게 직접 일할 기회를 주면 그런 갈망을 충족시켜줄 수 있다. 그것은 하나님이 우리를 창조할 때 세우셨던 선한 질서를 따르는 일이다. 우리는 이를 통해 노동 윤리는 물론, 그보다 훨씬 더 많은 것을 가르칠 수 있다. 일을 통해 얻어지는 정신적, 영적 보상이 그토록 중요한 이유는 우리의 몸과 영혼이 선한 일을 위해 창조되었기 때문이다. 우리가 일터에 나가 일하고 나서 다시 집으로 돌아와 휴식을 취하고, 놀이를 즐기는 이유는 그런 리듬을 따라 살도록 창조되었기 때문이다. 그런 리듬을 따르면 하나님이 우리를 창조하신 방식이 선하다는 것을 '맛보아 알 수 있다.'[1]

물론, 이것은 쉽지 않다. 자녀들에게 우리 자신이 더 쉽게 할 수 있는 일을 가르치려면 번거로움을 감수해야 한다. 그러나 그렇게 하면 자녀들이 그로 인해 많은 유익을 얻을 수 있고, 부모의 희생이 그들에게 유익이 되어 돌아간다. 단지 자녀들에게 마루 청소를 부탁하는 것만으로도 자녀 양육의 핵심 기능 가운데 하나가 원활하게 작동된다.

---

1 시 34:8.

3) 집 밖에서 하는 일을 보게 하는 습관을 실천한다

어린 시절의 놀라웠던 기억이 한 가지 떠오른다. 나의 아버지는 자동차로 우리를 학교에 데려다주고 나서 곧장 주차장으로 달려 들어갔다가 갑자기 가속 페달을 밟아 그곳에서 다시 빠르게 되돌아 나가곤 했다. 우리가 소리를 질러 인사를 하면 아버지는 "너희는 오늘 나와 함께 일하러 갈 거다."라고 말했다. 그런 일이 실제로 그렇게 자주 일어나지는 않았지만, 그런 날은 모두 가서 아버지가 일하는 모습을 볼 수 있는 특별한 날이 되었다.

당시에 나의 아버지는 변호사이자 주 상원의원이었다. 아버지의 사무실에 갈 기회가 주어지지 않았다면, 나는 아버지가 매일 무슨 일을 하는지 거의 이해하지 못했을 것이다. 물론, 그래도 여전히 이해하지 못한 것이 많았지만, 아버지가 책상에서 신문을 읽고, 사람들에게 편지를 쓰고, 전화로 많은 말을 하는 것을 볼 수 있었다. 우리와 다른 온갖 종류의 사람이 와서 아버지의 사무실 소파에 앉았고, 아버지는 그런 그들을 편안하게 해주었고, 웃게 만들었다. 사람들은 사무실을 나설 때면 항상 무척이나 고마워하는 기색이 역력했다. 어렴풋하게나마 아버지가 사람들을 위해 무엇인가 좋은 일을 해주었고, 사람들은 그것 때문에 그를 좋아했다는 인상을 받았다. 아버지는 자기가 일상 속에서 하는 다른 어떤 일만큼이나 자기의 업무를 좋아하는 것 같았다. 마치 다른 사람들을 섬기기 위해 창조되었고, 그런 일을 할 때 행복을 느끼는 것처럼 보였다.

일터에서 복음이 울려 퍼지는 소리를 들어본 적이 있는가? 우리는 이웃을 사랑하기 위해 창조되었다. 우리는 다른 무엇보다도 집 안팎에서 매일 이루어지는 일을 통해 이웃을 사랑할 수 있다. 자녀들에게 교리 문답을 통해 "노동은 선하다. 그것은 하나님에게서 비롯했고, 다른 사람들을 위한 것이다. 우리는 일할 때 그분의 기쁨을 느낀다."라고 가르치라. 참으로 놀라운 가르침이 아닐 수 없다. 나는 교리 문답을 전적으로 지지한다. 그러나 자녀들에게 우리가 즐거운 마음으로 일하는 모습을 보여주지 못한다면, 그런 가르침은 도무지 이해할 수 없는 고대의 문자와 같을 것이다.

물론, 세상에는 나의 아버지가 했던 전문 사무직과는 사뭇 다른 노동이 많다. 나의 아버지의 아버지는 날마다 조선소에서 성실하게 일해 대공황의 가난을 이겨냈다. 아버지는 세상에서 그다지 존중받지 못하는 직업들도 기꺼이 존중해야 한다는 신념을 항상 지니고 있었다. 나는 아버지가 그런 신념을 피력하던 태도를 결코 잊지 못할 것이다. 나는 아버지가 상원 의원들이나 주유소 종업원들, 백만장자들이나 식당의 요리사들과 대화를 나누는 모습을 많이 보았지만, 그들을 대하는 방식의 차이를 조금도 발견하지 못했다. 한 번은 한 무리의 일꾼들이 우리 집의 진입로를 재포장하는 공사를 하러 왔는데 아버지가 내 어깨에 손을 얹고는 "보려무나. 저것은 참으로 훌륭한 일이란다. 우리 가운데 진입로를 만드는 방법을 알고 있는 사람은 아무도 없단다. 그러나 저 사람들은 그 일을 참 잘한단다. 육체 노동을 하는 사람들을 업신여겨서는 안 되고, 혹시 네가 그런 일을 한다고 해도 부끄럽게 생각해서는 안 된다."라고 말했던 기억이 난다. 아버지는 내가 집 밖에서 하나님이 원하시는 선한 일을 위해 일하는 모습을 볼 수 있도록 종종 도와주었다.

그것이 내가 나의 아들들을 내 사무실에 데려가서 엘리베이터 버튼을 누르게 하는 이유다. 녀석들은 화이트보드를 엉망진창으로 만들고, 서류 더미를 넘어뜨리고, 종종 책상 밑에서 아이패드를 본다. 나는 그런 소음을 뒤로한 채 전화 통화를 하고, 주식 매수 계약서나 유한회사 운영 계약서를 작성한다. 그러나 녀석들에게 내가 일하는 모습을 보여주는 일에는 뭔가 특별한 것이 있다.

내가 하는 일이 세상을 유익하게 한다고 생각하는 이유를 묻는다면, 경제적 거래의 위험성을 줄이게끔 돕는 일과 상법의 중요성에 관해 말할 것이다. 그런 것은 경제적 안정성, 성장, 혁신, 기업가 정신을 고무하는 데 중요한 역할을 할 뿐 아니라 세상의 평화를 구축해 나가는 데 이바지한다. 물론, 내 아들들은 아직 그런 것이 무엇인지 알지 못한다. 그러나 그들은 내가 보수를 받고 사람들과 협상하고, 정확한 말과 표현을 골라 문서를 작성하는 모습을 지켜볼 것이다. 그들은 최소한 내가 그런 일을 하는 공간을 마음속으로 그려볼 수 있고, 비록 그 일이 어렵고, 또 종종 집에 늦게 돌아오게 만든다고 해도 내가 그것을 좋아한다는 것을 알게 될 것이다.

또한, 나는 다른 사람들이 하는 일을 보여주려는 나의 아버지의 일을 계속 이어가려고 노력한다. 나는 쇼핑몰을 지나갈 때마다 아들들에게 "나의 첫 번째 직업이 무엇이었지?"라고 묻는다. 그러면 녀석들은 "커피숍 직원이요!"라고 대답한다. 녀석들은 알고 있다.

나는 건축 현장을 지나갈 때마다 내가 대학에서 조경 일을 하며 작은 불도저를 몰았다는 사실을 상기시켜준다(익히 짐작하다시피, 녀석들은 나의 변호사 일보다 그 일을 훨씬 더 놀랍게 여긴다). 지금도 나는 저녁 식사 자리에서 지나가는 말로 녀석들에게 내가 하는 일을 설명하려고 노력한다. 예를 들면, 나는 "오늘은 어떤 의사 선생님이 병원을 새 소유주에게 매매하는 방법을 찾게끔 도와주었단다."라거나 "오늘은 내가 쓰고 있는 책의 한 장을 마무리했단다."라는 식으로 말한다.

이런 식으로 일을 선보이는 것은 마치 하나님이 창조하신 세상을 보여주는 것과 같다. 아이들이 아직은 모든 것을 다 이해할 필요는 없다. 그러나 언젠가는 말과 행동이 하나로 합쳐져 노동이 저주의 결과이기는 하지만 그래도 여전히 선하다는 사실을 깨닫게 될 것이다. 노동은 피해야 할 것이 아니라 기꺼이 받아들여야 하는 것이다.

우리를 사랑하는 사람 옆에서 함께 일하는 즐거움

애쉬가 다섯 살 때의 일이다. 배낭과 겉옷이 계속 늘어나자 아내와 나는 뒷문 안쪽에 들어갈 새 선반을 샀다. 상당히 단순한 조립식 제품이었지만, 아들들이 전동 드릴을 보고 무척이나 신기해했기 때문에 애쉬에게 잠자리에 드는 시간을 조금 넘기더라도 나를 위해 드릴 손잡이를 잡아당겨 주겠느냐고 물었다.

그때 녀석의 얼굴에 드러난 표정을 봤어야 한다. 아마도 그것은 녀석의 한 해 중 최고의 순간이었을 것이 틀림없다. 나 혼자서 했을 때 걸렸을 시간보다 대략 여섯 배는 더 걸렸을 뿐 아니라 조립 막대 가운데 하나는 움푹하게 패이기까지 했다. 내가 녀석에게 함께 일 하자고 말한 이유는 도움이 필요해서가 아니라 녀석을 사랑했기 때 문이다. 만일 일의 목표가 효율성이라면, 아무도 아이들에게 일을 시키지 않을 것이다. 아이들의 도움은 도움보다는 해를 끼칠 가능 성이 크다. 그러나 일의 목표가 일을 가능한 한 신속하게 처리하는 것이 아니라면 어떻게 될까? 일의 목표가 우리를 하나님을 닮게 만 드는 것이라면 어떻게 될까? 그것이 섬김이고, 애쉬가 드릴을 보고 느꼈던 감정과 내가 어린 시절에 차고에서 느꼈던 감정처럼 우리를 사랑하는 사람과 함께 일하는 즐거움이라면 어떻게 될까?

일은 하나님이 우리에게 주신 선물이다. 우리는 아이들을 하나님 이 만드신 선한 노동의 세계로 초청함으로써 그들에게 그 선물을 전해주어야 한다.

일의 습관
가족 형성

핵심 개념

우리는 선한 일을 위해 창조되었다. 부모는 자녀들에게 노동의 영적 가치를 일깨워줄 방법을 신중하게 생각해 내야 하고, 집 안 팎에서 이루어지는 선한 사역을 직접 지켜볼 수 있는 기회를 제공해야 한다.

자녀들을 가정의 일에 참여시키는 습관을 기르는 방법

• 가정의 일들의 가치를 적절하게 드러내 줄 수 있는 방식으로 그에 대해 말하라.

• 아이가 스스로 어떤 일을 할 수 있다면, 그것을 대신해 주지 말라.

• 장난감을 치우는 일이든, 못질하는 일이든, 쓰레기를 내다 버리는 일이든, 그릇을 닦는 일이든, 수건을 개는 일이든, 식탁을 닦는 일이든, 마루를 쓰는 일이든, 가능한 한 일찍부터 일을 가르치라.

• 문 앞에서 손님들을 맞이하게 하고, 음료나 다과를 건네주는 일을 하게 해 손 대접을 돕게 하고, 나중에는 청소하고, 정리 하는 일을 돕게 하라.

- 일이 더디더라도 아이들에게 도움을 청하라. 그렇게 하려면 시간적 여유를 좀 더 확보해야 할 테지만 가정의 일의 목적이 항상 효율성을 극대화하는 것은 아니라는 점을 기억하라.
- 허드렛일을 자녀의 나이에 적합한 체계를 세워 처리하는 방법을 고안하라. 자녀들이 스스로 일을 확실하게 처리했는지 확인하게 하고, 돈이든 스티커든 다른 무엇이 되었든 보상을 받게 하라.

알아둘 점

우리는 하나님과 함께 일하도록 창조되었다. 여기에는 우리가 우리를 사랑하는 사람들과 함께 일하는 것을 좋아한다는 의미가 담겨 있다. 우리는 자녀들이 우리와 함께 일할 수 있는 방법을 고안함으로써 이 진리를 자녀 양육에 적용할 수 있다.

일을 선보이라

집 밖에서 어떤 일을 하든 이따금 자녀들을 함께 데리고 갈 수 있는지를 생각해 보라. 만일 집 안에서 컴퓨터로 일하는 재택 근무자라면 당신이 무슨 일을 하는지 아이들이 이따금 지켜보게 하고, 설명해줘라.

일의 가치를 일깨워주는 말

일을 열심히 하는 이유를 설명하고, 예상되는 질문에 대답할 준비를 하라.

"오늘 왜 일하러 가야 하나요?"
"나는 오늘 일하러 가야 한다. 이것이 너무나도 감사한 이유는 하나님이 우리 모두를 일하도록 창조하셨기 때문이란다. 우리 가운데는 자기가 좋아하는 직업을 갖지 못한 사람들도 있고, 직업이 아예 없는 사람들도 있단다. 일은 축복이다."

"직장에서 무슨 일을 하나요?"
• "하나님이 사람들을 도우시는 것처럼, 나도 직장에서 이러이러한 일로 사람들을 돕는단다."
• 하나님이 세상을 창조하신 것처럼, 나도 직장에서 이러이러한 것을 만든단다."
• 성경이 다른 사람들을 섬기라고 가르친 대로, 나도 직장에서 이러이러한 일로 다른 사람들을 섬긴단다."

"우리가 왜 허드렛일을 해야 하나요?"

"하나님이 세상을 잘 정리해서 우리가 살기 좋은 곳으로 만드신 것처럼, 우리도 집을 잘 정리해서 우리가 살기 좋은 곳으로 만들어야 한단다."

실직 상태에서 할 수 있는 말

"하나님은 우리를 일하도록 만드셨단다. 따라서 엄마와 아빠는 일할 직장이 없는 사람들이 있다는 것이 참으로 안타깝단다. 그것은 자전거를 잘 타지만 자전거가 없을 때처럼 슬픈 일이란다."

재능을 발휘할 수 없는 직업 상황에서 할 수 있는 말

"하나님은 우리에게 특별한 재능을 주셨고, 그것들을 사용하라고 명령하신단다. 따라서 엄마와 아빠는 사람들이 자신의 재능을 충분히 발휘할 수 없는 것을 안타까워한단다."

과로로 힘들 때 할 수 있는 말

"하나님이 일하고 나서 안식하신 것처럼 엄마와 아빠도 쉬어야 하는데 일이 너무 많아 쉴 수가 없어서 참으로 힘들구나. 좋은 휴식도 좋은 일만큼 중요하단다."

> **기억할 점** 한꺼번에 모든 방법을 시도할 필요는 없다. 하나의 작은 변화가 커다란 영적 영향력을 발휘한다. 한 가지 방법을 골라 시작해 보라.

추가적인 참고 자료

Every Good Endeavor: Connecting Your Work to God's Work, *The Gospel at Work: How Working for King Jesus Gives Purpose and Meaning to Our Jobs*, Sebastian Traeger and Greg Gilbert
Kingdom Calling: Vocational Stewardship for the Common Good, Amy L. Sherman
Designing Your Life: How to Build a Well-Lived, Joyful Life, Bill Burnett and Dave Evans

상황에 맞게 적용하기

자녀들에게 일에 관해 가르치는 것은 대개 부모가 하는 일의 성격에 따라 달라진다. 집에만 있는 부모든 그렇지 않은 부모든, 자기가 하는 일이 하나님의 이야기에 어떻게 부합하는지를 알려줄 방법을 곰곰이 생각해 보라. 자기가 하는 일이 피조 세계의 어떤 부분을 돕고 있는지, 또 어떤 면에서 제 기능을 발휘하고 있지 않은지, 어떻게 해야 제 기능을 되찾을 수 있는지를 생각하라. 자녀들에게 일에 관해 가르치려면, 부모가 자기의 일을 이해하는 데서부터 시작해야 한다.

"아버지요 구원자이신 나의 선하신 하나님, 저 자신의 이익과 영광을 위해서가 아니라 주님과 주위 사람들을 사랑하기 위해 주님이 제게 주신 소명을 충실하게 이루어 풍성한 열매를 맺도록 성령으로 저를 도와주소서. 지혜와 판단력과 신중함을 허락하시고, 얽매이기 쉬운 죄에서 자유롭게 해주소서. 저를 겸손하게 하시고, 오늘 제게 허락하신 일이 얼마나 많은 결실이 있든, 얼마나 많은 어려움이 있든 상관없이 인내함으로 기꺼이 받아들이게 해주소서. 무슨 일을 하든 저를 도우사 항상 주 예수 그리스도와 그분의 은혜만을 의지함으로써 구원과 생명을 얻게 하소서. 은혜로우신 아버지여, 우리 주 예수 그리스도를 의지해 기도하오니 제 기도를 들어주소서. 아멘."

항상 은혜를 상기시켜줄 것이 필요하다: 하나님의 사랑은 우리의 행위를 고무하지만, 우리의 행위가 하나님의 사랑을 만들어내는 것은 아니다. 우리의 가정 습관은 우리를 향한 하나님의 사랑을 변화시키지 않지만, 우리를 향한 하나님의 사랑은 우리의 가정 습관을 변화시켜야 한다.

8

놀이

쿨터가 "지금부터 우리는 증기 롤러인 척하는 거야."라고 외치는 순간, 우리는 모두 침실 바닥을 데굴데굴 굴렀다. 그러자 애쉬가 "아니야, 이제는 불독인 척하기야."라고 끼어들었다. 쿨터는 "좋아. 이번에는 불독이야."라고 맞장구쳤다. 나는 네 발로 뛰어다니며 녀석들을 쫓기 시작했다. 녀석들은 신이 나서 소리를 지르며, 피해서 도망치느라 정신이 없었다.

나는 아이들로부터 오랫동안 두 가지 명령어를 들어왔다. 하나는 "나와 함께 놀아줘."였고, 다른 하나는 "이러이러한 척해봐."였다. 이 둘은 서로 연관되어 있다. 바로 앞 장에서 인간의 타고난 노동 니즈에 대해 논의했다. 그렇다면 혹시 타고난 놀이 니즈에 대해 생각해 본 적이 있는가? 어린아이들이 놀고 이러이러한 척하는 본능을 지닌 것처럼 보이는 이유는 무엇일까?

그것은 우리가 하나님의 이야기 속에서 또 다른 세상, 곧 무한한 기쁨의 세상을 위해 창조되었기 때문이다.

놀이 : 하나님의 나라를 상상하는 활동

그리스도인은 세상의 평범한 관찰자가 아니다. 우리의 믿음은 천사들과 귀신들이 존재하고, 동정녀가 아이를 낳았고, 예수라는 이름의 사람이 죽은 자 가운데서 부활했고, 영원히 행복하게 놀고 기념하며 살아갈 새 왕국이 도래할 것이고, 사물들은 겉으로 드러나 보이는 것과는 다르고, 우리가 경험하는 것과는 달리 고난과 악이 마지막 결말이 아니라는 것을 믿으라고 요구한다. 그런 믿음을 갖는 것은 쉽지 않다. 기독교 신앙은 건전한 상상력이 없으면 원활하게 기능할 수 없다.

그 이유는 하나님의 이야기가 날조된 거짓이기 때문이 아니라 오히려 참된 현실이기 때문이다. 세상은 눈에 보이는 것보다 훨씬 더 크다. 이것이 좋은 아동 영화와 갖가지 동화에 담겨 있는 지혜다. 겉으로 드러나 보이는 것이 전부가 아니다. 비범한 것들은, 여기 이곳 현실 속에서, 발견될 때까지 인내하며 기다리고 있다.

이것이 성경적인 이야기의 핵심 진리다. 그 진리는 특히 어린아이들이 찾아내기에 적합하다. 아마도 이것이 예수님이 어린아이와 같이 되지 않으면 하늘나라에 들어갈 수 없다고 말씀하신 이유다. 어린아이들은 겉으로 드러나 보이는 것을 훨씬 뛰어넘는 현실이 존재한다는 것을 믿을 만큼 충분히 겸손한 자들이다.

이런 유쾌한 기독교적 상상은 악의 현실을 축소하지 않고, 오히려 그런 현실 속에서 부모가 해야 할 역할을 이해하도록 돕는다. 나는 종종 〈인생은 아름다워(Life is Beautiful)〉라는 영화를 생각하곤 한다. 비극적이지만 참으로 감명 깊은 그 영화에서 한 아버지가 자기 아들과 함께 강제 수용소에 갇힌 상황에서 수용소 생활이 일종의 게임이라고 거짓말을 한다. 그가 그렇게 한 이유는 악의 공포에 에워싸인 상황에서 어린 아들의 순진무구한 기쁨을 보호하기 위해서였다. 그것은 부모의 역할이 무엇인지를 보여주는 가장 충격적이면서도 고무적인 영화의 한 장면이었다. 부모는 어떤 점에서 집 안의 거실이 놀이와 상상의 장소가 될 수 있도록 세상의 어둠이 퍼붓는 맹공격을 저지하는 수호자다.

놀이는 마법에서 깨어난 세상을 다시 마법에 걸리게 하는 수단이다.[1] 이것은 생각을 요구하는 진지한 문제다. 놀이 없는 세상은 마

---

1 기독교적 습관이 환상에서 깨어난 세상을 다시 황홀하게 매료시킨다는 개념에 관한 나의 논의는 물질적인 것 이상의 것을 보지 못하는 세상에 사는 것이 '세속화 시대'의 한 가지 중요한 특징이라고 주장했던 찰스 테일러의 생각에 힘입은 바 크다. Charles Taylor, *A Secular Age* (Cambridge, MA: Belknap, 2007). James K. A. Smith의 도움되는 입문서 *How (Not) to Be Secular: Reading Charles Taylor* (Grand Rapids, MI: Eerdmans, 2014)도 참고하라. Mike Cosper도 *Recapturing the Wonder: Transcendent Faith in a Disenchanted World* (Downers Grove, IL: InterVarsity Press, 2017)에서 이 주제에 대해 설명하였다. 우리의 문화적인 전제들은 한결같이 신적인 것들의 현실과 충돌을 일으키고, 우리의 기본적인 문화적 분위기는 우리의 영적 상상력을 둔화시킨다는 것이 이 자료들의 공통된 주제다. 이런 상황 속에서 우리가 자녀들에게 물려줄 수 있는 가장 좋은 유산이 있다면, 바로 세상이 하나님의 임재의 마법에 걸려 있다는 것을 어렸을 때부터 알도록 돕는 습관을 길러주는 것이 아니고 무엇이겠는가?

법 없는 세상이고, 마법 없는 세상은 부활 없는 세상이며, 부활 없는 세상에서는 선한 것은 아무것도 실현될 수 없다. 그것은 모든 동화가 거짓이라는 뜻이다. 놀이는 그런 가장 큰 거짓말에 반기를 든다. 그것은 가장 큰 진리(그리스도께서는 부활하셨고, 동화는 실제로 이루어진다는 것)에 충실하기 위한 전쟁 행위다. 우리는 현재 그런 가장 큰 진리 안에서 살아가고 있다. 할렐루야! 잠시 일을 멈추고, 놀이를 통해 우리 자신을 부활절의 사람들로 만들어보자.

놀이는 하나님의 나라를 상상하는 활동이다. 그것은 우리 자신의 거실과 뒷마당에서 그 나라를 증언하는 행위다.

그렇다면 놀이는 기독교 가정의 실천이 되어야 한다. 이는 장차 올 하나님의 나라를 상기시켜주기 때문이다. 이 일을 하는 방법은 무한하지만, 쉽게 시작할 수 있는 세 가지를 간단하게 소개하면 다음과 같다.

1) 자녀들에게 상상력이 풍부한 이야기들을 읽어주는 습관을 기르라.
2) 자녀들의 놀이 초청을 기꺼이 받아들이는 습관을 기르라.
3) 자녀들이 스스로 놀게 하는 습관을 기르라.

1) 자녀들에게 상상력이 풍부한 이야기들을 읽어주는 습관을 기르라

우리는 모두 또 다른 세상을 갈망하는 욕구를 지니고 태어났지만, 그런 욕구를 실현하는 것은 저절로 이루어지지 않는다. 이 타락한 세상은 우리의 상상력을 무디게 하고, 하나님이 예수님과 그분의 교회를 통해 건설하고 계시는 왕국의 영광보다 훨씬 못한 것을 받아들이도록 길들인다. 따라서 상상력을 훈련하고, 연습하는 것은 육체나 정신을 단련하고, 훈련하는 것만큼이나 올바른 일이 아닐 수 없다. 상상력을 연습하는 가장 중요한 수단은 이야기, 특히 상상력이 풍부한 이야기다.

내가 좋아하는 아내의 장점 가운데 하나는 책을 많이 읽는다는 것이다. 아내는 아들들에게 좋은 책을 선물하기를 좋아한다. 우리 집 냉장고에는 나이가 좀 어린 아들들에게는 책을 얼마나 읽어주었고, 나이가 좀 든 아들들은 스스로 책을 얼마나 읽었는지를 매일 점검하는 표가 부착되어 있다. 이것은 교육이나 사고 발달에도 중요하지만, 나는 종종 간과되는 이야기의 가치에 초점을 맞춰 말하고 싶다. 그것은 바로 우리의 상상력을 넓혀주는 이야기의 영적 능력이다.

기독교적 상상력이 없다면, 산들이 노래하고, 나무들이 손뼉을 친다는 구절을 어떻게 이해할 수 있으며,[2] 포로들이 해방되고,[3] 세상의 구원자가 백마를 타고 나타난다는 것을 어떻게 상상할 수 있겠는가?[4] 성경의 위대한 비전을 이해하려면 큰 상상력이 필요하다. 그렇지 않으면 그것은 아무런 의미가 없다. 예를 들어, 〈해리포터〉, 〈반

---

2 사 55:12.

3 눅 4:18.

4 계 19:11.

지의 제왕〉, 〈나니아 연대기〉와 같은 현대의 유명한 판타지 소설과 같은 문학 작품을 읽을 때는 상상력을 발휘하는 것이 필요하다.[5] 그런 것들이 '실제'가 아니라고 생각하지 말라. 더 중요한 사실은 그것들이 실제라는 것이다. 그것들은 희생적인 사랑, 용기, 악과 궁극적인 원수를 이기는 것에 관해 가르치는 성경적인 이야기를 다시 들려준다. 허구에 관한 상상력은 역사에 관한 지식만큼 중요하다.

아들들에게 내가 어렸을 때 형제와 함께 가지고 놀았던 '파란 용'에 관한 이야기를 들려주면, 녀석들은 즉각 그 이야기에 깊이 빠져든다. 녀석들은 눈을 크게 뜨고 앉아서 어린아이들을 지켜주고, 강도들과 싸우는 파란 용의 이야기를 듣고 즐거워한다. 녀석들은 이야기 도중에 "파란 용이 진짜로 있었어요? 정말로 용을 키웠나요?"라고 묻는다. 아들들이 어느 정도 자란 뒤에는 "그것은 이야기란다. 하지만 이야기도 실질적인 힘을 지니고 있단다."라고 말한다. 그렇게 말하면 녀석들은 알아듣는다. 이것이 참된 삶을 위한 훈련인 이유는 좋은 이야기나 시가 뉴스보다 더 많은 진실을 담고 있을 때가 많기 때문이다.[6] 우리의 마음은 그런 것을 필요로 한다. 좋은 이야기

---

5 Sarah Mackenzie, *The Read-Aloud Family: Making Meaningful and Lasting Connections with Your Kids* (Grand Rapids, MI: Zondervan, 2018)와 관련된 웹사이트 https://readaloudrevival.com을 보라. 물론, 이것은 상상력이 풍부한 영화에도 똑같이 적용된다. 그러나 글로 쓰인 이야기가 상상력을 더욱 크게 자극하는 힘을 지니고 있다. 우리를 대신해 상상력을 발현시켜줄 그림들이 없다면, 우리 스스로 상상력을 발휘해 선박이나 공주나 전쟁을 떠올려야 한다. 이것은 매우 유익한 영적, 신경학적 활동이다.

6 William Carlos Williams, "Asphodel, That Greeny Flower," *Journey to Love* (New York: Random House, 1955): "It is difficult / to get the news from poems, / yet

를 들으면 우리의 상상력이 발현된다. 가장 진실한 이야기를 믿으려면 거룩해진 상상력이 필요하다.

2) 자녀들의 놀이 초청을 기꺼이 받아들이는 습관을 기르라

내 친구 스티브는 항상 내게 빵을 직접 굽느냐고 묻는다. 나는 빵을 굽는 것을 좋아하지만, 내 일이 충분히 잘 처리되고 삶이 충분히 질서가 잡혀 토요일 아침 시간에 시간적 여유가 생길 때만 빵이 천천히 부풀어 오르는 모습에 온전히 집중할 수 있다. 따라서 그런 일은 자주 일어나지 않는다. 그가 내게 그렇게 물어본 이유는 바로 그 점 때문이다. 빵을 굽는다는 것은 내 삶이 질서가 잡혀 있다는 증거다. 만일 빵을 구워본 지가 수개월이나 지났다면, 그것은 내가 매우 바빴다는 증거일 것이다.

나는 아이들과 정기적으로 놀아주는 것도 집안의 일이 올바로 되어가고 있는 것을 보여주는 증거라고 생각한다. 우리는 항상 무엇인가 더 잘해야 할 것이 있는 것 같은 기분을 느낄 때가 많다. 나의 아들들은 하루에도 수십 번이나 함께 놀아줄 수 있느냐고 묻는다. 그것은 아내에게 쏟아지는 요구에 비하면 그야말로 아무것도 아니다. 항상 무엇인가 더 긴급하게 처리해야 할 일이 있는 것 같다. 예를 들면, 고객들이 이메일 답변을 기다리고 있고, 급여 명부를 처리해야 하며, 석고판을 교체해야 하고, 강연을 준비해야 하며, 작업 중

---

men die miserably every day / for lack / of what is found there."

인 책 가운데 한 장의 초안을 마무리해야 한다. 이런 것들을 나열하자면 한도 끝도 없다. 이런 상황은 누구에게나 똑같다. 이것이 세상이 그런 중요한 일에만 의존하지 않는다는 점을 의식하고, 그 모든 일을 잠시 중단한 채 자녀들과 함께 노는 리듬을 형성해야 하는 이유다.

자녀들과 함께 논다는 것이 무슨 의미인지 생각해 보자. 그것은 루시가 되어 옷장 안에 들어가서 그 뒤에 펼쳐지는 또 다른 세상으로 나아가는 것을 의미한다.[7] 그곳은 인형들이 말을 하고, 레고로 만든 모형들이 날아다니는 세계다. 그곳은 강도들이 다락에서 튀어나오고, 빗자루가 타고 다니는 말이 되는 세계다. 놀이에 빠져드는 능력은 상상력이 풍부한 책을 읽는 것처럼 부모와 자녀 모두를 위한 왕국의 삶을 연습하는 것이다.

내가 당부하고 싶은 것은 크게 두 가지다. 첫째, 잘 알다시피, 이 책은 한 아버지의 기록이다. 구체적으로 말하면, 아침 식사와 저녁 식사 사이에 집 밖에 나가 일하는 아버지를 의미한다. 이것은 내가 집에 있을 때 아이들과 진정으로 함께 어울리는 습관을 길러야 한다는 뜻이다. 그래야만 내가 집에 있을 때는 아이들이 나의 전부를 차지할 수 있다. 집에만 있는 부모의 경우는 오롯이 자녀들에게만 모든 관심을 쏟을 수 있는 작은 여지(예를 들면, 낮잠 자기 전 한 시간이나

---

7 C. S. Lewis, *The Lion, the Witch, and the Wardrobe: A Story for Children* (New York: HarperCollins, 1950).

아침 식사 이후의 한 시간)를 만드는 것이 무엇보다 중요하다. 그러나 집에만 있는 부모는 아이들을 혼자서 놀게 하는 습관도 아울러 길러야 한다. 그 이유는 모든 시간을 아이들과 함께 노는 데 사용할 수도 없고, 또 그래서도 안 되기 때문이다. 아이들은 우리에게서 그런 것을 필요로 하지 않는다. 그들이 정말로 필요로 하는 것은 부모가 정기적으로 모든 열정을 기울여 함께 놀아주는 리듬을 형성하는 것과 단호한 명령을 통해 다른 곳에 가서 스스로 노는 리듬을 형성하게 하는 것이다.

나는 일을 마친 직후 저녁마다 아이들과 놀아준다. 그때가 되면 녀석들은 내 휴대전화가 꺼지고, 함께 자기들이 원하는 것을 할 것을 알고 있다. 아내는 대개 아침에 30분 정도를 할애해 일을 중단하고, 아이들과 함께 놀아주거나 책을 읽어준다. 토요일 아침은 남자들만의 시간이다. 아내는 안심하고 휴식을 취하고, 아들들과 나는 모험거리를 찾아 나선다. 이런 시간들은 가정마다 제각각 다를 테지만, 요점은 예상된 리듬을 발전시켜 함께 놀고, 공유할 수 있는 활동을 찾는 것이다.

둘째, 아이들이 차츰 나이가 들면 상상력을 동원한 놀이는 크게 줄어들고, 현실 세상에 관한 관심은 큰 폭으로 늘어나기 마련이다. 내가 말하려는 요점은 나이가 들면 놀이가 달라 보인다는 것이다. 그러나 하나님이 창조하신 세계가 웅대하고, 가능성으로 충만하다는 경이감을 잃어버려서는 안 된다. 나이가 좀 든 아이들과 10대 청소년들의 경우에는 경이감을 잃지 않고, 기쁨을 주는 활동이나 취미 생활을 할 수 있는 공간을 마련하도록 도와주어야 한다.

　나이와 상관없이 두 경우 모두, 자녀들과 정기적으로 함께 놀아주거나 어울리는 습관을 기른다는 것은 한 가지 일에 모든 것을 쏟아붓고, 휴대전화를 끄고, 날이 좋든 나쁘든 밖에 나가고, 땅에 뒹굴어 등은 아프고 몸은 더러워지고, 시간을 내 여행이나 소풍을 가고, 뛰어다니느라고 땀에 흠뻑 젖는 것과 같은 어려운 일을 해야 한다는 것을 의미한다. 아이들과 놀아주는 것보다 더 많은 노력이 필요한 일은 없다. 그것은 우리가 그 일을 노상 할 수는 없다는 의미이다. 하지만 우리는 그 리듬을 기대할 수 있다.

3) 자녀들을 스스로 놀게 하는 습관을 기르라

　다시 말하지만, 자녀들의 놀이 초청을 항상 받아줄 수 있는 부모는 아무도 없다. 사실, 그렇게 해서도 안 된다. 그렇게 할 수 없다고 해서 죄책감을 느낄 필요는 전혀 없다. 오히려 우리는 아이들의 요구를 거부하고 스스로 놀게 하면 뭔가 중요한 일이 일어나기 시작한다는 것을 알아야 한다. 아이들을 뒷마당으로 내보내는 것이든 10대 자녀에게 텔레비전을 끄고 산책을 하거나 나가라고 히는 것이든, 그들에게 스스로 세상을 경험해 보라고 말하는 것은 지루함을 이겨내려는 싸움(즉 타락한 상상력에 맞서 싸우는 일)에 익숙해지고, 스스로 놀이의 선한 일을 하도록 가르치는 것을 의미한다.

　자녀들이 차츰 나이가 들면, 이는 단지 나가서 놀게 하는 것 정도가 아니라 세상과 소통할 공간을 만들어주는 것을 의미한다. 이 또

한 똑같이 중요하다고 말할 수 있다.

자녀들에게 무의식적으로 세상에 대한 그릇된 관념(즉 인생은 근본적으로 우리가 성취할 수 있는 것과 관련이 있고, 다른 일을 할 시간은 없다는 생각)을 심어줄 가능성이 얼마든지 존재한다. 그런 이유로 우리는 아이들에게 공부나 운동만을 강요할 수 있다. 그러나 삶이 너무 바빠 세상과 소통할 수 있는 휴식 시간을 갖기가 어렵다면, 무엇인가가 잘못되어도 단단히 잘못된 것이다.

이 책이 주장하는 것 가운데 하나는 기독교 가정은 미국의 기본적인 삶의 규칙을 따라서는 안 된다는 것이다. 우리는 더 나은 습관을 갖기 위해 싸워야 한다. 이 싸움이 가장 긴급하게 요구되는 일 가운데 하나는 우리의 자녀들이 너무나도 바빠서 상상력을 자극하는 독서나 친구들과 나누는 긴 대화나 무언의 성찰이나 (단지 대학에 가기 위해서가 아니라) 순전히 즐거움만을 위한 취미 활동이나 자연을 산책하는 일이나 친구들과 함께하는 장거리 자동차 여행이나 교회의 수련회와 같은 활동을 전혀 할 수 없는 삶을 살지 않도록 돕는 것이다. 앞서 말한 대로, 우리는 일하기 위해 창조되었지만, 삶에는 놀이와 휴식 등 일보다 훨씬 더 많은 것이 있다.

이런 균형을 직접 보여줄 수 있는 가장 좋은 방법 가운데 하나는 안식일의 리듬에 따라 일과 놀이의 리듬을 균형 있게 유지하는 것이다.

가족이 안식일을 지켜야 한다는 것은 놀이를 주제로 다룬 장에서 만큼 일을 주제로 다룬 장에서도 의미 있게 다룰 수 있는 개념이지만, 내가 이것을 여기에서 다루는 이유는 안식일의 독특한 특징 가운데 하나를 강조하기 위해서다. 안식하라는 명령에는 흥미로운 무엇인가가 함축되어 있다. 그것은 확실히 흥미롭기 그지없다. 안식일은 세상에서 가장 중요한 것은 오직 일뿐이라는 생각을 거부하는 독특한 개념이 아닐 수 없다. 안식일은 과로에 지친 미국인들을 바라보고 동정의 미소를 지으며 우리가 절실히 필요로 하는 재생의 리듬 속으로 우리를 불러들인다.

안식일은 심원한 신학적 의미를 지닌 실천적인 습관이다. 놀이가 장차 올 나라를 기대하는 연습인 것처럼, 안식일은 구원을 기념하는 연습이다. 안식일의 휴식은 세상의 진정한 사역이 예수님의 십자가 죽음을 통해 완성되었다는 것을 상기시켜준다.[8] 하나님이 우리에게 맡기신 일은 많지만, 우리가 스스로 입증해 보여야 할 것은 아무것도 없다. 우리가 가정에서 안식의 리듬을 형성할 때, 우리는 현실 세계 속에서 우리 구원의 진리를 모형화하는 것이다. 하나님이 선한 사역을 모두 이루셨기 때문에 우리는 안식할 수 있다.

안식일은 한 주간의 일을 마치고 쉬는 것을 의미하지만, 거기에

---

8 요 19:30, "다 이루었다."

는 그보다 훨씬 더 많은 것이 포함되어 있다. 단지 출퇴근이나 집안 일을 중단하는 것만으로는 충분하지 않다. 놀기도 하고, 휴식을 취하기도 해야 한다. 우리는 토요일 저녁이 되면 어린 자녀들과 함께 촛불을 켜 안식일의 시작을 알린다. 그때부터 공동의 놀이가 시작된다. 아이들을 데리고 외출할 수도 있고, 밤에 아내나 내가 친구들을 만나 대화를 나눌 수도 있으며, 누군가를 초대할 수도 있고, 단순히 집에 머물러 있으면서 청소나 이메일과는 아무런 상관이 없는 일을 함께 할 수도 있다.

주일이 되면 예배와 공동체라는 두 기둥이 우리의 안식을 떠받쳐 준다.

그 날의 특성을 나타내는 첫 번째 요소는 집단 예배다. 그것은 팟캐스트로 설교를 듣는 것이 아니라 지역 교회에서 이루어지는 리듬에 직접 참여하는 것을 의미한다. 가속의 습관과 지역 교회의 리듬에 관해 쓸 수 있는 책들이 많지만, 여기서의 나의 초점은 그런 것에 있지 않다. 이 책은 주로 가정 안에서 이루어지는 습관에 초점을 맞춘다. 그렇지만 우리 가속의 리듬은 지역 교회 안에서 구현된 하나님의 가속의 리듬과 일치해야 한다는 점을 잊어서는 안 된다.

그 날의 특성을 나타내는 두 번째 요소는 공동 모임이다. 나의 지인들 가운데는 우리가 그러하듯 이를 대가족 형태로 실천하거나 다른 친구들과 더불어 실천에 옮기는 사람들이 있다. 우리가 부모로서 취하는 안식일의 휴식 가운데 일부는 나의 일가친척과 함께 모여 음식을 나눠 먹고, 사촌들이 모두 함께 노는 것으로 이루어진다.

우리의 형제자매는 여섯 명이고, 우리의 자녀들도 열다섯 명이나 되는 데다가 앞으로도 그 숫자가 계속해서 늘어날 테니 혼란스러운 것은 너무나도 당연하지만, 친구처럼 지내는 가족들과 함께 좋은 음식을 먹고, 대화를 나누고, 일도 서로 거들며 도와주니까 모두 편안하게 즐길 수 있다.

주일 저녁에 집에 돌아오면, 우리는 월요일을 준비함으로써 다시 한 주간의 일을 시작한다. 즐거운 휴식을 즐기느라 지쳐 있지만, 그와 동시에 충분한 휴식을 취했으니 다가올 한 주간의 일을 넉넉히 감당할 수 있다.

이것은 우리의 삶이 하나님의 이야기와 보조를 맞출 수 있도록 도와주는 거룩한 리듬이다.

암묵 기억과 놀이의 리듬

하나님의 이야기 속에서 우리의 자녀들은 선한 일과 선한 놀이와 선한 안식을 위해 창조되었다. 이는 그들을 본래 의도된 사람으로 성장시켜 나가는 데 필요한 습관들이 있다는 것을 의미한다.

아동 심리학자들은 이른바 '암묵(또는 내현) 기억(implicit memory)'에 관해 말한다. 그것은 어떤 것을 의식적으로 기억하려고 노력하지 않아도 그것을 기억하게 된다는 뜻이다. 예를 들어, 어떤 방에 들어가서 의식적으로 "이곳이 엄마와 내가 심한 다툼을 벌였던 곳이야."라거나 "이곳이 아버지가 일을 마치고 항상 화가 난 채로 집에 돌아왔던 곳이야."라고 회상하는 것은 '명시(또는 외현) 기억(explicit memory)'에 해당한다. 그와는 달리, 옛집을 보고서 두려움을 느낀다거나 정신적 압박감을 느끼는 이유는 그곳이 안전하지 않거나 행복하지 않았던 장소라는 것이 은연 중에 연상되어 떠오르기 때문이다. 이것이 바로 암묵 기억이다.

우리의 미래에 영향을 주는 것은 암묵 기억이다. 우리는 미래를 과거에 비추어 상상한다. 이것이 암묵 기억이 어린 시절의 비극이자 영광인 이유다.

일과 놀이와 안식의 리듬은 우리가 자녀들에게 긍정적인 암묵 기억이라는 풍성한 유산을 물려줄 수 있는 수단 가운데 하나다.

하나님이 창조하신 선한 피조 세계의 한 부분을 차지하는 일에 관해 가르치며 자녀들을 그것에 참여시키고, 정기적으로 바보처럼 신나게 웃으며 놀고, 정기적으로 가족 전체가 어울려 안식을 취하면, 하나님이 세우시는 왕국에 걸맞은 기억을 촘촘히 채워줄 수 있고, 그들이 미래를 올바른 방식으로 상상할 수 있도록 도와줄 수 있다. 이것은 그들의 어린 시절에 하나님 나라의 씨앗을 심어주는 일이다. 하나님은 그 씨앗을 키우는 일을 충실하게 수행하실 것이다.

놀이의 습관
가족 형성

핵심 개념

상상력이 넘치는 놀이를 통해 웃고 즐기는 일은 장차 다가올 하나님의 나라를 모방하는 것이자 기쁨이 충만한 세상을 나타내는 표징이다. 좋은 놀이 습관을 실천하면, 다가올 하나님의 나라를 예시하는 기독교적 상상력을 더욱 풍성하게 신장시킬 수 있다.

나의 아내 로렌이 제시하는 독서 목록

로렌은 우리 가정에서 좋은 책들을 소개해주는 훌륭한 도서관장이다. 자녀들에게 독서를 좋아하는 마음을 일깨우기 위해 그녀가 몇 가지 범주로 나눠 선정한 상위 다섯 권의 책을 소개하면 다음과 같다. 아울러, 다음의 사이트를 참조하면 그녀의 독서 목록을 더 많이 발견할 수 있다(https://www.habitsofthehousehold.com/laurensilists).

어린 자녀들에게 읽어주기에 가장 좋은 책 다섯 권

- *Where the Wild Things Are* by Maurice Sendak
- *Owl Moon* by Janet Yolen
- *Never Ask a Dinosaur to Dinner* by Gareth Edwards and Guy

Parker-Rees
- *The Snowy Day* by Ezra Jack Keats
- (생쥐와 딸기와)배고픈 큰 곰, 돈 우드, 오드리 우드 지음, 문진미디어

5, 6세 자녀들에게 읽어주기에 가장 좋은 시리즈 다섯 종류

- 윙페더 사가, 앤드루 피터슨 지음, 다산책방 : 다산북스
- 나니아 연대기, C. S. 루이스 지음
- 초원의 집 시리즈, Laura Ingalls Wilder 지음
- *Redwall series* by Brian Jacques
- *The Green Ember series* by S. D. Smith

나이가 좀 더 많은 자녀의 상상력을 일깨워주기에 가장 좋은 책 다섯 권

- *A Wrinkle in Time* by Madeleine L'Engle
- 해리 포터 시리즈, J. K. 롤링 지음
- *The Dark Is Rising series* by Susan Cooper
- 톰 소여의 모험, 마크 트웨인 지음
- 반지의 제왕, J. R. R. 톨킨 지음

주의할 점: 자녀들이 스스로 읽을 수 있을 때까지 소리를 내어 읽어주는 것을 중단하지 말라. 독서는 가족의 유대감을 높이는 데 더없이 좋은 방편이다. 오디오북을 사용하는 것과 서로에게 책을 읽어주는 활동도 여기에 포함된다.

> "기독교 신앙은 건전한 상상력이 없으면
> 원활하게 기능할 수 없다."

놀이의 습관을 배양하는 방법

- 매일 집 밖에 나가 일하는 부모라면, 출근 전이나 후에 30분 정도 집중해서 자녀들과 놀아주는 습관을 기르라.
- 온종일 자녀들과 함께 있는 부모라면, 그들과 항상 같이 놀아주지 못하더라도 죄책감을 느껴서는 안 된다. 그런 것은 부모나 자녀 모두에게 전혀 바람직하지 않다. 매일 단 10분만 자녀들과 함께 어울리며 온전한 관심을 기울여도 좋은 결과를 얻을 수 있다.

추가적인 참고 자료

독서에 관하여

The Read-Aloud Family: Making Meaningful and Lasting Connections with Your Kids, Sarah Mackenzie (https://readaloudrevival.com도 참조하라.)

100 Best Books for Children, Anita Silvey

세상을 다시 매혹시키는 것에 관하여

Telling the Truth: The Gospel as Tragedy, Comedy, and Fairy Tale, Frederick Buechner

Recapturing the Wonder: Transcendent Faith in a Disenchanted World, Mike Cosper

안식일에 관하여

Liturgy of the Ordinary: Sacred Practices in Everyday Life, Tish Harrison Warren

온 가족과 함께 안식일을 보내기 위해 생각해야 할 점들

- 언제부터 시작할까? 그때를 표시해 둘까?
- 안식일에 중단해야 할 일 한가지가 있다면 무엇일까?
- 안식일에 해야 할 일 한 가지가 있다면 무엇일까?
- 예배를 어떻게 드려야 할까?
- 외부 활동을 해야 할까?
- 모두를 편안하게 하는 가족 활동 한 가지가 있다면 무엇일까?
- 안식일에 전자 기기 사용을 제한할 필요가 있을까?

상황에 맞게 적용하기

놀이의 핵심에는 경이감을 가지고 세상과 교류한다는 개념이 깔려있다. 이 개념은 나이나 몸집이나 건강에 제약을 받지 않는다. 하나님이 만드신 세상에 매료되는 능력을 배양하도록 도울 수 있는 방법을 생각해 보라.

항상 은혜를 상기시켜줄 것이 필요하다: 하나님의 사랑은 우리의 행위를 고무하지만, 우리의 행위가 하나님의 사랑을 만들어내는 것은 아니다. 우리의 가정 습관은 우리를 향한 하나님의 사랑을 변화시키지 않지만, 우리를 향한 하나님의 사랑은 우리의 가정 습관을 변화시켜야 한다.

9
대화

토요일 오후 7시에 아들들이 파자마를 입고서, 크고, 날카로운 도구들을 가지고 종종걸음으로 뒷마당을 이리저리 뛰어다니고 있다. 몇몇 친구들이 뒷마당에서 불을 피우고 놀기 위해 올 예정이기 때문이다. 녀석들은 내가 불을 피우는 일을 열심히 돕지만, 그 때문에 그 과정은 두 배나 더 시간이 소요되고, 위험도도 세 배나 더 높다.

그것은 대개 꽤 볼 만한 광경이다. 왜냐하면, 뒤 울타리 너머에 상당한 양의 잡목 더미가 있는데, 녀석들이 그곳에서 나뭇가지들을 주워 모아오고, 지하실에서 온갖 날카로운 도구를 모조리 끌고 나와 사용법에 맞지 않는 방식으로 사용하고, 성냥 한 갑을 모조리 다 써버리기 때문이다. 나는 그런 혼란을 잘 통제하고, "톱을 네 손에 그렇게 가까이해서는 안 된다."라거나 "네 동생이 네 뒤에 있을 때는 손도끼를 휘두르면 안 된다."라거나 "이번에는 휘발유를 사용하지 않을 거다."라는 식으로 즐거운 재미와 무책임한 행동의 미묘한 차이를 구분하려고 애쓴다.

　나무를 빠개고, 불을 피우는 일을 하면 자연적인 욕구가 해소되는 측면도 있지만, 아이들을 그런 과정에 참여시키는 것을 중요하게 여기는 또 다른 이유는 그것이 삶의 아름다운 장식과도 같은 대화와 우정을 경험하는 길이기 때문이다.

　최근에 휘트는 단지 불을 피우는 일을 돕는 데 그치지 않고, 한 시간 동안 그 앞에서 시간을 보내는 특권을 누렸다. 우리는 캠핑 의자에 함께 앉아 있었다. 사람들이 뒤 울타리로 조금씩 모여들기 시작할 때 녀석은 우정의 의식이 진행되는 광경을 지켜보았다. 그들은 서로 손뼉을 마주치고, 고개를 끄덕이고, 껴안고, 별명을 불렀으며, 캠핑박스에서 마실 것을 꺼내고, 의자를 찾아 앉았고, 농담을 주고받았다. 녀석은 그런 말을 이해하지 못했지만 어쨌거나 환하게 웃었다. 어둠이 깔리고, 불이 주변을 밝히면서 대화도 무르익어 갔다.

　내가 이를 신성한 초대로 생각하는 이유는 대화를 신성한 의식으로 생각하기 때문이다. 그것은 가족을 친구로, 친구를 가족으로 만드는 가속의 리듬이다. 집 안팎에서 이루어지는 대화는 우정을 맺는 기술로서 후천적으로 습득된다. 그러나 당신은 이를 실천하지 않으면 그 기술을 배울 수 없다. 그것을 배우려면 일대일 대화의 리듬을 발견하는 습관을 길러야 한다.

하나님의 이야기 속에 나타난 대화

에덴동산에서 하루해가 저물 무렵, 이것과 비슷한 의식이 진행되었다고 상상해 보자. 날이 서늘해지기 시작하고, 누군가가 하늘이 잘 보이는 언덕 위, 나무 아래에 의자를 갖다 놓고 앉아서 수평선 너머로 해가 지고 별이 뜨기를 기다린다. 그들은 "그분이 곧 오실 거야."라고 웅얼거리며 한 그릇의 과일이나 견과를 준비하려고 소란을 피운다.

우리가 에덴동산에서 하나님과의 대화가 어땠을지를 단지 상상으로 추측할 수밖에 없는 이유는 그런 대화를 어렴풋하게나마 짐작할 수 있는 일이 아담과 하와가 금단의 열매를 따 먹은 뒤에 이루어졌기 때문이다. 날이 서늘할 때 하나님이 동산을 거니시자 아담과 하와는 죄를 지은 탓에 몸을 숨겨야 했다. 그들이 숨었던 이유는 관계가 끊어졌기 때문이었다.

이런 상황을 묘사하는 성경 구절에서 느껴지는 고통은 그야말로 엄청나다. 창세기는 아담과 하와가 저녁마다 거행되던 의식을 이행하지 않았다고 암시하는 것처럼 보인다. 하나님은 저녁 산책을 시작하며 자기 백성, 곧 자신의 피조물이자 친구를 찾았고, 종종 그랬던 대로 그들이 자기와 교제를 나누기를 원하셨지만, 그들은 나타나지 않았다. 그들은 대화를 피해 숨었다.

하나님과 대화를 나누는 것은 인간에게 주어진 가장 큰 축복이다. 그러나 아담과 하와는 물론, 우리도 여전히 그런 본질적인 유대 관계를 거부하고 숨는다. 이것은 큰 불행이다. 그러나 성경의 이야기는 하나님이 와서 우리를 찾으신다고 말한다. 그분은 우리와 일대일의 관계를 맺기를 원하신다. 그것은 진정한 러브스토리가 아닐 수 없다.

나는 하나님께 드리는 기도와 친구들과의 대화가 근본적인 유사성을 지닌다고 믿는다. 그 이유는 둘 다 우리가 창조된 목적(즉 대화를 통해 서로 교통하고, 함께 있는 것과 말을 통해 서로를 알아가는 것)을 지향하기 때문이다.

성경은 요한계시록에서 "그들은 하나님의 백성이 되고 하나님은 친히 그들과 함께 계셔서"라고 말씀한다.[1] 우리는 마지막 날에 개인이 아닌 하나의 백성으로서 하나님과 온전히 함께할 것이고, 서로와도 온전히 함께할 것이다.

세대를 넘어선 우정

아내와 결혼하기 일주일 전에 부모님과 나눈 대화는 나의 기억에서 결코 사라지지 않을 것이다. 나의 부모는 곧 거행될 결혼식을 축하하기 위해 아내와 나를 근사한 레스토랑으로 데려가 저녁을 사주었다. 당시에 나와 아내는 둘 다 스물두 살이었다.

음식을 먹는 도중에 커다란 행복감이 느껴졌지만, 이유를 알지는

---

1 계 21:3.

못했다. 내가 곧 결혼하기 때문이었을까? 내 돈을 내지 않고 맛있는 스테이크를 먹어서였을까? 아내가 행복해 보여서였을까?

메인 코스를 다 끝내고 아버지가 모두를 위해 음료를 주문하기 전까지는 이유를 도통 알 수가 없었다. 우리는 자리에 더 오래 머물면서 음료를 홀짝이며 대화를 나눴다. 내가 행복했던 이유는 단지 아들이 아닌 친구로서 나의 어머니와 아버지와 함께 오랫동안 대화를 나누는 저녁 시간을 가졌기 때문이었다.

나는 결혼에 대한 나의 부모의 조언을 듣고, 그들의 결혼 생활에 관해 질문을 던지고, 그들이 내가 사랑하는 여자와 대화를 나누는 모습을 보면서 그들이 나를 잘 알고 있다는 느낌을 받았다. 나는 나의 부모와 우정을 나누는 특별한 기쁨을 누렸다.

감히 장담하건대, 그런 순간이 바로 가족의 궁극적인 목적(즉 서로 친구가 되는 것)이다.

우정의 완성은 대화다.

가정에서 대화를 나누면 우정의 영적 기술을 가르칠 수 있고, 서로 친구가 될 수 있을 뿐 아니라 자녀들이 밖에 나가 세상과 교류하도록 훈련할 수 있다. 이런 거룩한 노력을 도와줄 습관 세 가지를 소개하면 다음과 같다.

1) 일대일의 대화 순간을 만들라.
2) 대화를 정신적 충격을 치유하는 수단으로 활용하라.
3) 약점을 솔직하게 드러내는 모범을 보이라.

1) 일대일의 대화 순간을 만들라

생일이 있을 때마다 나는 아들들에게 두 가지를 해준다. 첫째, 나는 녀석들에게 편지를 쓴다. 그러나 녀석들을 그것을 읽지 않는다. 대개는 그런 편지가 있다는 것도 모른다. 그것은 현재의 그들에게 쓴 편지가 아니라 그들의 미래 모습을 염두에 두고 쓴 편지다. 나는 녀석들이 열여덟 살이 되어 집을 떠날 때 편지가 담긴 상자를 내줄 생각이다. 어쩌면 우리의 살림살이가 어려워진다면 열여섯 살이 되었을 때 그것을 줄 수도 있다(미래의 일을 누가 알겠는가?). 내가 그렇게 하는 이유는 정기적으로 녀석들에게 친구처럼 편지를 쓰는 기회를 누릴 수 있기 때문이다.

아들들의 장래의 모습을 염두에 두고 편지를 쓰기 때문에 어려운 단어를 사용하거나 나의 두려움을 솔직하게 말하거나 조언을 제시하거나 아내와 내가 녀석들이 다섯 살(부모가 어떤 고충이 있는지를 알지 못하는 나이) 때 겪었던 일들을 솔직하게 쓰기를 조금도 주저하지 않는다. 나는 녀석들이 어떤 사람이고, 또 나는 어떤 사람인지에 대해 말하고, 장차 우리가 어떤 사람이 될지 궁금한 마음을 털어놓는다.

나는 그런 편지를 통해 녀석들에게 친구처럼 말한다. 그 이유는 그것이 결국 내가 바라는 우리 모두의 모습이기 때문이다.

내가 아들들의 생일에 하는 두 번째 일은 생일인 아이를 데리고 나가 단둘이서만 아침 식사를 하는 것이다. 팬케이크와 와플을 먹는 특별한 순간을 만들기 위한 목적도 있지만, 그보다 중요한 목적은 녀석들에게 대화를 나누는 선물을 주기 위해서다. 나는 아들들에게 "네가 좋아하는 음식은 무엇이니? 네가 좋아하는 게임은 무엇이니? 엄마가 읽어주는 이야기 가운데 네가 좋아하는 이야기는 무엇이니? 네가 가장 좋아하는 레슬링 동작은 무엇이니? 네가 좋아하는 동물은 무엇이니?"와 같은 질문을 던진다. 거의 모두 간단하게 대답할 수 있는 질문이지만, 내가 대답을 종이에 적어놓고 다시 살펴보고 있으면 녀석들의 눈에서 내가 나의 부모와 저녁을 먹으면서 느꼈던 것과 같은 기쁨의 빛을 발견할 수 있다.

아이들 가운데 일부가 나이가 좀 더 들면, "너는 무엇을 하는 것을 좋아하니? 지금 지내면서 어려운 점은 무엇이니? 가장 친한 친구가 누구니? 네가 잘한다고 생각하는 일은 무엇이니? 더 잘하고 싶은 것이 있다면 무엇이니? 어느 때 초조한 기분이 드니? 네가 좋아하는 책은 무엇이니? 네가 자주 기도하는 것은 무엇이니? 잠자리에 누웠을 때 무슨 생각을 하니? 네가 하지 못 하는 일 가운데 무엇을 하도록 허용해 주었으면 좋겠니?"라는 식으로 질문도 좀 더 깊고, 복잡해지기 마련이다.

몇 가지 질문을 곁들여 아침 식사로 팬케이크를 먹는 것은 멋진 아침이자, 구식이지만 꽤 괜찮은 생각처럼 보인다. 하지만 이것은 실용적 렌즈에 해당한다. 예전적 렌즈를 통해 그것을 보면 그것은 우리를 형성하는 리듬을 시작하는 일이다. 일 년을 지내면서 생일 외에 다른 시간이나 공간을 찾는다면, 일대일 대화의 기술이 습관으로 정착될 것이다.

자동차를 타는 시간

앞서 말한 대로, 우리가 자동차 안에서 화상 기기를 사용하지 않는 이유는 자동차 안이 대화를 나누기 좋은 장소이기 때문이다. 자동차 안에서는 둘 다 차창을 통해 밖에 있는 '제3의 요소'에 시선을 돌리는 이점으로 인해 대화를 나누기에 좋은 분위기를 누릴 수 있다. 더욱이 자동차를 타면 두 지점 사이에 놓인 상태가 된다. 다시 말해, 어딘가로부터 어딘가를 향해 가는 상태이기 때문에 무언가를 생각할 수 있는 여유가 생긴다. 온 가족이 자동차에 탔을 때, 특히 어린 자녀들이 탔을 때는 시끌벅적할 가능성이 커지지만, 자동차 안에 한두 사람만 있을 때는 대화를 나눌 수 있는 좋은 순간이 될 수 있다.

이른 아침 시간과 늦은 저녁 시간

누군가는 아침에 가장 먼저 일어나고, 저녁에 가장 먼저 자리에 눕기 마련이다. 나는 종종 그런 시간을 이용해 다른 사람들이 주변에 있을 때와는 다른 방식으로 아들들 가운데 하나와 대화를 나누려고 시도한다. 잠자기 직전의 시간은 대화를 나누기 어려운 시간처럼 보인다. 우리는 피곤할 때도 있지만, 그렇지 않을 때도 있다. 나는 그런 순간을 잘 감지해 질문을 던진다.

제3의 요소

자동차에 탔을 때처럼, 우리를 하나로 묶어주는 제3의 요소가 있을 때 많은 대화가 이루어진다. 다시 말해, 두 사람이 있고, 그 둘을 중재하는 제3의 요소가 존재할 때이다. 일종의 삼위일체적인 것이 있을 수도 있지만, 나는 실제적인 차원의 설명을 제시하고 싶다. 기타를 치거나 낙엽을 긁거나 빵을 굽거나 불을 피우거나 낚시를 하거나 뜨개질을 하거나 산책을 하거나 별을 바라보거나 마루를 청소하거나 심부름을 가는 등, 참으로 놀라운 활동들이 많다. 그런 활동들은 두 사람을 같은 장소에 머물게 할 뿐 아니라 차분한 마음으로 솔직한 대화를 나눌 수 있는 시간을 제공한다. 그런 활동들을 찾으라. 자녀들이 좋아하는 활동을 골라 대화를 나눌 기회로 활용하라.

특별한 외출

나의 부모와 함께 저녁을 먹었던 순간이 그토록 특별했던 이유 가운데 하나는 우리 집에는 여섯 명의 형제자매들이 있었기에 나는 어린 시절에 부모님과 일대일로 마주할 기회가 극히 드물었기 때문이다. 가족이 더 늘어나거나 더 바빠질수록 자녀가 부모와 일대일로 마주하기가 더 힘들어지는 것은 불가피하다. 그러나 그런 시간을 찾는 것이 마치 산 위를 오르는 것처럼 힘들더라도 힘써 오를 만한 충분한 가치가 있다. 자녀들은 그런 시간들을 필요로 한다. 우리집에서 그런 시간을 갖는 방법 가운데 하나는 아내가 토요일에 볼일을 보러 외출하고, 나머지 식구들은 집에 머물러 있어야 할 때를 이용하는 것이다. 아내는 혼자만의 시간을 가질 때도 있지만 이따금 아들 가운데 하나를 데리고 나가서 자동차 안에서 대화를 나누기도 한다. 또 다른 방법은 가끔 대화만을 위해 일대일로 외출을 하는 것이다. 나는 몇 달 전에 갑자기 마음이 내켜 애쉬만 데리고 자전거를 타고 제임스 강 산책로를 달렸다. 우리는 자전거를 타고 가다가 중간에 멈추고 강가에 앉아서 쇠고기 육포를 먹었다. 그때 녀석이 느닷없이 내게 자기가 생각해 오던 것을 모두 말하기 시작했다. 여섯 살 된 아이의 생각에 지나지 않았지만, 녀석이 그렇게 많은 것을 말하기는 처음이었다. 녀석은 다른 아들들보다 조용할 때가 더 많았지만, 말을 계속 이어갔다. 부모와 단둘이서 외출을 하면 특별한 사랑과 관심을 받는 듯한 기분을 느끼기 때문에 자신의 생각을 말할 수 있다. 이것이 정확히 특별한 외출을 통해 우리가 얻고자 하는 것이다.

2) 대화를 정신적 충격을 치유하는 수단으로 활용하라

어느 토요일에 2층에서 기타를 치고 있는데 뒷문에서 애쉬가 "아빠, 얼른 와봐요! 쿨터가 심하게 다쳤어요."라고 크게 외치는 소리가 들렸다. 나는 녀석의 목소리가 평소와 다르다는 것을 즉각 알아채고, 황급히 계단을 달려 내려가는 바람에 하마터면 애쉬와 녀석의 사촌 에이브를 쳐서 바닥에 넘어뜨릴 뻔했다.

나는 뒷마당에서 그네에 기대어 선 채로 팔을 감싸쥐고 신음하는 쿨터를 발견했다. 녀석의 팔에서 피가 뚝뚝 떨어지고 있었다. 나는 녀석을 번쩍 안아 올리며 팔에 난 상처를 보지 못하게 하려고 녀석의 눈을 가린 채 상처를 살폈다. 상처를 보는 순간, 즉시 두 가지 생각이 떠올랐다. 하나는 몇 바늘을 꿰매야 한다는 것이었고, 다른 하나는 크게 걱정할 문제는 아니라는 것이었다.

피부는 빠르게 치유된다. 녀석의 나이에는 상처가 잘 아문다. 그러나 녀석의 마음이 치유되는 것은 쉽게 이루어지지 않는다. 녀석은 겁에 질려 멍한 표정으로 우두커니 서 있었다. 정신적 충격이 컸기 때문이다. 녀석은 고작 세 살이었지만, 그네를 타다가 그만 줄에 팔이 끼고 만 것이다. 녀석은 뒷마당에 홀로 피를 흘리며 서 있었다. 사람들이 문밖으로 나왔고, 나는 셔츠를 벗어 녀석의 팔을 감싸주고 나서 서둘러 자동차가 있는 곳으로 달려갔다.

응급 상황이었다. 나는 쿨터의 어린 뇌가 큰 변화를 거치면서 새로운 경로, 즉 앞으로 오랫동안 유지되면서 녀석에게 심원한 영향을 미칠 구조를 구축하는 중이라는 것을 알았다.[2] 찢어진 피부를 꿰매는 일은 의사들이 잘 처리할 테지만, 상처 난 마음을 말로 다시 꿰매는 일은 부모의 몫이었다.

따라서 나는 녀석을 자동차가 있는 곳으로 데려가면서 빙긋이 미소를 지으며 "쿨터야, 너는 괜찮을 거야."라고 말했다. 녀석은 잔뜩 놀란 표정을 지었고, 무척이나 당황한 듯이 보였다. "우리는 의사들에게 갈 거다. 그들이 너를 친절하게 도와줄 거다. 그들이 너를 더 이상 아프지 않게 해줄 거고, 나도 너를 매우 자랑스러워할 거다. 우

---

2 "The Place We Find Ourselves"라는 애덤 영의 팟캐스트에서 발견되는 통찰력이 어린 시절에 겪는 이런 순간의 일들, 특히 정신적 충격을 일으킨 일들이 인간의 형성 과정에 어떤 영향을 미치는지를 이해하는 데 매우 유익한 것으로 사료된다.

리는 특별한 대우를 받게 될 거다." 녀석은 이렇다 할 반응을 보이지 않았지만, '대우'라는 말을 듣자 어느 정도 기운을 차렸다.

그 날 오후와 저녁은 그런 식으로 흘러갔다. 나는 온종일 쿨터에게 어떤 일이 일어났는지, 앞으로 어떻게 될지를 거듭 말해주었고, 녀석은 곧 무슨 말인지 알아차리기 시작했다.

"무슨 일이 일어났지?" 내가 물었다.

"뒷마당에서 놀다가 팔이 끼었어요." 이 말을 했을 때 처음 두 번은 울음을 터뜨렸기 때문에 거기에서 대화를 중단했다. 그러나 네 번, 다섯 번 그렇게 말하니까 상황을 스스로 납득하게 되었다.

나는 "애쉬 형이 즉각 달려가서 도움을 구했지?"라고 물었다.

"네."

"내가 너를 도우려고 즉각 달려 나왔지?"

"네."

"우리가 즉각 의사들에게 달려가서 도움을 구했지?"

"네."

"이 모든 사람이 너를 도와주고 있지?"

그 날의 일을 차례로 언급하다 보니 새로운 줄거리가 추가되었다.

"우리는 병원 대기실에서 무엇을 했지?"

"책을 읽었어요."

"병원에서 상처를 꿰매고 나서 무엇을 네게 주었지?"

"스티커를 많이 주었어요."

"의사가 네게 뭐라고 말했지?"

"가장 용감한 아이라고 말했어요."

"그리고 나서 우리는 무엇을 사러 갔지?"

"도넛요."

그 날 밤, 쿨터는 자신의 형제들과 사촌들과 함께 현관에 서서 모두에게 상처를 꿰맨 이야기를 들려주었다. 이제 그것은 뒷마당에서 팔을 다쳐서 홀로 피를 흘렸던 이야기가 아니라 온 가족이 도움을 주고, 가장 용감한 아이라는 칭찬을 듣고, 도넛으로 축하했던 이야기가 되었다. 쿨터가 그다음 날에 붕대를 감은 팔로 다시 그네를 타러 간 것과 웃는 얼굴로 상처를 꿰맨 이야기를 하는 것은 조금도 놀랍지 않은 일이었다.

정신적 충격에 관한 이야기가 대화를 통해 무용담이 되었다.

대화는 정신적 충격을 치유한다. 이 사실은 뒷마당에서 노는 어린아이들이나 고등학교에서 어려움을 겪는 10대 청소년들이나 암울한 사연을 말하는 성인들 모두에게 똑같이 적용된다. 정신적 충격은 물리적인 것이든 감정적인 것이든 우리의 육체와 영혼에 깊은 영향을 미친다. 정신적 충격을 받는 순간에 우리의 사고 습관이 재구성된다. 우리는 흔히 끔찍한 순간들을 트라우마와 연관시키지만, 다치거나 외롭거나 두렵거나 분노가 치미는 것과 같이 그보다 훨씬 더 평범한 순간에도 그런 충격을 받을 수 있다는 것을 알아야 한다. 부모의 가장 중요한 역할은 그런 순간들로부터 자녀들을 보호하는 것이 아니라 그런 순간들을 잘 식별해 일이 일어난 뒤에 그들을 치유하는 것이다. 치유의 수단은 바로 대화다.

정신적 충격을 제대로 치유하지 않으면, 두려움이나 고통으로 인해 발육이 저하된 정신 상태로 수년 동안이나 심지어는 일평생을 살아갈 수 있다. 치유는 대부분 체계화된 대화를 통해 이루어진다.

우리는 때로는 그것을 상담으로 일컫고, 때로는 치료 요법(therapy)라 일컫고, 때로는 이야기를 들어주는 것, 때로는 회개와 용서로 일컫는다. 그러나 어떤 경우든 그것은 우리의 눈을 똑바로 바라보며 올바른 방식으로 대화를 나누는 또 다른 한 인간을 통해 이루어진다.

우리는 자녀들을 고통에서 구원할 수 없다. 그들도 우리처럼 트라우마를 겪을 수 있다. 그러나 부모가 줄 수 있는 가장 큰 선물 가운데 하나는 그들에게 대화의 치유력을 제공할 수 있다는 것이다.

그 과정은 인생을 살다 보면 불가피하게 겪기 마련인 고통을 대화를 통해 이겨내도록 도와주는 일에서부터 시작된다.

3) 약점을 솔직하게 드러내는 모범을 보이라

대학교에서 처음 한 학년을 마무리할 무렵, 나는 내 인생이 잘못된 방향으로 나아가고 있다는 것을 깨달았다. 나는 집을 떠나 첫 일년을 보내면서 그동안 배웠던 모든 것을 반항적으로 거부했다. 그러나 술, 여자들, 은밀한 저녁 모임은 내가 생각했던 것만큼 나를 자유롭게 하지 못했다. 그것들은 오히려 나의 등을 무겁게 짓눌렀다. 그때의 나는 내가 되고 싶었던 사람과는 거리가 멀었다. 그러나 어떻게 해야 할지 몰라 몹시 난감했다.

그 여름철, 아버지가 자기와 함께 여행을 가자고 말했다. 아버지는 토론토에서 열린 회의에 참석하면서 나를 이틀 동안 그곳에 데려갔다. 첫날 저녁에 호텔에서 식사할 때 아버지에게 모든 것을 고백하고 싶은 마음이 간절했다. 그동안 내가 어떻게 지내왔는지, 얼마나 자책감을 느끼고 있는지, 그리고 모든 것을 바꾸고 싶지만 방법을 모르는 것에 대해 말하고 싶었다. 그러나 어디에서부터 말을 시작해야 할지 몰라 망설여졌다.

그때의 레스토랑 테이블을 생각하니 인간의 상태가 여실히 떠오른다. 우리는 비밀을 말할 정도로 가까웠고, 솔직한 대화를 나눌 만큼 친밀했지만, 나는 삶을 변화시킬 순간에 맞닥뜨리자 두려움을 느끼고, 아담과 하와처럼 다시 수풀 속에 몸을 숨겼다.

그러나 그날 밤 아버지는 무엇인가 행동을 취했다. 아무것도 묻지 않았는데 아버지가 먼저 젊었을 때 자신이 겪었던 고민을 말하기 시작했다. 그는 자신이 갈등했던 문제들을 어떻게 처리했는지를 말해주었다.

아버지는 자신의 약점을 솔직하게 드러냈다. 그러자 갑자기 나도 똑같이 할 수 있는 자유함을 느꼈다. 그래서 나도 말을 꺼내기 시작했다.

그날 밤이 나의 인생을 바꾸어놓았다. 이 말은 조금도 과장이 아니다. 나는 아버지에게 모든 것을 고백하고, 몇 가지 일에 대해서는 용서를, 몇 가지 일에 대해서는 조언과 지혜를 구하고 나서 무거웠던 짐을 내려놓고 토론토에서 돌아왔다. 대화가 모든 것을 변화시켰다. 나는 자유로운 상태로 학교에 돌아와서 이전과는 다른 삶을 살았다. 나머지 3년간의 대학 생활은 완전히 달랐다. 나는 한 번도 경험하지 못한 방식으로 주님과 동행하기 시작했다.

부모에게 주어진 독특한 기회 가운데 하나는 대화를 이용해 자녀들의 문제 해결을 돕는 것이다. 그러나 약점을 솔직하게 드러내는 일은 저절로 이루어지지 않는다. 대개는 부모가 먼저 솔직해야만 자녀도 솔직해진다. 부모가 먼저 자신의 약점을 솔직하게 드러내야만 자녀도 그렇게 할 수 있다. 부모가 대화의 장을 먼저 마련해야만 자녀도 대화에 참여하기 시작한다. 이것은 부모의 가장 큰 부담이자 축복이다. 자녀들에게 먼저 손을 내밀어 대화라는 수단을 통해 누구나 겪는 고통을 치유하도록 돕는 것이 부모에게 주어진 기회이자 의무다.

정신적 충격과 은밀한 비밀은 안에서부터 밖으로 우리를 불태워 소멸시키지만,[3] 우리 자신의 부패함에서 비롯하는 그런 파괴적인 불을 하나님의 은혜에서 비롯하는 정화의 불로 바꾸어놓는 일이 종종 대화라는 은혜로운 수단을 통해 일어난다.

---

3 시 32:3, "내가 입을 열지 아니할 때에…내 뼈가 쇠하였도다."

가정은 우정을 가르치는 사랑의 학교

　이번 장을 처음 시작하면서 말한 대로, 아들들이 내가 불을 피우는 것을 도왔다. 그 날 밤, 아이들이 모두 잠자리에 든 이후에 친구들과 나는 밖에서 늦게까지 대화를 나누었다. 대화의 주제는 일과 자녀들과 교회와 정치였고, 거기에서 한 걸음 더 깊이 나아가 각자가 분투하고 있는 문제들을 공유했다. 우리는 대화를 통해 서로의 기운을 북돋웠고, 서로를 악의 없이 놀렸으며, 모두가 다 알고 있지만 그래도 또다시 듣고 싶은 이야기들을 되풀이했다. 그렇게 우리는 좀 더 가까운 친구가 됨으로써 좀 더 인간다운 인간이 되었다. 우리는 그런 대화를 통해 서로 더 가까워졌고, 하나님과도 더 가까워졌다.

　우리는 오랫동안 그렇게 지내왔다. 삶에 보탬이 되거나 해가 되는 우정은 어느 날 저녁에 우연히 만나는 것으로 생겨나지 않는다. 우정은 저절로 주어지는 것이 아니라 일평생의 연습을 통해 이루어진다.

　그런 삶은 대화의 습관을 통해 시작된다. 우리는 가정에서 그런 습관을 가르침으로써 우정의 선물을 줄 수 있다.

대화의 습관
가족 형성

대화는 가족을 친구로, 친구를 가족으로 만드는 리듬이다. 대화의 습관을 가르치는 것이 우정의 습관을 가르치는 첫걸음이다.

• 자녀와 나눌 필요가 있는 중요한 대화를 기억하기 위해 자녀 양육의 과정을 잘 점검한다.
• 가능한 대화의 순간들
　》자동차를 타고 갈 때
　》마당에서 일하거나 허드렛일을 하거나 집안의 대소사를 처리할 때
　》가족 여행을 할 때
　》장작불을 피우고 있을 때
　》부모와 자녀 단둘이서 외식을 하거나 외출할 때
　》취침 시간 이후에

• 부모와 자녀가 편안하게 앉아서 대화할 수 있는 방이 있는가?

- 텔레비전이 없는 방이 있는가?
- 식탁에 앉았을 때 휴대전화를 치워놓는가?
- 현관이나 마당에 의자를 놔둘 수 있는가?
- 촛불을 켜거나 장작불을 지필 수 있는가?

> "집 안팎에서 이루어지는 대화는
> 우정을 맺는 기술로 후천적으로 습득된다."

어린 자녀와 대화를 시작할 때 던질 수 있는 몇 가지 질문들

그 날의 일에 관한 질문

- 오늘 가장 좋았던 일과 가장 나빴던 일은 무엇이니? 웃음을 자아내게 한 일이 있다면 무엇이니?
- 오늘 어려움을 당한 사람이 있었니?
- 같은 반 아이들 가운데 친구가 없는 아이는 누구니?
- 지난밤에 잠들기 전에 무슨 생각을 했니?
- 반에서 누구와 함께 앉고 싶니? 함께 앉고 싶지 않은 아이가 있다면 누구니?

생활에 관한 질문

- 엄마나 아빠나 형제나 누이나 친구와 함께 하고 싶은 일이 있다면 무엇이니?
- 지금 가장 친한 친구가 누구니? 혹시 미운 사람이 있니?

- 가장 잘한다고 생각하는 일은 무엇이고, 가장 못 한다고 생각하는 일은 무엇이니?
- 네가 지금까지 한 일 중에 가장 용감했던 일은 무엇이니?
- 내게 말하거나 묻고 싶은 것이 있다면 무엇이니?
- 다른 사람들은 알지 못하는데 너만 알고 있다고 생각하는 세상에 관한 일이 있다면 무엇이니?
- 기도할 때 하나님께 무엇을 구하니? 어느 때 기도하니?

우정에 관한 조언 : 부모로서 자녀에게 대화와 우정을 가르치려면 부모가 먼저 그것들을 실천해야 한다. 자신의 약점을 솔직하게 드러내고 친구들과 대화를 나눌 수 있는 시간과 공간을 마련하라.

추가적인 참고 자료

Spiritual Friendship, Aelred of Rievaulx
The Common Rule: Habits of Purpose for an Age of Distraction,
    Justin Whitmel Earley (주중 대화 습관에 관한 장을 참고하라.)

상황에 맞게 적용하기

자녀들이 차츰 나이가 들면 대화의 가능성과 중요성이 더 커지기 마련이다. 대화를 억지로 강요할 수는 없지만, 약점을 솔직하게 드러내는 일에 모범을 보이고, 언제라도 대화가 가능한 리듬을 만들어 나가는 것은 얼마든지 가능하다.

> **항상 은혜를 상기시켜줄 것이 필요하다:** 하나님의 사랑은 우리의 행위를 고무하지만, 우리의 행위가 하나님의 사랑을 만들어내는 것은 아니다. 우리의 가정 습관은 우리를 향한 하나님의 사랑을 변화시키지 않지만, 우리를 향한 하나님의 사랑은 우리의 가정 습관을 변화시켜야 한다.

10
취침 시간

셰프가 우는 소리에 잠에서 깨어나니 새벽 1시였다. 나는 마음을 진정하려고 애쓰면서 복도를 천천히 걸어 내려갔다.

나는 그런 상황이 매우 좌절스러웠다. 이에는 여러 이유가 있다. 당시에 녀석은 한 살이었고, 밤중에 깨지 않고 잘 자란 법은 없었다. 하지만, 그래도 나의 기대는 무너졌다. 그해 가을, 나는 여행을 많이 다녔기 때문에 육체적으로, 심적으로 많이 피곤한 상태였다. 더욱이 그 당시에 나는 이번 주는 잠을 좀 더 보충하는 것이 필요하다고 속으로 생각하던 참이었다. 그런데 그러지 못하고 잠에서 깬 것이었다.

나는 녀석을 잠시 안아서 달래주고 다시 자리에 눕힐 수 있기를 바라며 방 안으로 걸어 들어갔다. 그러나 녀석을 안아 드는 순간, 즉시 녀석이 완강하게 버틸 것 같은 낌새가 느껴졌다. 녀석은 꼿꼿하게 힘을 주며 내 손에서 빠져나가려고 몸부림쳤다.

잠시 후, 어떤 일이 벌어지고 있는지 아무것도 이해하지 못하는 한 살 된 아이를 훈육이라도 하려는 듯, 한밤중에 나도 모르게 목소리가 커지며 "안 돼! 지금은 안 돼!"라는 말이 불쑥 튀어나왔다. 나는 내가 내지르는 소리를 듣는 순간, 그것이 무익하고, 어리석은 일이라는 것을 곧 깨달았다. 나는 모든 것을 체념하고, 녀석을 털썩 내려놓고는 "좋다. 밤새 울어라."라고 말하고 나서 내 방으로 쏜살같이 돌아갔다.

침대에 누운 나는 내가 다시 잠들 수 있을 것이라는 헛된 생각에 잠시 젖어 들었다. 그러는 순간, 갑자기 오직 성령의 깨우침으로만 떠오를 수 있는 명확한 생각이 머릿속에 떠올랐다. 구체적으로 말해, "사랑으로 아이를 위로해야 하는데 내 분노로 아이를 통제하려고 했구나."라는 생각이 들었다.

그런 생각이 들자 신경이 쓰였다. 왜냐하면, 내가 올바르게 행하지 않았기 때문이다. 나는 종종 그런 잘못을 저질렀다. 좀 더 솔직하게 말하면, 그것이 바로 나의 실체였다. 나는 사랑으로 가족을 위로하고, 잘 보살펴야 할 때 분노로 그들을 통제하려고 하는 사람이었다.

이것은 이 책의 서두에서 언급한 복도에서의 깨달음이 있은 지 수년이 지난 뒤의 일이었다. 그로부터 몇 년이 지나 아이가 한 명 더 늘었고, 자녀를 양육하는 일은 여전히 힘들었다. 한밤중에는 특히 더 그랬다.

나는 실패자라는 생각이 들었다. 더욱 고통스러운 것은 실패를 되풀이하고 있다는 생각이었다. 나는 수년 동안 자녀 양육과 예전에 관한 것을 많이 시도해왔지만, 여전히 조급하고, 성질을 잘 내는 사람이었다. 그런 순간들을 긍정적으로 받아들이는 것이 중요한 이유는 하나님의 이야기 안에서는 우리 자신의 바닥이 드러나는 것이 실패의 표징이 아닌 은혜의 시작이기 때문이다.

실패와 은혜

자녀 양육은 우리 자신의 참모습을 드러내는 오랜 과정이다. 그 모습은 대개 그렇게 아름답지 않다.

밤에 잠을 자지 않은 한 살 된 아이가 문제일 수도 있고, 끊임없이 반항을 일삼는 사춘기 직전의 자녀가 문제일 수도 있으며, 다섯 살이 되었는데도 여전히 침대에 오줌을 지리는 자녀가 문제일 수도 있다. 또한, 말을 귀 기울여 듣지 않는 초등학생 자녀가 문제일 수도 있고, 시도 때도 없이 성질을 부리는 어린 자녀가 문제일 수도 있다. 무엇이 문제이든, 부모인 우리를 미치게 만드는 근본적인 이유는 상황을 통제할 수 없다는 것이다. 우리는 통제하기를 좋아하지만 그렇게 할 수가 없다. 그럴 때면 속에서 부글부글 끓어오르는 분노와 주체할 수 없는 자기 연민, 곧 우리가 힘껏 감추고 살아온 감정들이 드러나기 시작한다.

이것이 중요한 이유는 상황에 대한 우리의 잘못된 반응이 아니라 우리 자신의 참모습이 드러나는 것이기 때문이다. 자녀 양육의 어려움으로 인해 우리는 찢기어졌고, 드러난 우리의 마음은 흉측하기 그지없다.

여기에는 중요한 신학적 진리가 관련되어 있다. 자녀 양육은 우리도 우리의 자녀들처럼 우리 자신에게서 구원받아야 할 필요가 있다는 것을 분명하게 보여준다.[1] 우리의 자녀들과 마찬가지로 우리 멋대로 하도록 놔두는 것이 우리의 가장 큰 위험이다.

성경은 우리의 부패성에 관해 놀라우리만큼 솔직하다. 성경에 등장하는 족장들 가운데 대다수가 부도덕한 아버지들이었다. 예수님 이외의 성경 인물은 모두 우리와 똑같은 사람들이었다. 그들도 거의 모든 것을 망쳐버린 사람들이었다. 그들 가운데 특별히 선한 사람은 아무도 없었다. 그들을 우상화하는 것은 성경의 위대한 주제 가운데 하나(모든 사람이 은혜를 절실히 필요로 하는 실패한 죄인들이라는 사실)를 훼손하는 것이다.

그러나 이것은 성경의 주제 중 절반에 지나지 않는다. 나머지 절반은 그보다 훨씬 좋다. 좋은 소식은 예수님이 실패한 우리를 사랑하고, 우리와 같은 부패한 죄인들을 새롭게 만드신다는 것이다.

우리의 실패에도 불구하고 하나님의 은혜가 주어진다는 것은 성경의 근본 진리이다. 그리고 이것은 우리의 자녀 양육에도 그대로

---

1 나는 Paul David Tripp의 뛰어난 책, *Parenting: Fourteen Gospel Principles That Can Radically Change Your Family* (Wheaton, IL: Crossway, 2016) 덕분에 이런 생각을 형성하게 되었다.

적용된다.

우리는 실패했다. 그런 우리의 실체를 안다면, 우리가 자녀를 낳았기 때문에 더 이상 죄인이 아닌 성숙한 인간이 되었다고 생각하는 것이 얼마나 어리석은 일인지 분명하게 알 수 있다. 부모가 되어 자녀를 양육한다고 해서 우리가 덜 이기적인 존재가 되는 것은 아니다. 오히려 자녀 양육은 우리가 얼마나 이기적인 존재인지를 여실히 드러낸다.

그러나 우리의 실패에도 불구하고 은혜가 넘친다. 우리 자신을 정죄하고 싶은 순간에 예수님은 정확히 그와 반대되는 일을 하신다. 그분은 우리에게 은혜와 긍휼을 베푸시고, 성장하라고 독려하신다. 이것이 바로 은혜의 역사다. 은혜의 역사는 항상 우리의 직관에 반한다. 우리의 실패가 우리를 퇴보시키는 것이 아니라 앞으로 나아가게 하는 것도 은혜 덕분이고, 우리의 실수가 우리가 얼마나 잘못되었는지를 보여주는 증거가 아니라 하나님이 얼마나 좋으신 분인지를 일깨우는 기회가 되는 것도 은혜 덕분이다. 자녀 양육 자체가 우리를 덜 이기적으로 만들지는 못한다. 그러나 하나님의 손 안에서 그것은 우리를 거룩하게 만드는 결과를 낸다.

성경에 나타난 실패와 은혜의 이야기는 자녀 양육에 큰 도움을 준다. 좌절과 실패를 겪어 나가면서 자녀를 양육하는 모든 일들은 우리 자신이 자녀들에게 무엇을 행하는 것보다 하나님이 우리 안에서 무엇을 행하고 계신다는 것이 더 근본적인 핵심이다. 자녀를 양육하는 모든 순간은 예수님에 의해 양육되는 순간이 된다.

우리는 그날 밤의 셰프와 조금도 다르지 않다. 우리도 우리를 잘 보살펴 안식하게 해줄 누군가가 필요하다. 물론, 우리의 경우는 요람의 안식이 아닌 영혼의 안식이 필요하다. 은혜 덕분에 우리의 영혼과 마음은 안식할 수 있다. 자녀 양육은 항상 온 세상을 어깨로 짊어지고 있는 듯한 느낌을 주지만, 우리가 그런 짐을 짊어지지 않아도 되는 이유는 예수님이 십자가에서 우리를 위해 세상의 무게를 온전히 감당하셨기 때문이다.

그날 밤, 나는 예수님의 은혜 덕분에 다시 일어나 셰프의 방에 들어갔다. 나는 하늘에 계신 아버지가 나를 안으시는 것처럼 셰프를 안았다. 그랬더니 녀석은 몇 분 뒤에 다시 안식을 되찾았다. 그것이 바로 좋은 자녀 양육의 결과다. 좋은 자녀 양육은 영혼을 안정시킨다. 그것이 하늘에 계신 아버지께서 우리를 위해 하시는 일이다. 그분은 우리의 영혼을 안정시켜 다시 침대에 누이신다.

나는 우리가 기진맥진한 상태로 있는 힘을 다 짜내려고 안간힘을 쓸 때면 항상 은혜를 상기시켜 줄 것이 필요하다는 것을 깨달았다. 그런 순간이야말로 나의 육체와 영혼을 안식으로 이끌어줄 복음적 예전이 필요한 때다.

그러나 다른 모든 가속의 습관과 마찬가지로 취침 시간의 예전도 취침 시간을 쉽게 만들거나 우리가 나쁜 부모가 되는 것을 방지하는 해결책이 될 수 없다. 그런 습관들은 우리가 하나님의 선하심 안에서 안식할 수 있다는 것을 상기시켜주는 리듬일 뿐이다. 그런 리듬들이 필요하다. 그것들이 없으면, 우리는 분노와 자기 혐오와 실패에 매몰될 수밖에 없다. 그것이 내가 가능한 한 자주 "우리의 습관은 우리를 향한 하나님의 사랑을 변화시키지 않지만, 우리를 향한 하나님의 사랑은 우리의 습관을 변화시킬 수 있으며 변화시켜야 한다."라는 말을 거듭 강조하는 이유다.

하나님의 은혜가 정말 그렇게도 좋다면 우리가 하루의 마지막 시간에 하나님의 은혜 안에서 안식하는 습관을 형성해 나가는 것은 충분히 가치가 있는 일이다.

우리를 예수님의 사역 안에서 안식하도록 도와줄 취침 시간의 예전

나는 평상시에 취침 시간이 되면, 서로에게 하나님의 은혜를 상기시켜주기 위해 복음적 사랑에 관한 축복의 대화를 나눈다. 그러나 매우 심각한 대화를 나누는 날은 그렇게 많지 않다. 내가 취침 시간을 위한 축복의 대화를 시작한 이후로 대화 목록은 갈수록 늘어나기 시작했다.

그 가운데는 보통의 밤을 위한 것들도 있고, 특별한 순간에 사용하는 심각한 것들도 있다. 상황이 몹시 어려울 때는 '감옥 탈출 카드(보드게임에서 놀이 참여자가 감옥에 갇혔을 때 사용할 수 있는 카드—역자주)'를 사용하기도 한다. 아무튼, 이 모든 것은 우리를 향한 하나님의 사랑을 인정하고, 사랑과 은혜로 우리의 삶을 형성하실 수 있도록 하나님을 우리의 삶에 초대하는 순간으로 나아가기 위한 것이다.

간지럽힘을 겸한 축복의 말

이것은 경건한 분위기와는 거리가 멀고 주로 재미있는 분위기를 형성한다. 상황이 뜻대로 통제되지 않거나 우스꽝스럽게 될 때는 거의 절반 정도는 '간지럽힘을 겸한 축복의 말'을 사용한다. 이 방식은 아이들을 숨 가쁘게 웃게 만들어 한 마디 말을 해줄 수 있는 틈을 얻게 해준다.

간지럽힘을 겸한 축복의 말

(몸을 간지럽히면 아이들은 갑작스레 몸을 마구 비틀기 시작한다)

부모: 사랑하는 주님, 이 아이가 일평생 많은 기쁨과 웃음 속에서 살게 하소서.

자녀: (간신히 숨을 쉴 수 있을 때까지 주체할 줄 모르고 웃는다.)

부모: 아멘.

이 말은 진지한 분위기를 만들려고 하는데 아이들이 계속 분위기를 망쳐놓을 때 유용하다. 예를 들어, 나는 이따금 아이들을 위해 기도하려고 하는데 녀석들은 계속해서 방해하거나 일부러 엉뚱한 말을 하거나 형제들에게 물건을 집어 던지곤 한다. 그런 경우, 화를 내지 않고, "좋다. 둘이서 이 게임을 해보자."라고 말하며 녀석들이 참을 수 없을 때까지 간지럽히면서 이 대화를 시도하면 상황을 반전시킬 수 있는 계기가 된다.

몸동작을 겸한 짧은 축복의 말

위와 비슷하게 짧은 포옹이나 장난스러운 웃음이 필요하다고 생각될 때는 아이들을 꼭 안거나 흔들어준다. 이것은 상황 통제권을 얻게 해주고 종종 녀석들의 잘못된 행동을 웃음으로 바꾸어놓는 효과를 발휘한다. 그렇게 하는 것이 징계하는 것보다 더 나을 때가 많다.

....

침대 반동을 일으키며 하는 축복의 말
(아이 주변의 침대를 쳐 반동을 일으키고, 가능한 한 많이 웃게 한다)

부모: 사랑하는 주님, 이 아이가 일평생 축복에서 축복으로 솟구쳐
　　　오르게 하소서.

자녀: (반동을 느끼며 웃는다.)

부모; 아멘.

....

어린 자녀들은 신체 활동을 많이 할수록 부모와 더 잘 어울린다. 코가 어디 있느냐고 묻는 것과 같이 한 살 된 자녀의 관심을 사로잡을 만한 방법에 관해 한 번 생각해 보라. 우리의 삶은 신체 활동으로 이루어져 있다. 아이들은 그 점을 잘 알고 있다. 나의 여자 조카들과 인사를 나누는 가장 좋은 방법은 미소를 띠고 강하게 포옹하는 것이고, 나의 남자 조카들과 인사를 나누는 가장 좋은 방법은 웃으면서 떠미는 것이다. 신체 활동은 우리의 마음을 끌어당기는 힘이 있다.

따라서 나는 아이들의 신체 활동과 관련된 축복의 말을 시작했

다. 내가 이런 대화를 좋아하는 이유는 아이들의 육체가 개입하면 결국에는 좀 더 진지한 분위기가 형성되고, 내가 말한 것에 관해 질문을 던지게 된다.

그런 대화는 대개 다음과 같은 방식으로 이루어진다.

침대에 누워 있는 어린 자녀의 신체를 위한 축복의 말
(기도하면서 신체의 각 부분을 손으로 만진다)

예수님, 이들의 발을 축복하셔서 좋은 소식을 전하게 하소서.

이들의 다리를 축복하셔서 고난의 때에도 계속 움직이게 하소서.

이들의 등을 축복하셔서 다른 사람들의 짐을 짊어질 만큼 강하게 하소서.

이들의 팔을 축복하셔서 외로운 사람들을 붙잡아주게 하시고, 이들의 손을 축복하셔서 선한 일을 하게 하소서.

이들의 목을 축복하셔서 가난한 자들을 향해 고개를 돌리게 하소서.

이들의 귀를 축복하셔서 진리를 분간하게 하시고, 이들의 눈을 축복하셔서 아름다운 것을 보게 하시고, 이들의 입을 축복하셔서 용기를 북돋아 주는 말을 하게 하소서.

마지막으로 이들의 심령을 축복하셔서 주님과 주님이 만드신 모든 것을 더욱 사랑하게 하소서.

아멘.

빛을 비추는 방법

우리 아이들이 잠자리에 들 때 우리 부부는 친구들과 함께 어울리고 있는 것은 드문 일이 아니다. 때로는 초대된 손님들도 2층에 올라가서 아이들에게 잘 자라는 인사말을 건네기도 하고, 취침 시간의 습관에 참여하기도 한다.

일전에 내 친구 맷은 우리 곁에서 신체를 위한 축복의 말을 듣고서는 "크리스(맷의 비그리스도인 친구, 본명 아님)가 여기에 있다면 좋을 텐데. 그러면 우리가 하나님을 믿는 이유를 그가 더 잘 이해할 수 있을 거야."라고 말했다.

그때의 일이 내 기억에 남은 이유는 맷의 말이 "그들이 우리 그리스도인들의 가정 안을 들여다보고, 우리가 실제로 이런 것을 믿고 있으며, 이것이 보이기 위한 것이 아닌 사랑에서 우러난 것임을 알고, 그것이 우리의 자녀들에게 매우 중요하다는 것을 안다면, 하나님께 마음을 열 수 있을 텐데."라는 의미로 들렸기 때문이다.

정말로 그러할지는 말 수 없지만, 그러기를 바란다.

나는 삶의 천장에 구멍을 내 신적인 빛이 비추게 만드는 습관을 원한다. 손님들이든 자녀들이든 우리 자신이든, 우리에게는 우리가 그 안에서 살아가는 이야기가 사실이라는 것을 상기시켜주는 것이 필요하다. 그것은 우리의 평범한 순간에 매우 중요한 의미를 지닌다.

하나의 습관이나 축복이나 기도나 대화가 자녀들의 삶이나 하나님과의 관계를 마법처럼 변하게 하지는 않는다. 그런 변화는 성령의 거듭나게 하심에 달려 있다. 그러나 가속의 습관은 우리가 자녀들에게 신앙에 관해서 하는 말이 무슨 의미인지를 이해할 수 있게 하는 창을 제공한다.

우리는 자녀들이 자신들의 마음의 물속에서 이리저리 방황하고 나서 다시 돌아갈 수 있는 감정적인 닻을 제공할 수 있다. 우리는 그들이 세상의 혼란스럽고, 모순적인 의식들과 말들을 접했을 때 기억을 상기시키고 집 안의 익숙한 가보처럼 손으로 이리저리 만지작거릴 수 있는 의식들과 말들을 전해줄 수 있다.

언젠가 누군가가 나의 자녀들에게 예수님의 메시지를 간략하게 요약해 달라고 말했다. 그 때, 그들이 과거의 취침 시간을 떠올리며 "우리가 좋은 일을 하든 나쁜 일을 하든, 예수님이 우리를 변함없이 사랑하신다는 것으로 요약할 수 있을 것 같아요."라고 말한다면, 나는 더할 나위 없이 기쁠 것이다. 그것은 좋은 대답이다. 그것이 내가 매일 밤 그것을 반복해서 말하는 이유다.

언젠가 나의 자녀들이 고난을 겪을 때, 삶이 어렵다고 놀라기보다는 과거의 취침 시간을 기억하고, "주님, 저의 다리를 강하게 만들어 고난의 때에도 계속 움직이게 해주소서."라고 기도한다면 참으로 좋겠다.

언젠가 나의 자녀들이 아이를 낳았을 때, 아이가 그들이 내게 했던 것처럼 주먹으로 얼굴을 때리더라도 화를 내며 소리를 지르지 않고, 녀석을 간지럽히며 웃게 만들기를 바란다. 아무쪼록 그들이 일평생 축복에서 축복으로 뛰어오르기를 바란다. 이것이 내가 그런 기도를 그토록 자주 드리는 이유다.

기도는 결국에는 변화를 가져온다. 특히 우리 자신을 변화시킨다.

자녀들을 위한 기도가 부모 자신의 마음을 인도한다

어린 셰프의 이야기로 다시 돌아가 보자. 나를 겸손하게 만들었던 경험이 있고 나서 일 년이 지나자 셰프는 마침내 밤중에 잠을 잘 자게 되었지만, 행동은 여전히 야생마와 같았다.

심지어는 이 글을 쓰고 있는 지금도 녀석은 그야말로 제멋대로다. 다른 아들들은 아내의 하얀 피부를 닮았는데 녀석만 나의 오렌지빛 피부를 닮았다. 머리털도 녀석만 검고, 나머지 아들들은 금발이다. 녀석은 가장 작은데도 녀석의 기분에 따라 전체 분위기가 좌우된다. 녀석은 어떤 일이든 일일이 참견한다.

녀석과의 취침 시간은 대부분 매우 소란스럽고, 힘들기 때문에 녀석을 위해 기도할 필요성을 느낄 때면 가능한 한 신속하게 끝내야 한다.

따라서 나는 매우 짧은 축복의 말을 하기 시작했다. 예를 들면, 다음과 같다.

어린 자녀들을 위한 짧은 축복의 말

(머리에 십자가를 그리면서 할 수도 있다)

부모: 하나님은 너를 사랑하신다. 예수님은 너를 위해 죽으셨다. 성
령께서 너와 함께하신다. 잘 자거라.

어린 자녀들에게 취침 시간에 위와 같은 말을 할 때는 항상 육체
적인 동작이 필요하다. 우리는 기분이 좋은 밤이면, 한 문장이 끝날
때마다 크게 입을 맞춰 문지르며 간지럽힌다.

구체적으로 말하면, "셰퍼드, 하나님은 너를 사랑하신다."라고 말
하고 나서 입맞춤을 하고, "예수님이 너를 위해 죽으셨다."라고 말
하고 나서 입맞춤을 하는 식이다. 그 외의 밤에는 "엄마와 아빠도
너를 사랑한단다."라는 말로 끝을 맺는다.

그러나 이런 말을 해주는 것이 별로 중요하지 않다는 생각이 들
며 귀찮아질 때는 앞서 말한 셰프와의 일처럼 뭔가 다른 일이 일어
나 나의 마음을 활짝 열어놓는다.

불과 몇 주 전, 나는 특별히 끔찍했던 저녁 시간을 보내고 나서
셰프를 침대로 데려갔다. 그날 밤, 우리는 정상적인 시간을 보냈다.
아이들은 식탁을 치우는 일을 도왔고, 그 후에 모두 카드놀이를 했
지만 셰프는 저녁 시간 내내 도둑처럼 주위를 이리저리 돌아다니면
서 우리가 조금 전에 식기 세척기에 넣어 놓은 컵들을 꺼냈고, 쓸어
놓은 쓰레기더미를 발로 걷어찼으며, 냉동실 서랍을 열어 얼음조각

을 움켜쥐더니 그것을 바닥에 던졌다.

"이 녀석이 고의로 나를 화나게 할 새로운 방법을 찾고 있구나."
라는 생각이 들 수밖에 없는 상황이었다.

녀석은 급기야 다른 아들들이 식탁에서 가지고 놀고 있는 카드
를 망가뜨리기 시작했다. 나는 녀석을 어깨 위에 들쳐 매고 한 시간
일찍 침대로 데려갔다. 녀석은 발로 차며 몸을 비틀면서 "되돌아가!
되돌아가!"라고 소리쳤다(이것은 한 번의 기회를 더 달라고 애원하는 녀석만
의 방식이었다). 나는 녀석이 안쓰러웠지만, 그만하면 충분했고, 나도
기진맥진한 상태였다.

나는 녀석이 우리 가족을 망가뜨리고, 모든 것을 엉망진창으로
만들려고 애쓰는 것 같은 생각이 들었다. 녀석은 골칫거리였다. 녀
석만 없으면 모든 것이 잘 될 것만 같았다. 나는 예수님이 녀석과
나를 바라보시는 것과 정반대로 녀석을 바라보고 있었다.

녀석을 요람에 누이는데 녀석을 위해 기도할 마음이 조금도 일지
않았다. 그러나 습관은 강력한 힘을 발휘한다. 나는 거의 억지로 기
도를 시작했다.

"셰퍼드, 하나님은 너를 사랑하신다."

나는 방금 내 입에서 튀어나온 놀라운 말에 잠시 동작을 멈추었
다. 갑자기 목이 메어 왔다.

나는 매일 밤 그렇게 말했다. 단 하룻밤도 거르지 않았다. 그런데
왜 그런 감정이 지금 솟구친 것일까? 무엇이 달라졌을까? 잘 모르
겠다. 그러나 내가 알 수 있는 것은 기도가 나의 마음을 움직였다는

것이다. "하나님은 셰퍼드를 사랑하신다. 심지어 지금 이 순간에도 그분은 내가 녀석을 사랑하는 것보다 더 많이 사랑하신다."라는 생각이 불현듯 떠올랐다. 하나님은 녀석의 나이와 성장 단계가 고작 그 정도밖에 되지 않았는데도 녀석을 좋아하신다. 그분은 셰프가 지닌 자신의 형상에서 한시도 눈을 떼지 않으신다. 하나님은 셰프의 반항기 많은 유아적 마음만을 주시하지 않고, 녀석의 창조된 존재 전체, 곧 장차 자신이 구원할 녀석의 전부를 바라보셨다. 그분은 녀석의 부족함에도 불구하고 여전히 사랑하는 아버지이셨다.

그런 생각이 들자 나는 셰프를 바라보며 "하나님은 너의 부족한 모습에도 여전히 너를 사랑하신다. 따라서 나도 그렇게 하려고 노력하겠다고 약속하마."라고 덧붙였다.

그러고 나서 나는 계속해서 "예수님은 너를 위해 죽으셨다."라고 덧붙였다. 이 말도 내게 큰 깨달음을 주었다. 예수님은 자신의 자녀들이 모든 것을 가질 수 있게 하기 위해 무엇이든 포기할 준비가 되어 있는 희생적인 부모이시다. 따라서 나는 셰프를 바라보며, "나도 너를 사랑하는 데 있어 어떤 희생이 뒤따르더라도 기꺼이 감수하겠다고 약속하마."라고 덧붙였다.

그것이 그날밤에 내가 경험했던 회개였다.

나는 "성령께서 항상 너와 함께하시는 것처럼 나도 너를 떠나지 않을 거다."라는 말로 끝을 맺었다.

아늑한 침대에 누워 있는 아이가 느끼는 것처럼 갑자기 온 세상이 부드러워지고, 그와 더불어 마음도 부드럽게 누그러졌다. 셰프가 나를 올려다보았다. 녀석은 나의 말이 끝났다는 것을 알고는 공갈 젖꼭지를 문 입으로 "엄마도"라고 웅얼거렸다. 녀석은 야생마와 같은 아이였지만 하나님과 아빠와 엄마가 모두 자기를 사랑하고 있다고 확신하는 기색이 역력했다.

나는 "맞다. 엄마도 너를 사랑한단다. 엄마도 너를 절대 떠나지 않을 거다."라고 말했다.

나는 눈물을 글썽이며 아래층으로 걸어 내려왔다. 다른 아들들이 식탁에서 카드놀이를 다시 하려고 기다리고 있었지만, 나는 여전히 내가 셰프에게 한 약속을 곱씹고 있었다. 가족의 상황이 어떻든, 내 아들들의 성장 단계가 어떻든 내가 언약 안에서 그들과 함께 있는 이유는 하나님이 언약 안에서 그들과 함께 계시기 때문이다. 만일 하나님이 그들 모습 그대로 사랑하신다면, 나도 그렇게 할 것이고, 예수님이 그들을 위해 모든 것을 희생하셨다면 나도 그렇게 할 것이며, 성령께서 그들과 함께하신다면 나도 그들을 떠나지 않을 것이다.

셰프를 위해 짧은 축복의 말을 하기 시작했을 때만 해도 그런 생각이 전혀 떠오르지 않았지만, 하나님은 이미 그런 생각을 하고 계셨다. 암기해서 하는 간단한 기도, 입에서 흘러나온 몇 마디의 말이 꼭 필요한 순간에 야생마와 같은 나의 마음을 인도했다.

그것이 좋은 습관이 가져다주는 결과다. 하나님은 그런 습관을 이용해 우리의 마음을 우리 자신의 실패에서 자신의 은혜 안으로 인도하신다.

취침 시간의 습관
자녀 형성

핵심 개념

취침 시간은 부모와 자녀가 하나님이 우리를 사랑하신다는 사실을 인정하는 순간이다. 우리는 어떤 실패를 했든 상관없이 은혜 안에서 안식할 수 있다. 취침 시간의 예전은 특히 우리가 피곤한 상태에서 복음의 진리가 가장 필요할 것 같은 순간에 습관적인 기도를 통해 그것을 우리의 일상에 적용할 수 있는 말과 행동을 발견하도록 도와준다.

취침 시간을 위한 축복의 말
(자녀들의 얼굴이나 머리에 손을 얹고 대화를 나누어도 좋다)

부모: 내 눈을 보고 있니?

자녀: 네.

부모: 내가 네 눈을 보고 있는 것이 보이니?

자녀: 네.

부모: 내가 너를 사랑하는 것을 아니?

자녀: 네.

부모: 네가 어떤 나쁜 짓을 하든 내가 너를 사랑하는 것을 아니?

자녀: 네.

부모: 네가 어떤 착한 일을 하든 내가 너를 사랑하는 것을 아니?

자녀: 네.

부모: 또 누가 너를 그렇게 사랑하니?

자녀: 하나님이 그러세요.

부모: 그분이 나보다 훨씬 더 사랑하신다는 것을 아니?

자녀: 네.

부모: 그 사랑 안에서 편히 쉬려무나.

간지럽힘을 겸한 축복의 말
(몸을 간지럽히면 아이들은 갑자기 몸을 마구 비틀기 시작한다)

부모: 사랑하는 주님, 이 아이가 일평생 많은 기쁨과 웃음 속에서 살게 하소서.

자녀: (간신히 숨을 쉴 수 있을 때까지 주체할 줄 모르고 웃는다.)

부모: 아멘.

침대 반동을 일으키며 나누는 축복의 말
(아이 주변의 침대를 쳐 반동을 일으키고 가능한 한 많이 웃게 한다)

부모: 사랑하는 주님, 이 아이가 일평생 축복에서 축복으로 솟구쳐 오르게 하소서.

자녀: (반동을 느끼며 웃는다!)

부모: 아멘.

꼭 껴안아 주면서 나누는 축복의 말

(힘을 주어 크게 껴안으면서 대화를 나눈다)

부모: 사랑하는 주님, 이 아이가 일평생 주님의 사랑이 자기를 감싸는 것을 느끼게 해주소서.

자녀: (풀려 나려고 낑낑거리면서 웃는다.)

부모: 아멘.

> "하나님의 이야기 안에서는 우리 자신의 바닥이 드러나는 것이
> 실패의 표징이 아닌 은혜의 시작이다."

침대에 누워 있는 어린 자녀의 신체를 위한 축복의 말

(기도하면서 신체의 각 부분을 손으로 만진다)

예수님, 아이의 발을 축복하셔서 좋은 소식을 전하게 하소서.

다리를 축복하셔서 고난의 때에도 계속 움직이게 하소서.

등을 축복하셔서 다른 사람들의 짐을 짊어질 만큼 강하게 하소서.

팔을 축복하셔서 외로운 사람들을 붙잡아주게 하시고, 손을 축복하셔서 선한 일을 하게 하소서.

목을 축복하셔서 가난한 자들에게 고개를 돌리게 하소서.

귀를 축복하셔서 진리를 분간하게 하시고, 눈을 축복하셔서 아름다운 것을 보게 하시고, 입을 축복하셔서 용기를 북돋아주는 말을 하게 하소서.

마지막으로 심령을 축복하셔서 주님과 주님이 만드신 모든 것을
더욱 사랑하게 하소서.

아멘.

부모가 실망을 느낀 상황에서 어린 자녀들에게 해주는 짧은 축복의 말

부모: 하나님은 너를 사랑하신다. 예수님은 너를 위해 죽으셨다. 성
령께서 너와 함께하신다. 잘 자거라.

(잠시 심호흡을 하고 나서 어린 자녀를 부드럽게 만지며 이렇게 덧붙인다)

부모: 따라서 나도 너를 사랑하고, 너를 위해 희생하고, 너를 절대로
떠나지 않을 거란다.

밤중에 드리는 부모의 기도

부모는 잠자리에 들기 직전에 잠자는 어린 자녀의 침대 옆에서나
(자녀가 살며시 잠든 상태라면) 손바닥을 벌려 잠자는 아이의 방문을 향
하거나 등진 채로 이렇게 기도할 수 있다.

"주님, 저를 도와주소서, 주님의 은혜로 제가 양육받아 다시 그와
똑같이 이들을 양육하게 하소서. 아멘."

상황에 맞게 적용하기

자녀들이 차츰 나이가 들면, 간지럽힘을 겸한 축복의 말은 당혹
스러울 수 있다. 나는 지금도 맏아들이 잠자리에 들기 전에 여
전히 기도를 드린다. 그러면서 손을 뻗어 녀석의 머리에 손을

없고, 녀석의 눈을 똑바로 바라본다. 의도적인 말은 여전히 중요하다.

> **항상 은혜를 상기시켜줄 것이 필요하다:** 하나님의 사랑은 우리의 행위를 고무하지만, 우리의 행위가 하나님의 사랑을 만들어내는 것은 아니다. 우리의 가정 습관은 우리를 향한 하나님의 사랑을 변화시키지 않지만, 우리를 향한 하나님의 사랑은 우리의 가정 습관을 변화시켜야 한다.

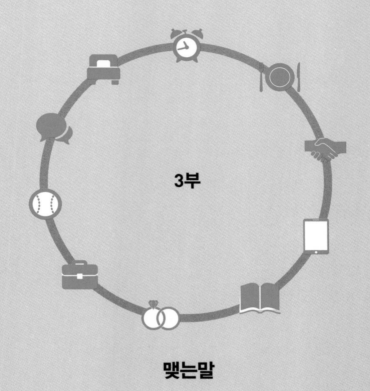

3부

맺는말

아직 이루어지지 않은 미래에 비추어
현재를 바라보는 자녀 양육

　나의 아들들이 언젠가 성장할 것이라는 사실을 새삼스럽게 깨달
았던 날이 기억난다. 업무 미팅을 마치고 돌아오는 길에 일을 마치
기 위해 커피숍에 들렀다. 답장을 해주어야 할 고객에게 이메일을
보내고 나니 잠시 마음이 홀가분해졌다.

　"내가 쉰 살이 되면 휘트가 몇 살이 되지?"

　느닷없이 이 질문이 머릿속에 떠올랐다. 만일 내가 영화 속에 있
었다면 잔잔한 배경 음악이 흘러나왔을 것이다. 나는 일을 끝마쳤
기 때문에 이 질문을 곰곰이 생각하며 머릿속으로 숫자 계산을 해
보았다(나 같은 법률가가 이런 계산을 한다는 것은 결코 쉬운 일이 아니다). 그
랬더니 녀석이 대략 스물세 살이 되는 것으로 나타났다.

　"애쉬는 몇 살이 될까?"

　"좋아, 녀석들의 나이를 모두 계산해 보자." 그러나 암산으로는

더 많은 덧셈과 뺄셈을 하기가 어려웠다.

　나는 일하다가 갑작스레 창의성이 발동되는 순간이 종종 나타나는 것을 경험했기 때문에 항상 노트북 컴퓨터 옆에 공책을 준비해놓는다. 나는 대개 그것을 마우스패드로 이용하지만, 지금은 그것을 펼쳐 글을 휘갈기기 시작했다.

　여기에서 배경 음악이 다시 들려온다. 왜냐하면, 무엇인가가 일어나고 있기 때문이다.

　첫 번째 세로 칸에는 나와 아내의 앞으로 25년 동안 먹게 될 나이를 적었고, 그 옆에는 휘트와 애쉬와 쿨터와 셰프의 나이를 차례로 적었다.

　그 순간, 배경 음악이 갑자기 멈춘다. 나는 펜을 놓고, 내가 쓴 것을 바라본다.

　우리의 삶 전체가 한순간으로 압축되는 것처럼 느껴진다. 아들들이 십 대를 거쳐 젊은 청년이 되고, 남편과 자랑스러운 아버지가 되는 모습이 떠오른다. 녀석들이 우리집 문으로 다시 들어가서 몸을 숙여 아내를 껴안는 모습이 보인다. 나는 연약한 노인이고, 녀석들은 강한 사내들이 되어 내가 녀석들의 손을 붙잡아주는 것이 아니라 녀석들이 내 손을 붙잡아주는 모습이 보인다.

　이 모든 광경이 한꺼번에 떠오르면서 '매 순간 불타오르는 인생'이라는 내가 좋아하는 T. S. 엘리엇의 시구 하나가 생각난다.[1]

1　T. S. Eliot, "East Coker," *Four Quartets* (London: Faber and Faber, 1940).

나의 머릿속에서 현재와 미래가 한데 뒤섞인 모습이 떠오른 것이었다.

〈도표 3〉은 그 날에 내가 공책에 적은 내용이다.

잘 알다시피, 자녀들을 양육하기에 바쁜 부모에게 이런 순간은 매우 드문 일이다. 우리는 늘 지쳐 있고, 기저귀, 세탁물, 마감 날짜, 스포츠 활동, 과외 활동, 방과 후 아이들 데려오기와 같은 일에 둘러싸여 있을 뿐 아니라 충분한 돈을 벌기 위해 노심초사해야 하고, 대학 등록금을 마련하기 위해 고민해야 하며, 자녀들이 집을 떠나 마주치게 될 세상과 집 안으로 밀려들어 오는 세상의 문화를 걱정해야 한다.

우리는 "아이들이 너무나 빨리 자라고 있어."라고 생각한다. 하지만, 모두가 나와 같은 마음이라면 종종 "자녀 양육은 영원히 끝나지 않을 것 같이 느껴져."라고 생각할 것이 분명하다.

우리의 지친 마음을 현재라는 안개 속에서 건져 올리는 일은 쉽지 않을 수 있다. 삶을 바라보는 우리의 시각은 대개 근시안적이다. 기껏해야 다음 한 시간 아니면 다음날까지밖에 내다보지 못한다. 우리는 계속 고개를 아래로 숙이고 있다. 물론 누군가는 그렇게 해야 한다. 이 모든 것을 유지해 나가려면 그렇게 해야만 한다.

그리고 바로 그 때문에 이런 식으로 미래를 내다보는 순간이 그토록 절실히 필요하다.

잠언은 "묵시가 없으면 백성이 방자히 행하거니와"라고 말씀한

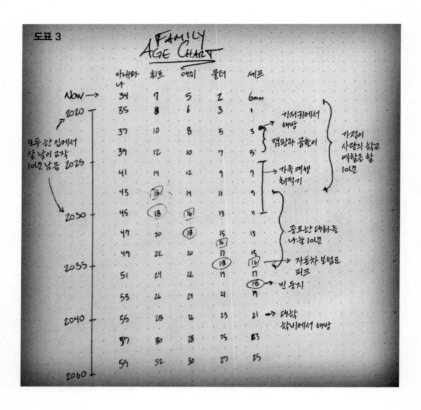

도표 3

다.[2] 다시 말해, 마음의 생기를 유지하려면 미래를 바라봐야 한다. 미래를 경이롭게 바라보는 것이 필요하다. 현재만을 바라보면, 우리 안에 있는 무엇인가가 시들기 시작한다.

  내 주위에서 배경 음악이 울려 퍼지고 있다고 상상하며 나이표를

---

2 잠 29:18, KJV(흠정역).

바라보던 그때, 나는 미래를 바라보는 그런 드문 순간을 경험했다. 그러나 나는 시간이 촉박하다는 두려움을 느끼지는 않았다.

다만 우리가 함께하는 시간이 영원하지 않을 것이라는 느낌만을 강력하게 느꼈을 뿐이다. 시간이 한정되어 있기 때문에 더더욱 귀중했다. 주님이 내게 "지금 이 시간은 아이들을 잘 양육하라고 내가 네게 허락해 준 시간이다."라고 말씀하시는 것처럼 느껴졌다.

그런 느낌이 들자, 오늘이 바로 아이들이 미래의 모습으로 성장하는 것을 도와줄 독특한 기회의 순간이라는 생각이 들었다.

긴장 관계에 놓인 자녀 양육

우리는 하나님의 이야기 속에서 이미와 아직 사이의 긴장 관계 속에서 살도록 의도되었다. 이것은 좋기도 하지만 어렵기도 하다.

우리는 이 세상에서 기묘한 상황 속에 놓인 우리의 모습을 발견한다. 세상이 타락했다는 것은 분명한 현실이지만, 하나님이 예수님 안에서 모든 것을 새롭게 회복하고 계신다는 것도 분명한 현실이기는 마찬가지다. 우리는 그런 고통스러운 현실과 영광스러운 현실이 대립하는 우주적인 긴장 관계 속에서 일상을 살아가며 자녀들을 양육하고 있다. 따라서 무엇인가가 잘못되었다는 느낌이 드는 것은 전혀 놀라운 일이 아니다.

솔직하게 고통에서부터 시작해 보자. 고통은 현재의 현실이다. 현재의 삶은 힘들다. 고통은 일반적인 현상이다. 음울하게 들릴지 몰라도 우리는 모두 천천히 죽어가고 있다. 현재의 자녀 양육은 우리의 꿈처럼 되지 않는다. 우리는 자녀를 갖기를 그토록 바랐지만, 지금 자녀양육은 사랑보다는 노동이고, 충족감보다는 피곤함이다. 결혼 생활도 힘들고, 일도 힘들고, 인생 자체가 힘들다. 우리의 육체는 서서히 늙어가면서 쇠약해지기 시작한다. 친구들과 어울릴 시간을 갖기도 쉽지 않다. 피곤함을 느끼는 것으로 그친다면 상황이 양호한 편이다. 심한 경우에는 덫에 갇힌 듯한 느낌을 떨치기가 어렵다. 우리는 외로움을 느낄 뿐 아니라 종종 우리의 자녀 양육이 잘못되었다고 생각한다. 우리는 자녀들에게 소리를 지르고, 잔소리를 퍼붓는다. 우리는 더 이상 그렇게 하고 싶지 않다고 생각하면서 열심히 노력하지만, 아이들은 반항과 불순종을 일삼으며 제멋대로 행동한다.

이런 상황은 너나 할 것 없이 모든 부모에게 똑같다. 이것이 곧 현재의 자녀 양육의 현실이다.

그러나 우리가 현재에 관해 반드시 알아야 할 것 가운데 하나는 우리가 불만족을 느끼는 사실 자체가 곧 우리가 무언가 다른 것을 위해 창조되었다는 증표라는 것이다. 잠시 생각해 보자. 우리가 다른 세상을 갈망하는 이유는 다른 세상을 위해 창조되었기 때문이다.[3]

---

3 C. S. Lewis, *Mere Christianity* (New York: Macmillan, 1952): "만일 내가 내 안에서 이 세상의 그 어떤 경험도 채워줄 수 없는 욕구를 발견한다면, 가장 적합한 설명은 내가 또 다른 세상을 위해 창조되었다는 것일 것이다."

이것은 인간에게만 있는 독특한 고민이다. 어미 곰은 새끼들을 먹일 음식을 구하느라고 지칠 수는 있지만, 모두가 배부르게 먹고 나면 존재의 의미에 관한 실존적 불안감을 느끼지는 않으며, 그저 포만감을 느끼며 잠을 청할 뿐이다.[4]

그러나 우리들 인간은 그렇지 않다. 하나님의 형상을 지녔지만 타락한 우리는 그렇게 살지 않는다. 우리는 삶에 생존 이상의 의미가 있다는 것을 알고 있다. 우리는 다른 무엇인가를 갈망한다. 우리는 그것이 무엇인지 확실히 알지 못하면서도 그렇게 한다. 우리는 한 번도 경험하지는 못했지만 어떤 식으로든 가능할 것 같은 사랑을 갈망한다. 한마디로, 우리는 아직 오지 않은 미래를 갈망한다.

이것은 좋은 것이다. 미래는 다가오고 있다. 그때가 되면 온 세상이 다시 온전해질 것이다. 그런 세상이 오면 우리의 자녀들은 지금보다 더 나을 것이다. 그래서 그들의 알레르기 반응이나 학습 장애와 같은 것을 더는 걱정하지 않아도 될 것이다. 우리의 부모도 더 이상 죽지 않고, 우리와 함께 있을 것이다. 그런 미래가 오면, 배우자와 다툴 일도 없고, 일도 의미를 지니게 될 것이고, 육체도 원활하게 기능하고, 우정도 나누고, 외로움도 없을 것이다. 이 모든 것이 장차 올 왕국에서 현실이 될 것이다.

이것이 하나님이 만물을 새롭게 하신다는 말의 의미다. 예수님은

---

4 이러한 생각에 관하여 더 알고자 한다면, Bertrand Russell's Nobel lecture, "What Desires Are Politically Important?" on December 11, 1950을 참고하라.

십자가에서 타락의 무게를 온전히 감당하셨다. 따라서 우리는 그런 무게를 더 이상 감당할 필요가 없다. 예수님이 다시 살아나심으로써 부활이 새로운 현실이 되었다. 그분은 자기가 다시 오면 모든 것을 회복해 만물을 새롭게 하실 것이라고 약속하셨다.[5] 이것이 우리가 고대하는 세상이고, 우리가 가기로 정해진 세상이다.

그러나 지금 이 순간 우리는 현재와 미래 사이에 살고 있기 때문에 이 두 가지가 한데 뒤섞여 있는 상태다. 우리는 '지금'의 어려움을 솔직하게 받아들여야 하지만, 미래를 바라보며 살아가야 한다.

우리는 그리스도인 부모로서 현재의 안개 위로 눈을 들어 올려 '아직 아니' 이루어진 약속을 바라보며 자녀 양육의 의무를 감당해야 한다.

이것은 우리의 결혼 생활이 힘들다는 것을 기꺼이 인정하는 동시에, 언약적 사랑을 위한 싸움을 계속하는 것을 의미한다. 또한 이것은 현대 기술이 심각한 우려를 야기한다는 것을 인정하는 동시에 그것에 적절한 한계를 부여하는 것을 의미한다. 이것은 자녀들에게 항상 올바른 징계가 필요하다는 것을 인지하는 동시에 사랑으로 징계하는 데 헌신하는 것을 의미한다. 이것은 자녀들과 함께하는 삶이 엉망진창일 수밖에 없다는 것을 인정하는 동시에 그래도 식사와 놀이와 가정 경건 시간은 그만한 가치가 있다고 생각하는 것을 의미한다.

---

5 계 21:5.

이것은 중요한 것(가속의 습관을 형성하기 위한 삶의 규칙을 실천하는 일과 같은 것)은 무엇이든 어려울 뿐 아니라 실패할 가능성이 크다는 것을 인정하는 동시에 끝까지 노력할 가치가 있다고 확신하는 것을 의미한다.

현재의 어려움에도 불구하고 아직 이루어지지 않은 것을 향해 나아가려고 애쓰는 것은 믿음의 행위에 해당한다. 그리스도인 부모는 믿음으로 살아야 한다.

훌륭한 신학은 항상 훌륭한 실천으로 귀결된다. 미래의 비전을 사용해 현재의 영적 삶을 올바른 방향으로 이끌려면, 정기적으로 그렇게 할 수 있도록 우리를 도울 수 있는 실천 행위들을 반드시 고려해야 한다.

아직 이루어지지 않은 미래에 비추어 현재를 바라보는 연습

내가 공책에 적은 나이표를 늘 곁에 두고 지내는 이유는 현재의 습관들을 아직 이루어지지 않은 미래의 비전에 비춰보는 일을 잊지 않기 위해서다.

그런 일을 하는 방법은 다양하다. 예를 들면, 잠시 시간을 내 가족이 지향하는 가치들이나 가족 표어를 적어둘 수도 있다. 나의 친구들 가운데는 가족이 가장 우선시하는 가치 다섯 가지를 생각해 내거나 모든 가족이 굳게 지킬 가족 표어를 만들어 큰 유익을 얻은 이들이 많다. 가족의 결심을 기록한 목록을 만들거나 가족이 장기간에 걸쳐 열심히 이행할 대여섯 가지 규칙을 만들 수도 있다.

무엇이 되었든 그런 실천 행위들은 우리가 자녀 양육의 의무를 통해 이행해야 할 일들의 영광스러움을 상기시켜줄 뿐 아니라 더욱 중요하게는 오늘 이 순간에 그런 영광스러움에 따라 행동하도록 우리를 부추긴다. 현재는 우리가 행동할 수 있는 유일한 시간이다. 이 점을 생각해 본 적이 있는지 궁금하다.

우리는 미래에는 변할 수 없다. 우리는 오직 현재에서만 변할 수 있다. 그 이유는 현재가 우리에게 주어진 유일한 기회의 순간, 곧 우리가 행동할 수 있는 유일한 순간이기 때문이다.

다음 주에는 가족과 함께 더 많은 시간을 보내는 일을 할 수 없다. 그 일은 오직 이번 주에만 할 수 있다. 왜냐하면, 언제고 그 일을 하게 된다면 그때는 항상 이번 주가 될 수밖에 없기 때문이다. 그와 마찬가지로 우리의 자녀에게 내일 미안하다고 말할 수 없다. 그렇게 할 수 있는 날은 오직 오늘뿐이다. 아내에게 중요한 질문을 하는 것도 다음 달에는 할 수 없고, 오직 이번 달에만 할 수 있으며, 자녀들과 공놀이 연습을 하는 것도 다음번에는 할 수 없고, 오직 이번에만 할 수 있다. 우리가 변화될 때마다 그 일은 항상 현재 시제에 일어난다.

따라서 우리는 현재의 변화를 촉구하는 방법으로서 아직 이루어지지 않은 미래를 상상하는 실천을 해야 한다. 나이표를 작성해 보는 것도 그런 실천 가운데 하나다. 현재가 변화의 순간이라는 생각으로 나와 함께 나이표를 한 번 작성해 보자. 이에 걸리는 시간은 불과 몇 분이면 족하지만 몇십 년의 깨달음을 가져다줄 것이다.

1) 〈도표 4〉에 마련된 가족 나이표를 이용해 첫 번째 세로줄에 자신과 아내의 나이를 적으라.[6]
2) 그 옆으로 다른 세로줄을 이용해 자녀들의 나이를 차례로 적으라.
3) 표 오른쪽 공간에 삶의 시기들을 적으라. 우리 식구가 모두 한 지붕 밑에서 살게 될 때가 언제일까? 언제 아이들이 10대가 될까? 가족 여행을 다니기에 가장 좋은 때는 언제일까? 대화에 가장 적극적으로 나서야 할 때는 언제일까?
4) 자신이 떠올린 것을 생각하며 표 아래에 가족들에게 미래의 현실이 되어 나타나기를 원하는 것을 두세 가지 적으라. 이것은 꿈을 꾸는 공간이다. 하나님은 우리 가족이 어떤 가족이 되기를 바라실까?
5) 마지막으로 꿈을 적은 칸 오른쪽에 그에 상응하는 오늘의 습관을 적으라. 습관은 구체적이고, 반복적인 작은 행위이어야 한다. 작은 습관이 엄청난 새로운 현실을 만들어낼 수 있다. 이 책에 소개된 습관들 가운데 몇 가지를 이용해도 좋고, 각자 새로운 아이디어를 생각해 내도 좋다. 어떤 경우가 되었든 미래의 비전을

---

6 필요하다면 다음의 사이트에서 이 표의 양식을 찾아 활용할 수 있다. https://www.habitsofthehousehold.com/familyagechart.

도표4. 가족 나이표			
연도	당신의 나이	아이들의 나이	시기
	·············	· ·······················	
	·············	· ·······················	
	·············	· ·······················	
	·············	· ·······················	
	·············	· ·······················	
	·············	· ·······················	
	·············	· ·······················	
	·············	· ·······················	
	·············	· ·······················	
	·············	· ·······················	
	·············	· ·······················	
	·············	· ·······················	
	·············	· ·······················	
	·············	· ·······················	
	·············	· ·······················	
	·············	· ·······················	
	·············	· ·······················	
	·············	· ·······················	
	·············	· ·······················	
	·············	· ·······················	

미래의 현실   오늘의 습관

→

→

→

이루기 위해 매일, 또는 매주 이행할 습관들을 적어보라.

6) 모든 것을 마쳤으면 이제는 기도하라. 이 표를 배우자와 함께 작
   성하거나 작성한 뒤에 배우자에게 보여주고 함께 기도하는 것
   이 이상적이다. 부부 데이트 시간에 자녀 양육에 관해 점검할 때
   이 표를 사용할 수도 있다. 이 표를 찢어내거나 사진으로 촬영해
   사용하고, 복사본을 만들어 책상이나 냉장고에 붙여놓으라.

우리를 사랑해주어 우리도 사랑하게 만든 누군가에 대한 기억

우리가 현재와 미래의 긴장 관계 속에서 자녀를 양육하고 있다
는 사실을 이해하면, 자녀 형성이 장기적인 과정이라는 점을 상기
할 수 있다. 그 일은 하루아침에 일어나지 않는다. 현재에서 행해지
는 우리의 노력은 실패하는 경우가 훨씬 더 많다. 그러나 미래를 바
라보면, 그래도 괜찮다고 안심할 수 있을 뿐 아니라 자녀 형성이 힘
써 노력할 만한 가치를 지닌다는 것을 깨달을 수 있다.

가속의 습관은 중요하지만, 우리에게 동기를 부여하는 것은 우리
가 그것을 통해 이루는 현재의 업적에 있지 않다. 우리에게 동기를
부여하는 것은 하나님이 미래에 이루실 일에 있다.

나는 나 자신의 경험을 통해 그 점을 분명하게 발견했다.

내가 어렸을 때 잠에서 깨어 위층에 올라가면 아버지가 서재에서
성경책을 읽고 있을 때가 많았다. 우리 집을 머릿속에 떠올릴 때면
아버지가 책상에 등불을 켜 놓고 앉아서 커다란 가죽 성경책을 펼

쳐놓고 그 가장자리에 무엇인가를 적는 모습이 떠오른다.

그로부터 20여 년이 지난 지금, 그 성경책은 내 책상에 놓여 있다. 내가 대학에 다닐 무렵, 아버지가 그것을 내게 주었다. 몇 년 전, 나의 첫 번째 책인《공동 규칙(The Common Rule)》을 저술할 때[7] 성경을 읽은 습관에 관한 내용을 쓰면서 서재에 있는 아버지의 모습이 떠올랐다.

호기심에 이끌려 아버지의 커다란 가죽 성경책을 펼쳐 골로새서로 가보았더니, 거기에는 몇 개의 날짜가 적혀 있었다. '2002년, 1월 7일'은 골로새서 1장 옆에, '2002년 1월 8일'은 골로새서 2장 옆에 적혀 있었고, 그다음에도 계속 그런 식으로 이어졌다.

나의 머릿속에 떠오른 첫 번째 생각은 아버지가 버지니아주 주지사 선거에서 낙선한 이후에 골로새서를 읽으면서 아침을 보냈다는 것이었다. 아버지는 승리하기를 간절히 원했고, 낙선하자 크게 실망했었다. 내게는 그 기억이 지금도 여전히 생생하다. 그러나 그와 동시에 아버지가 조금도 흔들리지 않고 모든 일을 평소처럼 잘 유지해 나간 것도 또렷하게 기억난다. 11월에 선거에서 낙선한 바로 그 다음날 아침에 아버지는 우리를 위해 팬케이크를 만들어주었고, 우리에게 그 날 아침 성경책에서 읽은 내용에 관해 말해주었다.

나는 그로부터 불과 몇 년 뒤에 아버지가 그런 정치적인 부침을

---

7 나는 *The Common Rule: Habits of Purpose for an Age of Distraction*의 4장에서도 이 이야기를 소개한 바 있다.

경험하면서도 일관된 삶을 유지해 나갈 수 있었던 가장 큰 이유가 그의 정체성을 결정한 요인이 사회적 성공이 아닌 하늘에 계신 아버지의 사랑이었기 때문이라는 사실을 깨달았다. 아버지는 하나님의 사랑 안에서 자신이 누구인지를 분명하게 알고 있었기 때문에 사랑을 얻으려고 세상을 바라봐야 할 필요가 없었다. 나는 아버지가 매일 아침 성경에서 하늘에 계신 아버지의 사랑을 어렴풋하게 엿보았기 때문에 그런 삶을 살 수 있었다고 확신한다. 이것이 내가 이 사랑에 관해 쓰는 것을 중단할 수 없는 이유 가운데 하나다.

그러나 내가 깨달은 두 번째 사실은 훨씬 더 의미심장했다. 골로새서에 적힌 날짜들 옆에는 다른 것이 또 적혀 있었다. 그것은 바로 나의 이름이었다.

당시 나는 고등학교 졸업반이었다. 나는 이미 내가 앞에서 말한 그런 삶, 곧 많은 실수와 비밀이 가득한 삶을 살고 있었다. 나의 반항기가 극에 달했던 그때, 나는 내가 나의 아버지나 예수님이나 다른 그 누구보다도 나의 삶을 더 잘 이끌 수 있다고 굳게 믿고 있었다.

그런 나의 태도는 아버지와 어머니에게 적지 않은 고통을 안겨 주었을 것이 틀림없다. 그들은 오랫동안 나를 잘 양육하기 위해 많은 노력을 쏟아부었지만, 나는 그것을 모두 헌신짝처럼 내팽개쳤다. 나는 자녀들에게 상처를 받아도 좋다는 마음으로 어떤 일이 있어도 그들을 사랑으로 대하는 것이 부모가 지녀야 할 복음적 태도라는 생각을 종종 하곤 한다. 그것이 예수님이 우리를 위해 하신 일이다.

솔직히 말해, 나는 당시에 아버지의 양육 방식을 별로 탐탁하지 않게 생각했다. 그러나 아버지가 아침 일찍 일어나서 자기와 함께 성경을 읽자고 몇 번이나 부드럽게 권유했던 사실이 기억난다.

때로는 싫다고 대답하고 잠을 더 자기도 했고, 때로는 좋다고 대답하기도 했으며, 때로는 성경을 읽고, 기도하는 시간에 꾸벅꾸벅 졸기도 했다.

우리가 함께 읽었던 성경 구절이나 함께 드렸던 기도는 단 한 마디도 기억나지 않지만, 분명하게 기억하는 것이 하나 있다. 그것은 내가 가장 사랑스럽지 못할 때 나를 사랑해준 아버지가 있었다는 사실이다. 곧 우리를 사랑하시는 하나님(하나님의 사랑이 우리를 사랑스럽게 만든다)에 관해 가르치는 성경을 읽는 아버지의 곁에 앉아 있었던 일, 그 일이 기억난다.

그로부터 2년 뒤에 나는 마침내 아버지와 만났던 토론토에서 회심을 경험했고, 그때부터 나의 삶이 변화되기 시작했다. 나의 현재 모습이 내가 원하는 모습이 아니라는 것을 깨닫자 아버지의 참모습을 새롭게 발견하지 않을 수 없었다. 아버지가 예수님을 닮아가는 사람처럼 보였다. 나 스스로 내 길을 찾겠다고 나섰다가 처참하게 실패하고 난 후에야 비로소 내가 되고 싶었던 사람이 바로 아버지와 같은 사람이었다는 것을 깨달았다.

바울은 "내가 그리스도를 본받는 자가 된 것 같이 너희는 나를 본받는 자가 되라"라고 말했다.[8] 나는 결국 나의 아버지를 본받음으로

---

8 고전 11:1

써 예수님을 본받기에 이르렀다.

바로 여기에서 아름다운 진실이 발견된다. 결국, 가장 중요한 것은 우리나 우리의 자녀들을 형성하는 습관이 아니라 예수님의 은혜다. 그분은 그들이 가장 좋을 때나 가장 나쁠 때나 상관없이 항상 한결같이 그들과 동행하는 분이시다. 그분은 우리에게 해주신 것처럼 그들에게 똑같이 해주신다. 이는 부모인 우리에게 참으로 크나큰 위안을 주는 사실이 아닐 수 없다.

그러나 예수님은 우리를 도구로 사용하신다. 그분은 우리의 습관도 사용하신다. 그분은 우리의 참모습을 통해 자녀들을 앞으로 되어야 할 사람으로 형성시키신다. 그런데 이것이 부담이 아닌 축복인 이유는 여기서 우리가 어떻게 행했는지만 문제될 뿐이며, 우리는 자녀들이 어떤 사람이 되든 그에 대해 궁극적인 책임을 짊어질 필요는 없다는 것이다. 우리는 우리가 하는 일이 의미가 있다는 기쁨을 누릴 수 있다. 우리의 행위는 헛되지 않다. 하나님은 그것을 사용하신다.

부모의 최종적인 역할은 예수님을 계속해서 바라보는 사람이 되는 것이다. 그렇게 하면, 자녀들이 우리를 바라볼 것이다. 그러면 우리는 미소를 지으며 "보라, 우리를 사랑하시는 아버지가 계신다. 우리 둘 다 그분을 닮자꾸나."라고 말할 수 있다.

우리는 우리의 습관처럼 변화되고, 우리의 자녀들은 우리처럼 변화되기 때문에 가속의 습관에 대해 진지한 관심을 기울여야 한다는 주장으로 이 책의 서두를 열었다. 그런데 이 모든 주장이 예수님을 바라보는 것을 전제로 한다는 것을 기억하기 바란다. 그러면 우리도 예수님처럼 되고, 자녀들은 우리처럼 되며, 그런 거룩한 모방을 통해 우리와 자녀들 모두 그분을 본받을 수 있다.

프레드 로저스는 생애 말년에 행한 졸업식 연설에서 모방을 통해 가장 중요한 것을 배운다는 사실을 우리에게 상기시켜주었다. 그는 "여러분이 아주 어렸을 때부터 여러분에게 미소를 지어 여러분을 미소짓게 하고, 대화를 나누어 대화하게 하고, 노래를 불러 주어 노래하게 하고, 사랑을 주어 사랑하게 만든 사람들이 있었습니다."라고 말했다.

그 말은 사실이다. 우리에게는 누군가가 있다. 그분은 바로 예수님이다. 가속의 습관을 형성한다는 개념은 항상 우리를 돌아보시는 하나님을 바라보는 리듬을 형성한다는 뜻이다.

그분은 미소를 지어 우리를 미소짓게 하고, 사랑을 주어 사랑하게 만드는 분이시다.

가정의 습관으로 양육하라

지은이   저스틴 휘트멜 이어리
옮긴이   조계광
초판 발행 2024. 11. 25.
등록번호 제2018-000357호
등록된 곳 서울특별시 서초구 서초중앙로 24길 55, 401-2호
발행처   개혁된실천사
전화번호 02)6052-9696
이메일   mail@dailylearning.co.kr
웹사이트 www.dailylearning.co.kr

책값은 뒤표지에 있습니다.
ISBN 979-11-89697-59-4 03230